U0743925

浙江经贸职业技术学院

省级示范性高职院校建设项目——市场营销专业建设成果

市场分析技术

主　编　张西华　吴国予

副主编　潘茜茜　颜　青

参　编　姚水琼　梁海红

　　　　司银霞　叶培群

　　　　于泳洋　钱小丽

浙江工商大学出版社

ZHEJIANG GONGSHANG UNIVERSITY PRESS

图书在版编目(CIP)数据

市场分析技术 / 张西华,吴国予主编. — 杭州：
浙江工商大学出版社,2012.9(2018.1重印)
ISBN 978-7-81140-518-7

Ⅰ.①市… Ⅱ.①张…②吴… Ⅲ.①市场分析—
高等职业教育—教材 Ⅳ.①F713.52

中国版本图书馆 CIP 数据核字(2012)第 095875 号

市场分析技术

张西华　吴国予　主编

责任编辑	任晓燕　徐　佳	
封面设计	刘　韵	
责任印制	包建辉	
出版发行	浙江工商大学出版社	
	(杭州市教工路 198 号　邮政编码 310012)	
	(E-mail:zjgsupress@163.com)	
	(网址:http://www.zjgsupress.com)	
	电话:0571－88904980,88831806(传真)	
排　版	杭州朝曦图文设计有限公司	
印　刷	虎彩印艺股份有限公司	
开　本	787mm×960mm　1/16	
印　张	19	
字　数	311 千	
版 印 次	2012 年 9 月第 1 版　2018 年 1 月第 5 次印刷	
书　号	ISBN 978-7-81140-518-7	
定　价	36.00 元	

前　　言

随着市场竞争的加剧和伴随消费升级所呈现的消费者需求的多样化和个性化,如何收集、处理、分析和分配及时、准确、有用的信息,为营销决策服务,对于企业在激烈的市场竞争中赢得主动变得越来越重要。市场调研是企业了解市场、掌握客户需求的重要手段。对于企业营销管理者而言,市场调研方法和工具的掌握是进行营销战略决策的必要基础。

为了突出对高职学生实践能力的培养,使其能够在动手做的过程中实现学习,在完成具体项目的过程中学会完成相应工作任务,全面提升学生的职业素养和职业技能,本书由具有丰富的市场调研教学和实践工作经验的张西华老师牵头,组织一批长期从事调研工作和理论研究的专家学者和企业营销管理者,对市场调研过程中所需要的知识与技能内容进行了重新设计。

本书的组织结构打破了传统的以营销调研过程为单一内容的编写体例,在遵循营销调研过程的逻辑性基础上,以工作过程系统化的课程开发理念为指导,在通过对多家企业市场营销职业活动的深入分析和市场调研员、市场专员等多个工作岗位任务总结归纳的基础上,参照市场调查师、调查分析师等职业标准,最后确立了具有职业代表性的典型工作任务,科学合理地设计出行动领域。我们设计了学习目标、案例导入、项目简介、能力训练、知识拓展等栏目,构建了相对完整的课程体系和教学内容,更符合高职教育及其他相关人员的选读要求。

本书的主要特色体现在"四位一体"的工作过程系统化、任务导向项目化的设计思路,即从以营销调研过程为逻辑主线、以调查对象为项目设计导向、以调查方法为项目设计重点、以真实产品为项目训练载体的四个维度设计了典型学习项目,融合了企业市场调研工作内容和职业资格标准,将能实现课程标准与职业标准、教学内容与职业岗位、教学环境与职业环境三个方面有效对接的效果。

1. 工作过程系统化就是以市场调查与分析过程设计为原则,遵循工作过程系统化,从调研设计、调研准备、调研执行到调研分析的工作流程设计教学项目。

2. 任务导向项目化是指根据对企业相关的营销岗位任职要求和工作内容进行比较分析的结果,结合市场调查师、调查分析师职业标准,以项目为导向,以调查方法为侧重点,如消费者以问卷调查为主,零售终端以观察为主,竞争对手以二手资料和暗访为主,设计了以消费者、终端渠道和竞争对手三者为调查对象的岗位认知、消费者调查与分析、零售终端调查与分析、竞品调查与分析等4个典型学习项目,使教学内容与职业岗位的工作内容有机融合。

3. 编写体例新颖性。考虑到高职学生的特点,为突出实践育人导向,本书设计了能力训练、项目成果范例、知识拓展等栏目,有助于老师授课和学生学习。

《市场分析技术》教材的出版得到了省财政重点支持专业经费的支持。由浙江经贸职业技术学院张西华老师负责本书的框架构建、统稿和定稿等工作。全书编写分工如下:

张西华(浙江经贸职业技术学院)、吴国予(浙江银泰百货集团公司副总经理):项目一(任务一、任务二)、项目二(任务二)、项目三(任务二)、项目四(任务二);

潘茜茜(浙江经贸职业技术学院)、于泳洋(杭州传化日用品有限公司市场部部长):项目二(任务六)、项目三(任务四、任务六)、项目四(任务三、任务四);

颜 青(浙江经贸职业技术学院)、司银霞(浙江经贸职业技术学院):项目二(任务五)、项目三(任务五);

姚水琼(浙江经贸职业技术学院)、钱小丽(卓尚服饰有限公司董事长助理):项目二(任务一)、项目三(任务一)、项目四(任务一);

梁海红(浙江经贸职业技术学院):项目二(任务四);

叶培群(浙江经贸职业技术学院):项目二(任务三)、项目三(任务三)。

本书在编写过程中,参阅了大量的国内外研究成果和相关文献,并得到了浙江银泰百货集团公司、浙江国美电器有限公司、卓尚服饰(杭州)有限公司、杭州传化日用品有限公司、浙江万禾农产品有限公司等有关企业领导的支持和帮助,同时作者在德国石荷州经济学院研修期间的老师 Axel Reimer 对本书的编写提出了许多建设性建议,在此表示衷心的感谢!

限于编者的水平与能力,本书中不足之处在所难免,恳请批评指教。

编 者
2011 年 8 月

目　　录

项目一　市场调查与分析岗位认知

【学习目标】

☆ **知识目标**

通过本项目学习,你应该:

1. 了解市场调查师、调查分析师职业资格的内涵与等级;
2. 了解市场调查师、调查分析师的工作职责;
3. 了解市场调查师、调查分析师各等级的知识和能力要求;
4. 了解市场调研员在企业中所处的位置;
5. 掌握市场调研员的主要工作职责和任职要求。

☆ **技能目标**

通过本项目学习,你应该:

1. 能正确地区分市场调查师各等级的知识和能力要求;
2. 能正确地区分调查分析师各等级的知识和能力要求;
3. 能对不同行业企业的包含市场调研员的市场部组织架构进行分析;
4. 能对市场调研经理和市场调研员的岗位职责以及任职条件进行描述。

【案例导入】

调查分析师成为备受关注的新职业

2006 年 4 月 29 日,调查分析师职业由劳动和社会保障部作为第六批新职业面向社会发布。随着我国经济的飞速发展,无论是宏观经济中的 GDP 核算、经济景气预测,还是某一行业或机构对自身的发展做预测和决策,都需要调查分析的专业人员。政府要收集社会经济资料,对国民经济、科技进步和社会发展等情况进行调查、分析、预测和监督,提供统计信息和咨询建议;企业需要对市场需求做各种调查;政府和民间有关机构要了解社会民众对政府新政策和社会热点难点问题的意见等,这些资料的取得以及进一步的资料分析,需要大量调查分析专业人才。

据有关资料显示,2005 年,全世界调查咨询业全年营业额达到 230 亿美元。美国有 1300 多家公司直接从事市场调查与咨询服务业务,年营业额达到 70 亿美元;英国各种市场调查与咨询服务公司有 300~400 家,在海外的咨询专家有 1000 多人,分布在世界几乎所有的国家和地区,1995 年他们为英国出口额贡献了 160 亿英镑;日本有 600 多家市场调查与咨询服务公司,8 万多名"诊断士"队伍,每年在为成千上万家工商企业服务。相比之下,我国的调查咨询业全年营业额只有约 50 亿元人民币。接下来几年,我国调查分析师市场缺口将在 100 万人以上。

(资料来源:中华人民共和国国家统计局,http://www.stats.gov.cn,经作者整理改编)

随着企业竞争的加剧和市场营销走向专业化,只有通过市场调查和分析,企业才能快速、及时调整战略和策略,进行有效的市场决策。而仅仅依靠企业家个人的能力,凭其经验和主观判断以及对市场的直觉而做出决策,会严重影响企业的发展。因此,越来越多的企业认识到只有严密地通过市场调查和分析才能做到"知己知彼,百战不殆"。调查分析工作的重要性日益受到企业的重视和社会的关注。

【项目简介】

市场调查与分析岗位认知项目

1. 项目内容。为了更好地理解和掌握市场调查和分析的工作内容和工作职责,本项目结合调查分析师国家资格证明书考试和企业市场调研专员等相关岗位要求,分析调查分析师工作内容和能力要求认知、市场调查员任职资格和工作职责认知 2 个任务。

2. 工作任务。比较分析调查分析师各级别的工作内容和能力要求；通过各种调研方式，收集和比较 3 个行业（如农产品、日用品等）企业中市场调研人员相关岗位任职资格和工作职责，撰写比较分析报告 1 份。

3. 学习课时。建议课内教学为 4 课时，课外学习课时为 4 课时。

4. 项目成果。在项目学习结束后，学生应递交比较分析报告 1 份。报告内容应包括：封面、前言、正文、附录等部分。

任务一 调查分析师职业认知

市场调查和分析是政府决策的依据，也是企业了解和掌握市场现状，判断发展趋势，制定营销战略和策略的基础和有效工具，企业市场营销问题与市场调查的关系如表 1-1 所示。因此，具有市场调查、市场预测、市场分析能力的调查人才日益受到企业的重视，调查分析师作为一种职业逐渐走向市场前沿。调查分析师是运用定性和定量调查方法收集信息，进行数据处理和分析，为政府、企业和社会提供决策依据的专业人士。

表 1-1 企业市场营销问题与市场调查的关系

市场营销研究	分析内容	对应的市场调查与分析项目
1.把握市场构造：对市场机会的分析和对市场的详细分析		
(1)把握产品的生命周期	(1)需求预测、市场占有率分析	(1)销售量、普及率等资料收集和预测
(2)商品、服务的购买渠道和对满意、不满意内容的把握	(2)店铺形象与购买行为的关联性	(2)消费者的购买、实际使用情况、购买行为
(3)市场细分	(3)顾客分群与目标顾客的选定	(3)顾客的购买行为、购买动机、购买意图
(4)对销售动向的把握	(4)分析市场占有率、按区域或流通渠道划分来预测销售状况	(5)零售店等不同流通渠道的销售状况
(5)对宏观环境动向的把握	(5)国内外的政治、经济、社会、文化、技术、自然环境、生活形态等的倾向	(5)收集关于政治、经济、社会、文化、技术、自然环境、生活形态等的资料

续表

市场营销研究	分析内容	对应的市场调查与分析项目
2.商圈分析:区域市场		
(1)对商圈购买能力的把握	(1)对商圈市场的预测	(1)收集人口、家庭、零售额等资料
(2)竞争分析、对企业自身的分析	(2)对市场占有率的分析	(2)商圈内消费者对不同商品、服务的购买行为
(3)对顾客来店、购买行为的把握	(3)对店铺形象的分析	(3)顾客的生活形态、来店行为、来店理由
(4)对顾客购买动向的把握	(4)对销售状况的预测	(4)收集零售额、商场面积等资料
3.市场营销组合:资源的合理配置		
(1)新产品计划	(1)新产品测试、需求预测	(1)用户满意度(功能、设计、性能、价格、服务等)、新产品与旧产品的销路情况
(2)价格	(2)对价格的研究(竞争产品价格促销费用、价格与需求的关系等)	(2)企业自身及竞争企业按不同渠道的销售价格与需求的关联性
(3)促销	(3)对广告媒体、促销活动效果的分析	(3)知名度、收视率、阅读率和促销效果
(4)流通	(4)对最恰当的流通渠道的分析	(4)不同区域、流通渠道的销售状况
4.市场营销活动的监测与评价		
(1)对销售动向的把握	(1)对市场占有率、按区域和流通渠道来划分的分析	(1)不同制造商不同流通渠道的销售状况
(2)对顾客满意度的把握	(2)与目标顾客的匹配程度	(2)对顾客满意、不满意的把握
(3)对广告效果的把握	(3)对广告费与广告效果等的分析	(3)知名度、收视率、阅读率和广告效果

【能力训练】

　　市场调查员的国家职业资格定义:市场调查员是指在各类企业或者其他社会组织中,为本组织或受委托为其他组织,从事市场信息与相关现象调查、信息或数据统计分析及相关活动的人员。通过直接和间接调查法收集并比较市场调查员、助理市场调查师、市场调查分析师 3 个职业的具体工作内容和应具备的专业知识以及能力要求，如表 1-2、表 1-3 所示。

表 1-2　市场调查员的职业功能和工作内容

职业功能	工作内容		
	市场调查员（五级）	高级市场调查员（四级）	助理市场调查师（三级）
1. 市场调查目标定义	1.1 检查与准备市场调查技术要素 1.2 学习市场调查基本的学科理论技术 1.3 学习市场调查团队运行方式	1.1 掌握市场调查主旨，检核市场调查项目资源 1.2 掌握市场调查计划，确认市场调查任务与目标 1.3 形成市场调查项目的理论配备	1.1 确立市场调查主题 1.2 设定市场调查目标 1.3 设定市场调查项目的理论运用体系 1.4 评估市场调查项目的技术选择，指导调查技术的学习、掌握和运用 1.5 审核市场调查执行任务的人力资源配置方案
2. 市场调查计划设计	2.1 掌握市场调查内容与目标 2.2 掌握与选择评估市场调查方法 2.3 掌握市场调查进度计划 2.4 掌握市场调查项目经费运作 2.5 组织管理市场调查团队	2.1 掌握市场调查领域所需专业知识 2.2 掌握市场调查主要技术，编制调查技术说明书和技术操作说明 2.3 设计市场调查项目和实施步骤与任务 2.4 组织执行市场调查任务 2.5 管理市场调查档案	2.1 创新市场调查所需背景知识应用 2.2 设计市场调查工作技术 2.3 设计市场调查方案 2.4 计划市场调查的预算 2.5 领导综合性市场调查任务
3. 市场调查行为实施	3.1 参加、适应团队 3.2 落实和执行规定调查项目的经费 3.3 形成市场调查方案 3.4 执行市场调查计划 3.5 鉴定市场调查过程	3.1 管理市场调查计划流程 3.2 管理调查技术运用 3.3 根据市场调查方案，设计常规市场调查计划 3.4 管理市场调查工作检查制度	3.1 审核与监督市场调查运作流程 3.2 设计与更新市场调查项目技术 3.3 管理市场调查活动预算执行 3.4 组织建立与协调市场调查项目的工作环境与关系制度

职业功能	工作内容		
	市场调查员（五级）	高级市场调查员（四级）	助理市场调查师（三级）
4. 市场调查数据分析	4.1 掌握数据分类和整理技术 4.2 掌握问卷数据核实技术 4.3 掌握数据录入技术 4.4 掌握初步统计归纳技术	4.1 检核市场调查数据 4.2 管理市场调查数据的分类整理工作 4.3 选择市场调查数据统计方法与实施 4.4 设计市场调查数据的计算机演示 4.5 设计市场调查数据库	4.1 审核与评估市场调查项目的数据录入汇总方案 4.2 审核与评估市场调查数据分类统计原则与适配技术 4.3 审核与评估市场调查数据分析方法与实施 4.4 制订市场调查报告方案，指导和管理市场调查成果的使用
5. 市场调查报告撰写	5.1 整理汇总市场调查报告资料 5.2 市场调查报告的编制 5.3 市场调查报告的演示	5.1 撰写市场调查各类文稿 5.2 审核市场调查数据和文献资料，执行相关制度 5.3 设计与编发市场调查信息动态和工作简报 5.4 设计与行文市场调查报告 5.5 结算市场调查预算执行情况	5.1 审核与签发重要市场调查的文稿 5.2 设立和监督市场调查文稿工作制度 5.3 设立和管理市场调查工作报告制度 5.4 主持市场调查报告定稿和重大修改 5.5 决算市场调查项目的财务运行情况

表 1-3　助理市场调查师(三级)工作的专业知识和技能要求

职业功能	工作内容	技能要求	专业知识要求	比重
1.市场调查目标定义	1.1确立市场调查主题	(1)能进行区域市场调查项目主题确认 (2)能进行专门市场调查项目主题确认 (3)能进行政府采购市场调查项目主题确认 (4)能进行供方市场调查项目主题确认 (5)能进行买方市场调查项目主题确认 (6)能进行媒介市场调查项目主题确认 (7)能进行文化产业市场调查项目主题确认	(1)区域经济学 (2)商品市场理论 (3)政府采购理论 (4)新兴市场理论	5%
	1.2设定市场调查目标	(1)能进行城乡市场商品品类指数目标确认 (2)能进行城乡市场品牌指数调查目标确认 (3)能进行城乡企业商誉调查目标确认 (4)能进行城乡市场营销环境调查目标确认 (5)城乡市场消费流行调查目标确认	(1)商品学 (2)营销学 (3)微观经济学 (4)品牌经营理论 (5)经济传播理论 (6)时尚	5%
	1.3设定市场调查项目的理论运用体系	(1)能进行新产品市场预测体系调查 (2)能进行品牌市场竞争调查运用体系调查 (3)能进行区域经济中商品营运调查与预测 (4)能进行消费市场总量、质量、发展调查 (5)能进行非物质性商品市场体系调查	(1)新产品设计与营销理论 (2)品牌学 (3)区域经济理论、经济地理理论 (4)商品的消费心理与行为 (5)文化经济学	5%
	1.4评估市场调查项目的技术选择,指导调查技术的学习、掌握和运用	(1)能进行评估商品市场调查技术选择 (2)能进行评估消费市场调查技术选择 (3)能进行评估流通市场调查技术选择 (4)能进行评估非物质性商品市场调查技术选择	(1)市场调查知识 (2)市场营销学 (3)文化经济学 (4)新经济理论	5%
	1.5审核市场调查执行任务的人力资源配置方案	(1)能设定市场调查人员的技术、专业素养、执行能力的要求与考核体系 (2)能掌握培训高级市场调查人员的技术与执行能力 (3)能管理高级市场调查师的人力资源	(1)管理学 (2)人力资源理论 (3)保密法、反不正当竞争法、公司法等法规政策	5%

续表

职业功能	工作内容	技能要求	专业知识要求	比重
2.市场调查计划设计	2.1市场调查创新所需背景知识应用	(1)能评估市场调查项目 (2)能评估市场调查资源的配置 (3)能评估市场调查项目技术的创新 (4)能评估市场调查项目立项价值与可行性	(1)微观经济学 (2)市场营销学 (3)市场调查理论 (4)信息学 (5)管理学	8%
	2.2设计与规范市场调查工作技术	(1)能设计市场调查的技术方案 (2)能规划市场调查技术 (3)能检核市场调查技术的合法性	(1)SWOT技术 (2)信息学 (3)情报学 (4)CI、CS理论 (5)数据库理论	8%
	2.3设计与编制市场调查方案	(1)能设计市场调查方案 (2)能编制市场调查技术指标与条件 (3)能制订市场调查项目管理制度	(1)目标市场人口统计项类 (2)区域经济年鉴调查项类 (3)行业市场年鉴常规调查目标设计 (4)市场调查活动组织	4%
	2.4编制与审核市场调查预算	(1)能编制市场调查项目预算 (2)能规划和审议市场调查项目预算执行系统 (3)能建立市场调查项目财务审计制度	(1)会计学 (2)预算与执行 (3)项目财务管理	5%

续表

职业功能	工作内容	技能要求	专业知识要求	比重
3. 市场调查行为实施	3.1 审核与监督市场调查运作流程	(1)能审核市场调查运作流程 (2)能监控市场调查流程,负责危机处置,进行流程再造 (3)能审核或批准市场调查流程控制准则	(1)控制论原理 (2)系统论原理 (3)ERP 理论与流程再造理论	5%
	3.2 设计与更新市场调查项目技术	(1)能评估市场调查项目使用技术与任务、目标、成果的匹配程度 (2)能设计与评估市场调查技术更新与升级	(1)市场调查软件 (2)市场调查软件编程序知识 (3)数据库知识 (4)图书情报编目	5%
	3.3 管理市场调查活动预算执行	(1)能审核市场调查项目预算使用情况 (2)能调整市场调查项目预算计划 (3)能审计市场调查项目财务执行情况	(1)预算学 (2)会计学 (3)财务制度建设	5%
	3.4 组织建立与协调市场调查项目的工作环境与关系制度	(1)能指导建立市场调查工作的领导和管理、人力资源、财务、外勤和内勤工作的管理制度 (2)能指导建立市场调查项目公共关系制度与关系资源列表 (3)能建立市场调查项目子系统间联席会议制度	(1)组织行为学 (2)管理学 (3)公共关系学 (4)IMC	5%

职业功能	工作内容	技能要求	专业知识要求	比重
4.市场调查数据分析	4.1审核与评估市场调查项目的数据录入汇总方案	(1)能审核与评估市场调查原始数据录入和汇总方案 (2)能审核与评估市场调查数据库 (3)能建立市场调查技术数据库	(1)信息编码 (2)数据库编码 (3)调查问卷题库	3%
	4.2审核与评估市场调查数据分类统计原则与适配技术	(1)掌握市场调查计算机数据库检索技术 (2)能审核与评估市场调查数据查错和净化技术,评估和处理市场调查数据的缺失值 (3)能审核与评估市场调查实物证据库的建立与工作制度 (4)能审核与评估市场调查案例库 (5)能审核与评估市场调查数据报告 (6)能审核与评估各类数据分析报告的准确性与科学性	(1)市场调查数据概念 (2)编制市场调查技术术语和关键词链接准则与手册 (3)设计数据库管理标准与原则 (4)市场调查数据库检索软件 (5)市场调查数据解析 (6)市场调查方案中数据变量替换原则与技术 (7)市场调查方案数据加权原则与方法 (8)评估市场调查数据与弥补技术	3%
	4.3审核与评估市场调查数据分析方法与实施	(1)能审核与批准市场调查统计任务书 (2)能组织市场调查统计与分析工作 (3)能监督市场调查统计流程	(1)市场调查统计任务书 (2)统计任务书编写规程 (3)常用统计方法分类和使用 (4)统计指标设立和使用	2%
	4.4制定市场调查报告方案,指导和管理市场调查成果的使用	(1)能审核与确认市场调查报告的文本技术 (2)能审核与评估市场调查成果 (3)能市场调查数据及分析报告的增值服务技术	(1)书面报告、工作报告格式、数据报告、报告附件等文本技术知识 (2)多媒体演示文稿 (3)数据库管理系统知识	2%

续表

职业功能	工作内容	技能要求	专业知识要求	比重
5.市场调查报告撰写	5.1 审核与签发重要市场调查的文稿	(1)能审核与指导市场调查文稿工作体制 (2)能建立市场调查工作文件审核制度 (3)能建立市场调查工作文件签发责任制度	(1)行政管理学 (2)秘书学 (3)公文写作 (4)市场调查文稿知识	3%
	5.2 设立和监督市场调查文稿工作制度	(1)能建立市场调查项目工作文件行政流转程序 (2)能建立与管理市场调查项目的信息数据以及各类文件的保密制度 (3)能建立市场调查项目文件档案制度 (4)能建立市场调查工作会议记录制度 (5)能建立市场调查工作各类原始文件的档案制度	(1)数据梳理、归纳知识 (2)文献建档与检索知识 (3)档案学	3%
	5.3 设立和管理市场调查工作报告制度	(1)能设立和领导市场调查流程的常规报告制度 (2)能设立和领导市场调查中的危机信息和处置报告 (3)能审核和签发市场调查项目的公共关系报告 (4)能审核与批准市场调查项目的财务运行报告 (5)能指导与审核市场调查工作简报制度	(1)行政管理学 (2)传播学 (3)会计学 (4)公共关系学 (5)文书学	3%
	5.4 主持市场调查报告定稿和重大修改	(1)能制订符合项目要求的市场调查项目报告大纲 (2)能审核与决定市场调查报告的详细大纲以及撰写原则 (3)能负责审议和修改市场调查报告 (4)能负责讨论与论证市场调查报告的定稿或重大修改 (5)能决定市场调查报告文件格式与制作	(1)市场调查报告框架知识 (2)写作能力	3%
	5.5 决算市场调查项目的财务运行情况	(1)能审核市场调查项目财务运行的总结报告 (2)能组织市场调查项目的会计项目审计 (3)能审核与签发市场调查项目执行报告	(1)市场调查经费一般运用知识 (2)相关表格制作 (3)计算机操作能力	3%

职业功能	工作内容	技能要求	专业知识要求	比重
6.相关基础知识	(1)职业素质 (2)基础知识 (3)法律知识 (4)软件应用知识			5%

【知识拓展】

一、市场调查师

(一)职业定义

市场调查师是指在各类企业或其他社会组织中,为本组织或受托为其他组织,从事市场调查、市场研究、统计分析及相关活动的人员。

(二)资格等级

市场调查师职业资格共分为5个等级:市场调查员(五级)、高级市场调查员(四级)、助理市场调查师(三级)、市场调查师(二级)和高级市场调查师(一级)。

(三)申报条件

遵纪守法,具有良好的职业道德并具备下列条件之一者均可申报。

1. 市场调查员(五级):(1)中专、职高以上或同等学力应、历届学生;(2)从事相关工作一年以上者。

2. 高级市场调查员(四级):(1)已通过市场调查员资格认证并从事相关工作一年以上者;(2)大专以上或同等学力应、历届学生;(3)从事相关工作两年以上者。

3. 助理市场调查师(三级):(1)已通过高级市场调查员资格认证并从事相关工作一年以上者;(2)本科以上或同等学力应、历届学生;(3)大专以上或同等学力并从事相关工作一年以上者;(4)中专以上或同等学力并从事相关工作两年以上者。

4.市场调查师(二级):(1)已通过助理市场调查师资格认证或取得中高级技术职称并从事相关工作一年以上者;(2)研究生以上或同等学力并从事相关工作两年以上者;(3)本科以上或同等学力并从事相关工作三年以上者;(4)大专以上或同等学力并从事相关工作四年以上者。

5.高级市场调查师:(1)已通过市场调查师资格认证或取得中高级技术职称并从事相关工作三年以上者;(2)研究生以上或同等学力并从事相关工作四年以上者;(3)本科以上或同等学力并从事相关工作八年以上者;(4)大专以上或同等学力并从事相关工作十年以上者。

(四)工作职能

1.了解数据分析基础知识,具有数据计算与分析能力;

2.掌握计算机使用常识和统计软件的基本知识;

3.掌握市场营销、统计学、消费心理学、公共关系的知识和原理;

4.掌握调查设计的基础知识和基本方法;

5.熟练掌握市场调查的基本知识、程序、方法和技巧;

6.熟练掌握市场调查报告的基本写作知识。

(五)知识要求

1.具有大学以上文化程度或同等学力;

2.掌握数据分析综合知识,具有数据处理与分析的能力;

3.掌握常用统计软件的使用方法;

4.综合掌握市场营销、统计学、消费者心理学、商品学、传播学、项目管理等知识和原理;

5.全面掌握调查设计的原理和科学方法;

6.熟练掌握市场调查的综合知识、程序、方法与技巧;

7.熟练掌握市场调查报告的撰写方法。

(六)能力要求

1.能独立指导市场调查的全过程,并为被指导者进行调查示范;

2.能选择准确的语言与技巧与被访者进行交流、开展各种调查,具有很强的关系处理能力;

3.能够主持和组织开展较大规模或较系统的调查项目,能够系统、合理地进行市场调查设计,能熟练选择使用各种适宜的调查方法进行市场调查;

4. 能全面、深入、准确地对市场调查结果进行数据处理并进行分析说明，撰写调查分析与趋势分析报告；

5. 能独立进行各种调查工具和手段的设计；

6. 能准确地向他人讲授市场调查的知识与技巧，指导他人撰写市场调查分析报告；

7. 能准确发现市场调查中的问题并做出正确分析，能够控制整个调查过程；

8. 具有比较强的管理、协调能力。

二、调查分析师

(一)职业定义

调查分析师是具备较强的调查研究与综合商务分析等能力的咨询专业人员，可以运用定性和定量调查方法，收集有关信息，进行数据处理和分析，形成报告以供客户决策参考。

调查分析师资格认证指调研咨询专业人士的资格认证，分为初级、中级和高级三个层次。它是由国家统计局教育中心及教育部考试中心联合发起认证的，严格评估调研咨询人员知识技能是否具有高品质的资格认证考试。其目的是为了给项目管理人员提供统一的行业标准。2006 年 4 月 29 日，调查分析师职业由劳动和社会保障部作为第六批新职业面向社会发布，从而成为目前调研咨询行业最权威的认证考试。

(二)报名条件

1. 初级调查分析师，具备以下条件之一者可以报考：(1)获得统计人员从业资格证书者；(2)各类中专、职高、技校、高中毕业者。

2. 中级调查分析师，具备以下条件之一者可以报考：(1)取得初级调查分析师证书者；(2)未取得初级调查分析师证书者，原则上不得报考中级调查分析师考试、但有下述条件之一者可以报考：①高等院校经济管理类专业专科毕业者；②获得助理统计师以上职称者；③高等院校本科以上毕业者和在校本科生；④调查与分析专业(独立本科段)学习者；⑤非统计专业专科毕业者(包括各级党校专科、本科毕业者)可以报考。

3. 报考高级调查分析师条件:(1)取得中级调查分析师证书者;(2)未取得中级调查分析师证书者,原则上不得直接报考高级调查分析师考试。但有下述条件之一者可以报考:①统计专业本科毕业者;②获得统计师以上职称者;③获得硕士以上学位者;④非统计专业本科毕业者。

(三)工作内容

调查分析师的主要工作内容为:确定调查项目;设计调查方案;搜集有关信息资料;设计调查问卷;进行抽样设计;指导和培训调查员;进行预调查;组织实施实地调查;调查数据处理和分析;撰写调查分析报告;评估和形成调查分析报告等。

(四)能力要求

1. 初级调查分析师证书获得者一般具有以下能力:

(1)能够完成较小规模调查的方案设计;

(2)能够指导现场调查;

(3)能够进行信息搜集及简单的数据处理工作;

(4)能够撰写简要的调查分析报告。

2. 中级调查分析师证书获得者一般具有以下能力:

(1)能够完成一般规模调查的方案设计、问卷设计和抽样设计;

(2)能够指导现场调查,组织相关技术培训;

(3)能够熟练进行信息搜集、数据处理、分析与预测等工作;

(4)能够撰写较高质量的调查分析报告,提出有一定实用价值的决策建议;

(5)能够独立组织一般规模的调查研究活动,承担调查技术方面的咨询、管理协调和执行等工作,解决相关技术问题。

3. 高级调查分析师证书获得者一般具有以下能力:

(1)能够完成较大规模调查的方案设计、问卷设计和抽样设计;

(2)能够指导现场调查,组织相关技术培训;

(3)能够熟练运用现代统计分析方法进行信息搜集、数据处理、分析与预测等工作;

(4)能够及时掌握行业动态,有针对性地进行分析研究活动,撰写高质量的调查分析报告,提出有决策价值的建议;

（5）能够独立组织较大规模的调查研究活动,负责调查技术方面的咨询、管理协调等工作,解决相关技术问题。

任务二　市场调研员岗位认知

市场调研是市场营销运营的出发点,产品策略、价格策略、促销策略、流通策略必须以市场调研为出发点(图 1-1)。市场调研员/经理是指通过调查、统计分析等方法获得全面、准确的市场信息和分析结论,为企业管理决策提供强有力的支持的专业人员。具体而言,他们主要负责拟定调研方案或评估调研公司提供的方案,制定市场调研计划,组织、实施市场调研项目,对宏观环境及行业状况、企业内部营销环境、消费者及用户进行调查分析。经理级从业者还要负责监控调研流程和数据、信息质量,以确保调研工作符合公司要求。

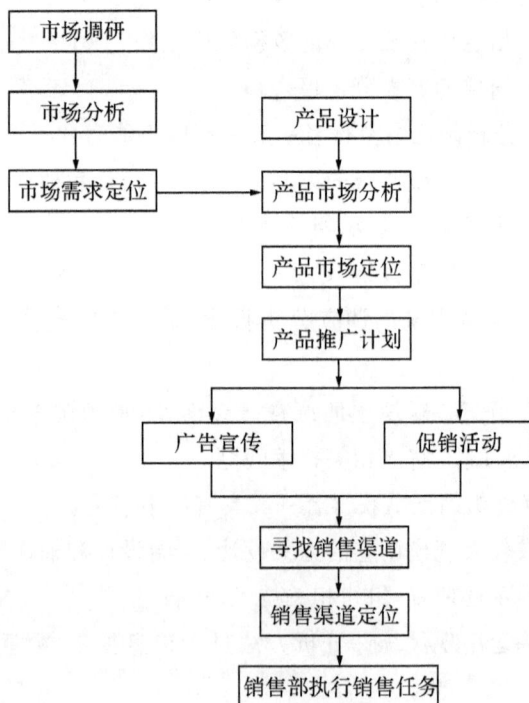

图 1-1　市场调研的地位

【能力训练】

通过直接和间接调查法收集并比较农产品、日用品、服装、房地产等四大行业企业市场调研的主要内容以及企业调研分析岗位相关的工作职责和具体的工作任务,归纳分析出其共性的部分和异性部分,最后得出调查分析人员的具体工作内容以及应具备的素质和能力。

【知识拓展】

一、市场调研员岗位所处的位置

大多数企业中的市场调研员岗位设置在市场部(如图 1-2 所示),但由于企业所属行业、规模等因素的差异,导致了市场调研员在企业所属部门以及位置不尽相同,如比较注重销售渠道的企业在进行组织架构设置时既要考虑终端,又要考虑渠道(如图 1-3 所示)。

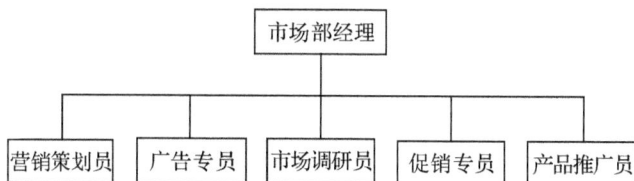

图 1-2 市场调研员在组织架构中所处的位置

二、市场调研员岗位层级

岗位层级表示一个岗位在组织结构中的相对位置,市场调研员的岗位层级分为市场调研经理、市场调研主管、市场调研专员。

一般而言,市场调研员的成长路径有以下两种:一是从事企业的市场调研工作,积累了一定的经验之后,可以发展为市场调研经理或市场经理;二是从事于专门的市场调研公司,对于各种产品的市场需求规律有了一定的把握之后,可以发展为品牌管理咨询顾问或市场调研分析师。对于积累了一定管理

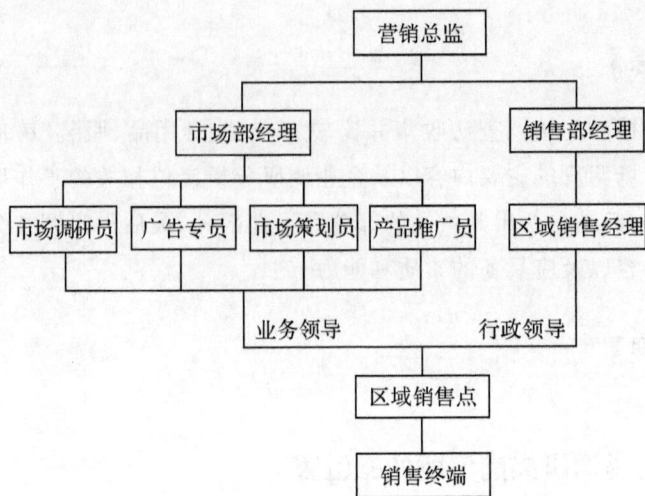

图 1-3 重销售渠道的市场部组织架构图

经验且具备企业营销活动整体规划与组织实施能力的市场调研经理可以考虑向市场总监、品牌策划总监和专业市场调查分析师发展。

三、岗位职责

岗位职责用来描述一个岗位所要求的去完成的工作内容以及应当承担的责任范围。而任职条件是用来规定胜任某一岗位或职务所需要的能力要求，一般包括基本素质、文化程度、语言文字能力、专业知识、工作经验或经历以及其他要求。市场调研经理和市场调研员的职责及任职条件如表 1-4 和表 1-5 所示。

表 1-4 市场调研经理职责及任职条件

职位名称	市场调研经理	直接上级	市场部经理/市场总监/企业分管市场副总经理
		直接下级	调研专员/调研主管

1.岗位职责

（1）工作内容

结合产品运作计划及企业战略，组织重点调研项目，利用内外部资源有效地进行专项调研，提供项目执行报告和调研报告；

负责市场调研计划的制订和实施；

确定企业产品或服务的市场定位以及相对于竞争产品的进展及成功因素；

跟随市场整体环境变化，推进企业产品或服务的市场开拓；

组织进行宏观环境、行业状况和企业内部营销环境的调研，以及对消费者及用户、配销渠道的调研；

收集竞争对手的市场情报，以及各级政府、业界团体、学会发布的行业政策和信息；

提出新产品开发方案；

建立并维护企业营销信息系统，收集有关行业、政策、竞品、市场等外部信息，结合企业内部各项目数据，在整理分析的基础上，建立常规信息平台。

（2）责任范围

建立健全营销信息系统，制定内部信息和市场信息的收集、整理、分析、交流及保密制度；

与销售经理合作，建立与相关产业、政府部门及研究机构的关系；

协助销售经理就以上问题进行支持，以达成企业产品或服务的发展要求；

协助市场部经理制定各项市场营销计划。

3.权力范围

对本部门为其他部门提供的信息有监督管理权。

2.任职条件

（1）基本条件

营销及相关专业本科及以上学历，4年以上相关工作经验及相关背景；

熟悉掌握外语及电脑操作技能；

具有前瞻性；

良好的人际交往能力及团队协作精神；

具备较强的领导能力。

（2）专业要求

受过调查研究、市场营销、产品知识、消费心理、产业经济等方面的培训；

熟练运用对调研结果进行分析所需的方法及工具；

能独立完成市场调研工作。

表 1-5　市场调研员职责及任职条件

职位名称	市场调研经理	直接上级	市场部经理/市场总监/企业分管市场副总经理
		直接下级	调研专员/调研主管

1.岗位职责

（1）工作内容

对区域、国内乃至国际范围内的市场环境进行调研，分析某种产品或服务的潜在市场；确定调研方法，制作数据统计表；

收集顾客需求、购买习惯等方面的信息，以及竞争对手的相关信息，分析其产品价格、销量、营销手段等；

审核、分析相关数据，预测市场发展趋势和市场潜力；

撰写和递交调研报告，向管理层提出建议。

（2）责任范围

认真完成对工作项目所界定的内容。

（3）权力范围

以工作制度为标准，在市场调研方面有请求协助权。

2.任职条件

（1）基本条件

管理、统计、营销相关专业本科及以上学历，1 年以上相关工作经验；

出色的思维分析能力和团队协作精神；

对市场有敏锐的嗅觉，有严谨的逻辑思维，有实事求是的态度。

（2）专业要求

受过调查研究工具与方法、市场分析方法、市场营销、产品知识等方面的培训；

熟练使用办公软件，具备较强的外语能力；

熟悉市场分析工具；

有市场营销经验或市场调研公司工作经验。

四、岗位工作内容

市场调研是个人或组织根据特定的决策问题而系统地设计、搜集、记录、整理、分析及研究市场各类信息资料、报告调研结果的工作过程。它是市场预测和经营决策过程中必不可少的组成部分。

市场调研的工作内容主要是对市场、产品、销售、消费者购买行为、广告及促销、营销环境进行研究，对销售和发展趋势进行预测。如市场研究主要包括市场潜在需求量研究、消费者分布及消费特征研究、市场占有率研究和市场营销效益分析等方面;产品研究主要是对产品设计、开发及实验研究,产品的改良与创新,消费者对产品形状、包装、品味等喜好的研究,同类产品或竞争产品的比较,产品成本分析等;销售研究主要包括销售政策分析、当前销售方法的评价、销售网点与销售人员效果分析、总体营销活动的设计与改进等。

　　一般情况下,企业市场调研流程包括制定调查方案、选择调查方法、设计调查问卷、组织实施调查、数据回收与处理、数据分析与预测、编写调查报告等步骤,如图1-4。

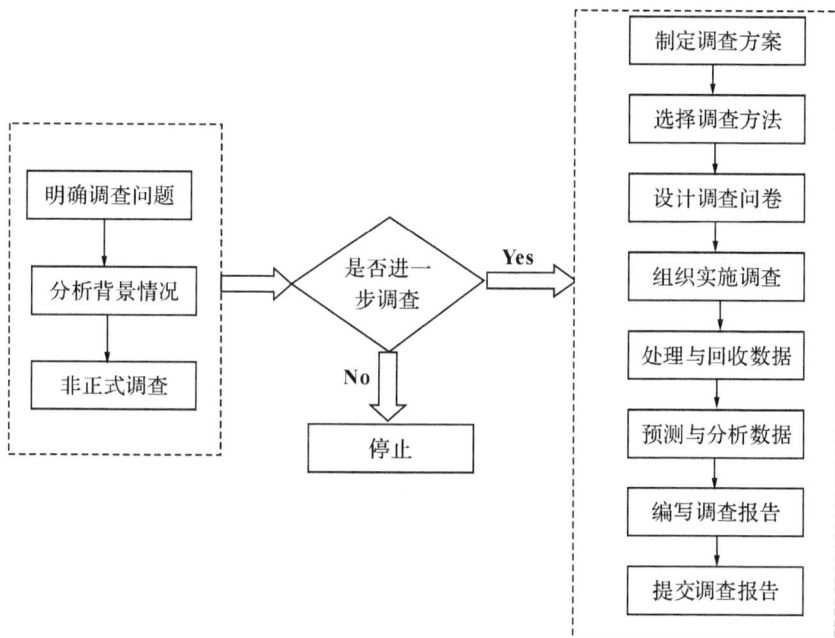

图 1-4　市场调查流程

五、岗位工作绩效考核

　　市场调研工作质量的高低、调研结果的真实性等在很大程度上影响着营销决策的科学性。因此,针对市场调研工作的组织开展情况和调研报告的提交情况设计考核方案(如下例所示),将有助于推动企业各级市场调研人员不断提高岗位实际工作能力,以适应管理工作和企业发展的需要。

【例】

市场调研工作考核方案

一、考核目的

1.对企业调研人员的市场调研工作开展情况予以客观评价，及时发现存在的问题；

2.帮助市场调研人员改进工作，提高工作绩效；

3.为市场调研人员的加薪、职位晋升、奖励等工作提供决策依据。

二、考核内容

本方案仅对市场调研工作的组织开展情况和调研报告的提交情况两个方面进行考核。

三、考核指标及计分规则

（一）市场调研工作的组织开展情况

市场调研工作应根据企业营销战略需要有计划地组织开展和执行，并在该过程中合理地选择调研方法和工具，有效利用调研经费。可以从四个考核指标对市场调研工作的组织开展情况进行综合考评，如表1-6所示。

表1-6　市场调研工作组织开展情况的考核指标及评分标准表

考核指标	考核频率	考核对象	指标说明	考评标准
市场调研计划完成率	月度、季度、年度	市场部经理	及时组织开展并完成市场调研项目	市场调研计划完成率＝（实际完成的调研项目/计划完成的调研项目）×100% 1.目标值为_____% 2.达到此目标值时，可得单项满分 3.比目标值每提高_____%，加1分每降低_____%，扣1分
收集市场信息的及时性、准确性	月度	市场部所有工作人员	根据企业的实际需要快速收集市场信息，并进行准确分析	1.工作基本不能按时完成，大部分信息不准确、不完整且不能提供太大帮助，得____分 2.工作有时不能按时完成，信息有时不准确、不完整，只能提供很小帮助，得____分 3.按时完成工作，信息准确完整，及时反馈相关信息且能提供一定的帮助，得____分 4.积极主动开展工作，信息准确完整，及时反馈相关信息且具备较好的实用效果，得____分

续表

考核指标	考核频率	考核对象	指标说明	考评标准	
收集产品相关资料	月度	市场部所有工作人员	为销售部等相关部门提供相关信息和建议	积极主动开展工作,信息提供准确、完整、及时,资料具有较大的实用效果	优
				按时完成工作,信息准确、完整、及时,资料能提供一定的帮助	良
				有时不能及时完成工作,信息不准确、不完整,资料只能提供很小的帮助	中
				基本不能及时完成工作,信息大部分不准确、不完整,资料不能提供太大帮助	差
调研费用控制情况	季度、年度	市场部经理	合理使用调研经费,严格控制该费用的不合理支出	调研费用预算节省率＝1－(实际发生的调研费用/调研费用预算额)＊100% 1.目标值≥0 2.实际节省率为0时,可得单项满分; 3.每比0高0.1%,加____分;每比0低0.1%,扣____分	

（二）市场调研报告的提交情况

对市场调研工作收集到的信息进行分析、整理,并形成市场调研报告,报告内容包括调研预案、客户需求、市场容量分析、政策环境分析、产品销售市场预测和竞争对手调查等,具体考核指标如表1-7所示。

表1-7　市场调研报告提交情况的考核指标及评分标准表

考核指标	考核频率	考核对象	指标说明	考评标准
调研资料分析的及时性、准确性	依据调研项目开展进度确定	市场部所有工作人员	对调研资料进行整理分类,并进行科学合理地分析	1.经常不能按时分析调研资料,得____分 2.能够按时分析调研资料,但欠准确,得____分 3.按时分析调研资料,且分析资料的准确性较高,得____分 4.全面、正确、按时分析调研资料,得____分 5.能在全面、正确分析调研资料的基础上初步编写调研报告,得____分

考核指标	考核频率	考核对象	指标说明	考评标准
调研报告的行文质量	依据调研项目开展进度确定	市场部所有工作人员	所采用调研方法的科学性,报告各部分内容的全面性,内容分析的深度及针对性,建议的合理性	1.所采用调研方法不太科学,存在着较大的误差,反映的问题未能切中实质,提出的建议参考性不强,得____分 2.调研报告构思较为严谨,表达形式较好;所采用调研方法较为科学,调研报告所提的问题能够反映企业存在的大部分问题;所提的行动方案,可选择性采用;调研报告提出的建议,可以大部分采纳,得____分 3.调研报告结构严谨,表达形式极佳;所采用调研方法极为科学;对调研数据处理方法极为恰当;调研报告所反映的问题切中要害,有很强的针对性;所提的行动方案可以直接使用;调研报告提出的建议,可以全部采用,得____分
报告上交的及时率	依据调研项目开展进度确定	市场部所有工作人员	调研工作完成后,及时提交符合要求的市场调研报告	上交及时率＝(及时上交调研报告数/应提交调研报告总数)×100% 1.等于目标值,得____分 2.比目标值每降低____%,扣____分
调研报告对市场营销工作所起的支持作用	依据调研项目开展进度确定	市场部所有工作人员	市场调研工作开展的及时性及市场营销工作提供的支持作用	1.市场调研工作不够及时,不能为企业的市场推广工作提供有力的支持,得____分 2.通过市场调研了解一定的市场信息,能为公司拟订市场方案提供一定的支持,得____分 3.通过市场调研了解较详细的市场信息,能为企业制定有效的市场推广策略提供一定的支持,得____分 4.通过市场调研了解详尽的市场信息,并为企业制定有效的营销计划提供支持,得____分

四、考核指标权重设定

表 1-8　考核指标权重

考核内容	权重(%)	考核指标	权重(%)
市场调研工作的组织开展情况	50	市场调研计划完成率	15
		收集市场信息的及时性、准确性	15
		收集产品相关资料的及时性、准确性	10
		调研费用的控制情况	10
市场调研报告的提交情况	50	调研资料分析的及时性	10
		调研报告的行文质量	15
		报告上交的及时率	10
		调研报告对市场营销工作所起的支持作用	15

项目二　消费者调查与分析

【学习目标】

☆ **知识目标**

通过本项目学习,你应该:

1. 理解消费者调查的内容和调查方案的基本结构;

2. 理解探索性研究、描述性研究、因果研究的内涵和关系;

3. 理解营销研究数据类型和市场调查的基本方法;

4. 掌握消费者调查问卷的基本结构;

5. 掌握消费者调查资料整理和分析的基本方法;

6. 掌握消费者调查报告的类型和框架。

☆ **技能目标**

通过本项目学习,你应该:

1. 能根据研究目的设计研究类型,制定消费者调查方案;

2. 能确定评价调查法的标准和方法,并针对消费者选择最适宜的方法;

3. 能依据不同项目要求,设计消费者调查问卷;

4. 能根据设计的调查问卷,组织调查项目团队实施抽样调查;

5. 能对回收的调查资料进行审核、录入、整理和分析;

6. 能根据数据分析结果撰写消费者调查分析报告。

【案例导入】

从食品安全角度分析农产品消费行为

随着人们生活水平和健康安全意识的提高,大家对食品安全问题关注度日益增强,尤其近期劣质奶粉、瘦肉精等多起食品安全事件引起社会广泛而高度关注。消费者是消费结果的最终承受者,消费者在食品安全问题上所体现的意识和态度会对农业企业的行为选择产生深刻影响。因此,从信息、价格、收入与支出以及消费文化等主要影响消费者安全食品消费行为的因素进行分析。

一、信息对农产品安全消费的影响

1. 信息对消费者认知和行为的影响。信息搜寻和使用行为是消费者合理地解决问题和做出购买决策的基础,在消费者决策中起到了重要的作用。消费者信息搜寻的目的在于对产品内在的质量、价值与功能做出识别与区分,以便做出正确的购买决策。研究表明,消费者在获得相关农产品信息的情况下会选择食用更加健康和安全的农产品。影响消费者购前信息搜寻的主要因素是备选方案的可选程度、卷入意愿、产品知识和搜寻成本。大量的实证研究数据显示,年龄、性别和教育水平等因素对消费者信息搜寻行为有着显著性影响,这些因素又影响消费者为降低风险而采取的相关行为。

2. 信息不对称对农产品消费行为的影响。有机农产品有益于健康的品质是消费者对其产生信任并做出选择行为的基础。当多数消费者在信息获取不足、不清晰或误解时,就会对农产品安全水平及是否执行有机农产品的标准缺乏判断,这为部分逐利生产者故意降低质量水平或提供虚假信息从中牟利提供机会,而消费者发现被这种所谓的"有机"欺骗后,对有机产品的信任度就会降低,从而减少对有机农产品的消费。

3. 媒体信息对安全食品消费的影响。食品安全事故信息和与自身关系密切的负面信息容易引起消费者非理性的过高风险评价;专家客观解读评价和政府治理防范措施等正面信息,他们能降低个体风险认知水平和调整消费心态。对食品安全风险意识和适度的担心是人们面对危机的正常自我保护的心理反应,也是人们生活质量和健康意识提高的体现。

二、消费者对安全食品的价格意愿支付行为

1. 消费者安全食品需求效用分析。根据选择消费者安全环保意识的强弱和对购买利益的重视程度分类标准,可以将安全食品购买行为分为四种类型:坚定型、理智型、漠然型、实惠型。坚定型的消费者有现代安全意识和环保意识,不会对绿色产品对比传统产品的利益差距如价格高等计较,他们以安全环保为第一选择。对于理智型消费者,既有安全意识和环保意识,又要考虑购买带来的利益最大化问题。实惠型将购买利益放在第一位,主要考虑购买效

用最大化,安全意识只是考虑的因素之一。漠然型安全意识弱,对购买利益也不太在乎,从众心理较强。

2. 价格对农产品消费的影响。有机农产品由于在生产、加工和检测上都有严格要求,投入成本要大,比普通农产品价格要高,消费者对安全农产品虽然也有较强的消费倾向,能够接受安全农产品有相对较高的价格水平,但消费者的消费偏好对价格仍然具有敏感性,他们能接受的提价幅度有限,在消费决策时会综合考虑农产品的质量安全性和价格。研究结果表明,当信息透明度增强,消费者一般能接受比普通农产品更高的价格,尤其是在农产品的安全品质存在问题时,价格因素变得不重要,消费者极为明确地会选择安全农产品。当进入安全区域后,价格又成为购买选择的主要影响因素。

(资料来源:《基于食品安全的农产品消费行为分析》,《时代报告》2011 年第 8 期,经作者整理改编)

消费者研究构成了营销决策的基础,它与企业的市场营销活动是密不可分的。德鲁克曾指出,商业的唯一目的是产生消费者,因为市场的主体和核心是消费者,消费者在很大程度上决定了企业的生存与发展。由于消费者信息是最直接、动态地反映企业营销业绩的指标,所以,消费者市场调查的目的主要是了解消费者的需求数量和结构及其变化。通过对消费者使用习惯和态度的调研,可以为企业提供有关消费者的使用和购买习惯以及对产品和品牌的态度方面的信息,也可以为企业提供各品牌在市场上的竞争态势方面的信息。

【项目简介】

消费者调查与分析项目

1. 项目内容。根据消费者调查与分析的工作内容和工作流程,该项目划分为制定消费者调查方案、确定消费者调查方法、设计消费者调查问卷、组织实施消费者问卷调查、整理与分析消费者调查资料和提交消费者市场调查结果 6 个子项目。

2. 工作任务。以农产品生产和经营企业等为载体,基于校外合作企业的实际情况,开展消费者对名特优农产品的需求和消费行为的调查,掌握消费者对名特优农产品和安全农产品的认知能力、愿意支付的价格水平、购买渠道、品牌重视程度、农产品消费观念等需求和购买行为的特点,分析影响消费者对名特优农产品需求和购买行为的因素,为农业企业提出相应的对策建议,为企业的发展提供借鉴。

3. 学习课时。建议课内教学为 28 课时,课外学习课时为 20 课时。

4. 项目成果。在项目学习结束后,学生应递交以下项目学习成果:

(1)消费者调查方案 1 份;

(2)消费者调查问卷 1 份,原始调查问卷;

(3)消费者调查报告 1 份,报告内容包括:封面、前言、正文、附录等部分。

任务一　制定消费者调查方案

消费者调查是指对消费者在购买动机、购买模式、购买决策过程等方面所进行的调查活动,主要是针对消费者的使用习惯和态度的调查。消费者与产品相关的消费购买行为,不仅受到社会文化等环境因素的影响,也受到消费者个体因素的影响,如性别、年龄、职业、收入、受教育程度、性格与需求偏好等。消费者调查方案是指导开展对消费者调查工作的总纲,只有设计编写出合乎要求的消费者调查方案,才可能真正开展消费者调查工作。因此,调查方案设计是否具有科学性、系统性和可操作性,直接关系到调查工作的成败。目前,消费者调查广泛应用于家电、食品、化妆品、洗涤品、日用品等快速消费品和耐用消费品等行业。

【能力训练】

现以某一农业企业的名特优农产品消费者调查为例,与企业销售、管理等部门相关人员沟通,明确消费者调查目的,设计调查的主要内容,最后确定调查的具体方案。因此,一般而言,企业制定消费者调查方案的步骤如下。

1. 设计市场调查方案。研究设计是在调查研究中用来指导收集和分析数据的框架或计划,它是完成某项项目必须遵循的蓝图,可以分为探索型研究、描述型研究和因果型研究。调查方案设计的首要问题就是确定调查目标,以确定调查的基本方向,建立本次调查的主题,形成一个基本假设。因此,在设计消费者市场调查方案前,必须明确进行消费者调查的目的、需要收集的相关资料,进而确定消费者调查方案的类型。由于研究设计类型、调查任务和目的的不同,会导致调查的内容和范围也不同。

2. 编写调查方案内容。对于设计者而言,在消费者调查方案中,要将市场调查目标具体化,确定所需要的市场信息资料,将调查目标转化为市场调查的具体内容,并将调查内容通过市场调查指标的方式表现出来。不同项目的调查方案内容有所区别,但一般调查方案均包括:前言、调查目的和意义、调查内容和具体项目、调查对象、调查方法、调查工作进度安排、经费预算、调查结果的表达形式等。其中消费者调查内容和项目主要包括消费者购买行为模式、影响消费者购买行为的因素以及购买的决策过程等三个方面,具体涉及以下方面。

(1)消费者的具体特征、经济现状以及消费者的变动情况和发展趋势。

(2)不同地区、不同民族的消费者的生活习惯、生活方式以及需求。

(3)消费者的购买动机,包括理性动机、感性动机以及产生这些动机的原因。

(4)消费者对特定的品牌或商品产生偏好的表现、条件和原因。

(5)产品购买的决定者、使用者和购买者是谁以及他们之间的关系。

(6)消费者的购买习惯和购买方式以及对产品的要求和反应是什么。

(7)消费者对产品的使用次数和购买次数,购买数量。

(8)新产品进入市场,哪些消费者最先购买,其原因和反应。

因此,必须严格确定调查对象和调查范围,而调查对象的选择要根据产品的种类及其分销渠道来确定的。

3. 审定市场调查方案。在审定调查方案之前,必须首先掌握调查方案评价的三大标准:方案设计是否基本上体现调查的目的和要求,是否科学、完整和适用,是否具有较强的操作性。其次,就考虑经费预算和进度安排,以保证项目在可能的财力、人力和时间限制下完成。在制定预算的过程中,应当做一个较为详细的费用—效益分析,判断调研项目是否应当完全按所设计的方案进行,还是要重新考虑该项目是否应当进行。考虑费用的同时还必须考虑时间因素。一个调研项目有时需要六个月或者更长的时间才能完成,有可能由于决策的延迟失去最有利时机。因此,费用—效益分析的结果或是得出设计方案在经费预算上是合理的,或是不合理而应当中止调研项目。通常情况下一般并不中止调研,而是修改设计方案以减少费用:或者改用较小的样本,或者用邮寄调查代替面访调查,等等。经过市场调查方案的审定之后,形成一份较为完整的市场调查方案。为了使调查方案能有条不紊地指导调查活动,还应该对方案进行一系列的讨论和修改,直到获得多方面的认可为止。

【项目成果范例】

××企业有机蓝莓果酒消费者调查方案

一、调查背景

近年来,果汁饮料作为新世纪的健康饮品,成为消费者的追逐热点。果汁饮料是新型饮品,其最大特点是含有丰富的维生素、矿物质等微量元素,具有极高的营养价值和保健功能。我国果汁饮料市场起步较晚、起点较低,但随着人们保健意识的不断提高,近年来发展较快,市场竞争较为激烈,生产企业采用各种形式的策略来吸引消费者的眼球,抢占市场空间。同时消费者在"有机、环保和健康"概念的引领下对食品营养认知更全面、对营养价值要求更高,个性化需求越大。为适应市场发展和消费者需求,本企业准备推出一款"有机＋保健"的新果酒,为此,需要进行新产品的概念测试和样品测试。

二、调查目的

为了解消费者对新产品蓝莓果酒"有机＋保健"的概念理解、口感接受程度及购买意向,了解新产品在市场中的独特性所在,以及消费者对新产品的满意度和购买力,为本企业对新产品"有机＋保健"的市场定位、营销方式及开拓市场提供决策依据。

三、调查内容

1. 概念测试:对新产品概念的筛选、产品独特性、对消费者的吸引力、消费者需求和购买欲望、及可行性分析等内容。

2. 样品测试:消费者对"有机＋保健"蓝莓果酒的口感、鲜度、浓度的接受程度和总体满意度等内容。了解区域市场消费者的消费水平、消费习惯、消费结构、消费行为,分析消费群体特征,把握购买习惯、购买方式。

四、调查对象:××城市居民,年龄在25～50岁之间,500名消费者

五、调查范围:××城市××街道××小区、大型商场

六、调查实施:概念测试和样品测试

1. 调查时间:2011 年 11 月 1 日—2011 年 11 月 30 日。

2. 调查方法:焦点访谈法、问卷调查法。

3. 实施步骤:

(1)从企业内部挑选 8~12 个对果酒市场及消费者的消费方式、消费习惯和消费渠道较熟悉的员工进行焦点访谈,针对计划推出的"有机+保健"蓝莓果汁酒的特点,提出产品概念,最后从访谈中提出的众多概念中筛选出五个最有潜力的、值得进一步详细研究的产品概念;

(2)设计编写调查问卷,每一份问卷只调查一个产品概念;

(3)挑选和培训调查人员;

(4)从××城市市区中选出 35 个小区和 20 个大卖场进行摆点,随机抽访消费者并填写调查问卷;

(5)将调研结果进行整理和分析,编写市场调研报告,报营销经理审批和营销总监审阅。

4. 调查要求:

(1)每一位开展调查的人员均需接受调查培训;

(2)调查样本内容确保全面、准确,尤其是关键调研内容不允许存在缺项。

(3)市场调研主管在 2011 年 11 月 30 日前将调研结果进行整理和分析,编写市场调研报告,报营销经理审批和营销总监审阅。

七、经费预算

表 2-1 市场调查经费预算

项目序号	项目名称	项目费用(元)	备 注
1	问卷设计	2,000	
2	问卷印刷	1,000	
3	访问员培训	2,000	20 人×100 元
4	试调查	2,500	50 样本×50 元
5	访问员劳务支出	7,500	500 样本×15 元/样本
6	访问礼品支出	10,000	500 样本×20 元/样本
7	调研差旅费	5,000	督导与巡查差旅费

续表

项目序号	项目名称	项目费用(元)	备　　注
8	问卷回收处理	1,000	500 样本×2 元/样本
9	数据处理	8,000	数据分析
10	调研报告撰写	4,000	
11	报告打印与装订	2,000	文字排版,5 份装订
12	项目利润	5,000	税金与利润
合　　计		50,000	

八、调查结果的表达形式

1. 调研报告(纸质版);

2. 调研报告(PPT)。

九、附录

【知识拓展】

一、研究设计类型

研究设计是开展某一营销研究项目时所要遵循的一个框架或计划,它详细描述获取、分析和解决营销研究问题所需要的信息的方法和程序,是调研行动计划的基本框架。按照问题的性质,研究设计大体上可以分为探索性研究和结论性研究两种类型,而结论性研究设计又可以分为描述性研究和因果研究两种类型(图 2-1)。

(一)探索性研究

探索性研究主要针对研究人员所面临的问题提出看法与见解。当需要更加准确地定义问题,确定相关的行动方案,或者在提出研究方法之前考虑得更加周到时,就需要进行探索性研究(图 2-2)。一般来讲,探索性研究可以加深对概念的理解,或使某一问题更加具体化,而不是提供精确的衡量标准,或定量某个问题。从方法上来看,探索性研究很少采用结构化的问卷、大样本以及概率抽样方法,但研究人员要善于捕捉探索性研究所产生的新想法和新观点。

```
                    ┌──────────────┐
                    │   研究设计    │
                    └──────┬───────┘
             ┌─────────────┴─────────────┐
      ┌──────┴──────┐            ┌────────┴────────┐
      │ 探索性研究设计 │            │  结论性研究设计   │
      └─────────────┘            └────────┬────────┘
                          ┌───────────────┴──────────┐
                   ┌──────┴──────┐            ┌───────┴──────┐
                   │  描述性研究  │            │   因果研究    │
                   └──────┬──────┘            └──────────────┘
              ┌───────────┴───────────┐
       ┌──────┴──────┐         ┌──────┴──────┐
       │  横截面设计  │         │  纵向设计    │
       └──────┬──────┘         └─────────────┘
       ┌──────┴──────┐
   ┌───┴────┐  ┌─────┴────┐
   │一次性横  │  │重复性横    │
   │截面设计  │  │截面设计    │
   └────────┘  └──────────┘
```

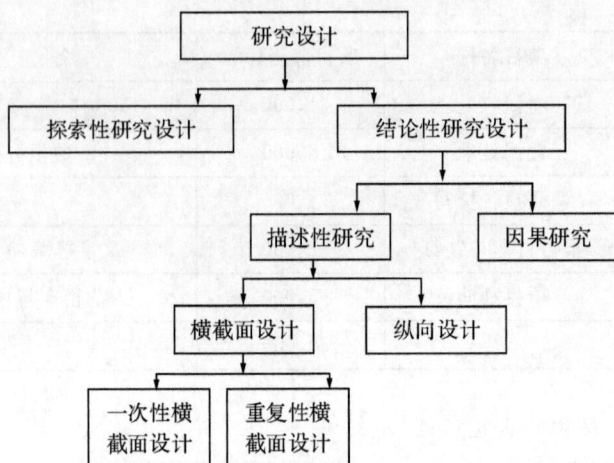

图 2-1 市场营销研究设计分类

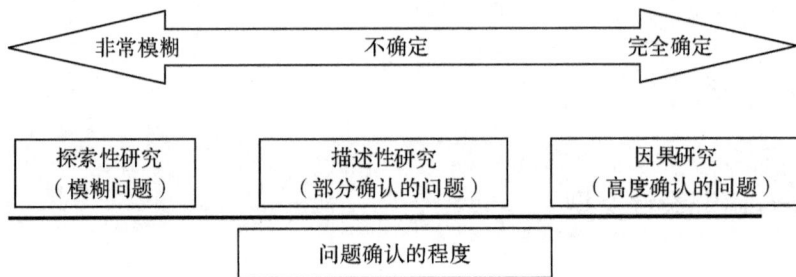

```
◄═══════════════════════════════════════════►
  非常模糊          不确定           完全确定
```

探索性研究	描述性研究	因果研究
（模糊问题）	（部分确认的问题）	（高度确认的问题）

问题确认的程度

图 2-2 按问题的性质分类

结论性研究就是正式进行调查,并通过资料分析提出结论。与探索性研究不同的是,它更加正式和结构化,建立在有代表性的大样本的基础上,所得到的数据倾向于定量分析。

(二)描述性研究

描述性研究设计是通过市场信息的收集和分析,对事物进行描述,通常是市场功能和特征(表 2-2),如描述消费者、销售人员、市场区域的特征,判断消费者对产品特征的感知等。它以调研人员对调研问题状况的清楚了解为前提,以大量代表性的样本的调研为基础。

表 2-2　3 种研究设计的区别

比较项目	探索性研究	描述性研究	因果研究
目标	发现新想法与新观点	描述市场的特征或功能	确定因果关系
用途	更准确地明确问题； 提出假设； 提出研究的优先次序； 淘汰不实际的观点； 澄清概念。	描述市场特征； 估计具有某种行为的 人口比例； 做出特定的预测。	相从变动； 变量发生的时间次序； 排除其他解释。
特征	灵活多变，通常是整个 研究设计的起始	预先提出特定的假设， 计划好的结构化的设计	操纵一个或多个自变 量，控制其他变量
方法	专家调查 预调查 二手数据分析 定性研究	二手数据 调查法 固定样本组 观察数据和其他数据	实验法

　　1. 横截面设计。横截面研究（又称为横向分析、横向研究）是营销研究中最常用的描述性研究设计，它是指一次性从特定的样本总体中收集信息，包括一次性横截面和重复性横截面设计。一次性横截面设计是指在目标总体中仅抽取一个调查对象样本，从这一样本只收集一次信息，又称为抽样调查研究设计。重复横截面设计是指两个或两个以上的调查对象样本，并且只从每一个样本中收集一次信息，不同样本的信息通常在间隔很长一段的不同时期获取。它可以在群体水平而不是个体水平上进行比较，其中队列分析（同历群分析）就是一种典型的方法。队列分析是在同一时间段经历同一事件的一组人群，它是在两个或两个以上的时点对一个或一个以上的队列进行测量的研究。

　　2. 纵向设计。纵向设计是指对目标总体中的固定样本组的同一组变量进行重复测量。其典型的分析方法是跳转表或称为品牌跳转矩阵。横向研究与纵向研究的主要区别为横截面研究往往不以调查计量的成果直接作为调研的结论，而主要是进行间接推理，推断活动的预期效果，而且有时还可以利用这种推理来检验某种假设，这是纵向研究解决不了的。如果说跳转分析法是纵向研究的主要方法，那么分类（分组）分析法是横截面研究的主要方法。

表 2-3　纵向设计与横截面设计的相对优缺点

评价标准	横截面设计	纵向设计
洞察变化	－	＋
收集大量数据	－	＋
准确性	－	＋
样本代表性	＋	－
回答偏差	＋	－

注：＋表示相对另一种研究设计的优势，－表示相对劣势。

(三)因果研究

因果研究是指为了查明项目不同要素之间的关系，以及导致产生一定现象的原因所进行的调研。通过这种形式调研，可以清楚外界因素的变化对项目进展的影响程度，以及项目决策变动与反应的灵敏性，具有一定程度的动态性。因果研究的目的是找出关联现象或变量之间的因果关系。描述性调研可以说明某些现象或变量之间相互关联，但要说明某个变量是否引起或决定着其他变量的变化，就用到因果关系调研。实验法是因果关系研究最常用的研究方法。不管是探索性还是描述性研究设计，都不同于实验设计，因为前两者都是事后研究，它们不能控制自变量，可能会有很多误差产生。

探索性研究、描述性研究和因果研究作为连续的研究过程，存在相互关系，即从探索性研究到描述性研究再到因果研究存在先后次序问题，同时还可能存在着其他不同的次序(图 2-3)。

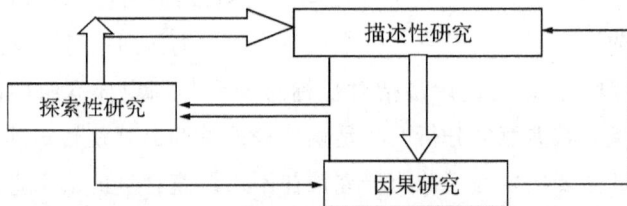

图 2-3　各类研究设计之间的关系

二、市场调查方案设计程序

市场调查方案设计是在进行实际调查之前，根据调查目的对整个调查过程进行全面规划,提出相应的调查实施计划,制订出合理的工作程序。市场调查方案设计的任务是使调查有目的、有计划、有组织地进行,为指导市场调查活动提供蓝图。方案设计应遵循科学性、可行性和有效性三大原则。

(一)明确调查目的

在调查方案设计中首先应该明确调查的目的。调查目的是调查所要达到的具体目标,即为什么调查、通过调查要解决什么、调查具有什么意义等问题。因此,只有明确了这些问题之后,才能确定向谁调查,调查什么以及采用什么方法进行调查。调查目的的说明应简明扼要。

(二)设置调查项目

调查项目是市场调查的具体内容,它是由调查对象的性质、调查目的和任务所决定的,包括调查单位所须登记的标志及其他有关情况。它可以是调查单位的数量特征,如被调查者的年龄、收入,企业的产品产量、产值、销量、市场占有率等;也可以是调查单位的某种属性或者品质特征,如被调查者的性别、职业,企业所属的行业类别等。

(三)确定抽样框

抽样框是指对可以选择作为样本的总体单位列出名册或排序编号,以确定总体的抽样范围和结构。常见的抽样框有学生花名册、城市黄页的电话列表、工商企业名录、居民户籍册、意向购房者信息册。例如,国家统计局浙江调查总队连续四年在全省开展了"食品安全公众满意度调查",对 11 个区、市的7500 名消费者进行入户问卷调查。

(四)选择调查方法

调查方法是搜集数据和信息的具体方式。在调查研究中,应明确是全面调查还是非全面调查。如果是非全面调查,应明确选择的是抽样调查、重点抽查还是典型调查;若是抽样调查,还应该明确抽样框、具体的抽样方法、数据的推断方法等。在市场调查中,除了明确抽样和抽样方法外,还应明确是采取访问调查、邮寄问卷调查、电话调查还是其它方式等问题。调查方法主要是详细说明收集资料的方法、具体操作步骤、样本容量以及精度指标等。

(五)设计调查表

为了便于整理和汇总,研究人员把调查项目编制成调查表或调查问卷。

调查表形式必须规范,一般有单一表和一览表。单一表是供调查单位单独登记的表格,有多少个调查单位就要用多少份表格。它可以详细列示调查的项目,甚至一份表格可以由几张表格组成。一览表是指可同时登记若干个调查单位的,适用于登记项目相对较少的情况调查。而调查问卷是一种特殊形式的调查表。在问卷中用一系列按照一定逻辑结构组成的问题来了解被调查者对某个问题的反应和看法。调查问卷应根据调查对象、调查内容、调查方法的不同特点设计。

(六)选择现场调查方法

根据调查单位的特点和调查条件,选择有效的现场调查方法。现场调查方法主要有直接观察法、采访法、报告法、登记法、通讯法以及计算机辅助电话调查等。直接观察法是指由调查人员直接到现场,对调查对象进行观察、计量并取得统计资料;采访法就是由调查人员直接向被调查人提问获得资料和信息,分为座谈会和个别采访两种;报告法就是由被调查者按照统计报表制度规定,按照统一的表格设计、统一的表格内容、统一的报送程序和时间,自下而上逐级向上级或者国家报送统计资料;登记法是指由组织统计调查工作的机构发出通告,规定当事人按照要求到指定地点进行登记,如个人所得税申报;通讯法是指由统计调查人员把调查表寄发或者交给被调查者,说明填表的要求、方法和注意事项,被调查者填好后寄送或交给调查人员;计算机辅助电话调查是指由调查员按照预先设计好的问卷逐题说明题意和备选答案,对方选择后调查员按键将所选择答案录入计算机统计的调查方法,它常在居民民意抽样调查中被利用。

(七)拟定调查方案

根据市场调查事项拟定调查方案。拟定的调查方案应科学、合理、可行。调查方案内容应涵盖调查工作的全过程,并做到条理清楚,力求文字简洁、明了,同时进行必要的说明。有关的指标解释、调查要求、调查方法等说明必须具有调查的可行性和可操作性。调查说明还包括经费预算开支情况说明,一般需要考虑总体方案策划费或设计费、抽样方案设计费、调查问卷设计费、问卷印刷费、调查实施费、数据录入费、数据统计分析费、调研报告撰写费、专家咨询费、劳务费、管理费或税金等方面。

三、消费者市场分析

消费者市场,也称为最终产品市场、消费品市场,是指为了满足自身需要而购买产品或服务的所有个人和家庭构成的市场。组织市场是指一切为了自身生产、转售或转租或者用于组织消费而采购的一切组织构成的市场,主要包括生产者市场、中间商市场和政府市场。生产者市场也叫产业市场,是指购买的目的是为了再生产而采购的组织形成的市场;中间商市场则是指为了转售而采购的组织形成的市场,中间商市场主要包括批发商、零售商、代理商和经销商;政府市场是指因为政府采购而形成的市场。

(一)消费者市场的特点

消费者的市场需求受到经济、社会文化等各种因素的影响而千变万化,但总是存在着一定的趋向性和规律性。企业为了更好地满足市场需求,研发并生产适销对路的产品,就必须研究和掌握消费者的需求特点。一般说来,消费者市场的特点主要表现在以下几个方面。

1. 购买者分布的广泛性和分散性。从交易的规模和方式来看,消费品市场购买者众多,分布广泛且分散,成交次数频繁,但交易数量零星。因此,绝大部分商品都是通过中间商销售产品,以便于消费者购买。

2. 需求的差异性和伸缩性。由于性别、年龄、职业、教育背景、收入、价值观念等方面的差异,因此,消费者对消费品的需求及其购买行为也存在较大差异。就单个消费者而言,由于受到收入水平、生活方式、商品价格和储蓄利率的影响,在购买数量和品种选择上则表现出较大的需求伸缩性。针对不同类型的商品,消费者需求的伸缩性也不同。一般说来,日常生活必需品的需求伸缩性较小,而非必需品的需求伸缩性较大。

3. 购买行为的经常性和重复性。受购买目的、收入水平和购买习惯等因素影响,消费者对日常消费品每次购买的数额都不会太大。由于消费者每次购买的数量较少,而其消费又具有日常性和随意性的特点,因此消费者就需要经常、反复购买,导致购买频率高。

4. 产品的替代性和需求弹性高。科技进步使产品推陈出新,消费者市场上的产品花色、品种、规格等繁多,且相互之间往往具有较强的替代性,因此消费者的需求受价格的影响较为明显,提价一旦超过消费者的承受能力,需求就有可能大大减少,销量大幅度下降;反之,若产品降价,需求一般会增加,销量也会上升。

5. 购买行为的非专业性和可诱导性。大多数消费者缺乏专门的商品、价格和市场等知识,其购买行为属非专业性购买,对消费品本身的性能、特点、使用、保养与维修等研究较少,因而对消费品的购买表现出较强的自发性、情感性和可诱导性。消费者购物时容易受广告、包装、品牌、促销、营销人员推销等因素的影响,从而产生冲动性购买。

6. 需求的发展性和购买力的可变性。随着新产品不断出现、消费者收入水平不断提高,消费需求会呈现出由少到多、由粗到精、由低级到高级的发展趋势,导致消费者购买力经常在不同产品、不同品牌和不同企业之间变动。此外,由于消费品之间的替代性,导致购买力在满足消费者需要的产品、品牌之间变动。

(二)消费者购买行为模式

不仅消费者市场与组织市场的购买行为不同,即使同一消费市场上的不同购买者的需求和购买行为也有所不同。消费者购买行为从心理活动过程来看,是一种对外界刺激的反应。这个反应过程是在暗中进行的,外人不能察觉,营销学上称为"心理暗箱",并建立了一个"刺激—反应"模型来说明外界刺激与消费者反应之间的关系(表 2-4)。

表 2-4　消费者购买行为模式

外界刺激		心理暗箱		购买者的反应
市场营销刺激	宏观环境刺激	购买者 个人特性	购买者 决策过程	产品选择
产品	政治因素			品牌选择
定价	经济因素			经销商选择
渠道	社会文化因素			购买时间选择
促销	技术因素			购买数量选择

该模型是一个系统的投入产出过程。企业通过市场营销活动所发出的"市场营销刺激"和客观存在的"宏观环境刺激"被消费者接受后,进入了购买者的"心理暗箱",购买者根据自己的个人特性处理所接收的市场营销与市场

环境信息,然后经过某种心理活动过程的"转换",最终表现为可见的购买者反应。

1. 外部刺激。消费者购买过程的"投入"因素,首先是各种不可控因素形成的宏观环境刺激,并制约着整个消费需求的发展趋向,对消费者的"心理暗箱"产生显著的影响。同时,由各种企业可控因素即市场营销手段组成的营销刺激,又通过不同组合形式与宏观环境因素交织,形成了影响消费者"心理暗箱"最直接的环境。

2. "心理暗箱"。它由购买者的个人特性和购买者的决策过程两部分组成。购买者的个人特性表现为对事物的认识、情绪和意志。在外部环境因素刺激下,会影响消费者在购买活动中对各种事物的认识、情绪和意志,并制约其反应。消费者的购买活动是从消费者需要开始,然后选择购买、使用、消费,接着开始新的循环过程。在这个过程中,消费者必须做出一系列的判断和决策,其决策不仅受到购买心理特征的制约,而且受到外部刺激的影响。

3. 反应。在诸多因素的共同作用下,消费者最终将做出一定的反应,即决定如何满足需求和欲望。消费行为也就从此开始。从表面上看,消费者的反应无非是对产品、品牌、经销商、购买时机和数量做出选择,其实是他们购买行为模式的具体表现。消费者的购买行为模式主要包括以下内容。

(1)购买什么? 回答购买对象的问题。比如便利品、选择品或特殊品,有形产品还是无形产品。它受制于具体的消费需求,是满足欲望的实质内容。

(2)为何购买? 回答购买目的的问题。它受制于消费者需要及其对需要的认识。

(3)由谁购买? 回答购买组织的问题,即哪些人参与购买行为。消费者市场人多面广,每个人都是消费者,但是未必每个人都是购买决定者。

(4)何时购买? 回答购买时机的问题。

(5)何地购买? 回答购买地点的问题。消费者对购买地点的选择有其规律性,比如日常必需的生活用品一般习惯于就近购买,选择性较强的或贵重商品到商业街、购物中心购买,某些特殊商品到有信誉的专业店购买,某些地方特色产品或专用产品喜欢去产地、生产厂家购买。

(6)如何购买? 回答购买方式的问题。既包括购买类型,又包括付款方式。

一个企业既要善于利用"大气候",营造利于自己市场营销的"小环境",还要善于分析消费者"转换"外部刺激和"产出"购买决策的规律性,这样才能制定有效的市场营销战略,发出合适的市场营销信息,去刺激和影响消费者的心理过程及其购买行为。

(三)影响消费者购买行为的因素

1. 信息。购买决策需要信息,除非消费者知晓产品品牌、特色和特点、售价以及何处购买等信息,消费者都会经历一个信息决策过程。消费者的信息来源包括商业环境信息来源和社会环境信息来源。商业信息来源包括所有想与消费者沟通的企业和个人,如制造商、零售商、广告商和销售人员,他们向消费者传达告知信息和说服信息;社会环境信息包括家庭、朋友和熟人,他们直接或间接提供产品信息。最常见的社会信息来源是口碑。

2. 社会影响因素。消费者的消费观念和行为在很大程度上都受到社会因素的影响。社会影响因素包括文化、社会阶层、参照群体、家庭与住户等。在社会影响因素中,文化是最没有直接影响力的一个因素,但所有购买决策都离不开消费者所处的文化水平。相对而言,家庭是最重要的一个社会影响因素。

3. 心理影响因素。消费者心理是指消费者在满足需求过程中的思想意识和内心活动,它影响着消费者的购买行为。影响消费者购买行为的心理因素主要包括动机、认知、学习、个性和态度等方面。例如,消费者购买安全农产品的购买偏好包括购买地点、是否在同一经销商购买以及是否购买过绿色食品、安全食品或无公害食品;初步认识方面包括是否知道绿色食品、安全食品或无公害食品的区别等。

4. 情境影响因素。所谓情境影响因素,即在购买环境下的临时性因素,这种因素也会影响消费者的购买行为。情境影响因素包括购物时间、购物环境、购物条件、购物心情等。

颜色重要吗?

在软饮料行业里,可口可乐带来了樱桃味可乐等新口味。如果口味能对饮料销售发挥作用的话,那么颜色是不是对汽车也有同样的效果呢?调查专家和颜色专家表示同意。库柏营销集团(Cooper Marketing Group)每年都要在全美进行一次消费者色彩偏好调查,并设计了一个"色彩生活方式"细分法,找出色彩趋势变化中的先行者和追随者。他们设计了一系列心理描绘图,供被调查者从中作出选择。要测试的主要问题是颜色对购买决策的影响。最后,他们得出了以下三类定义明确的色彩性格。

1."色彩前卫"型消费者,即喜欢做第一个尝试"新"色彩的人,而且乐于为购买一个色彩时髦的产品支付更高的价格。他(她)们往往是 30 岁以下或 50 岁以上的妇女,或者 30 岁以下的男子,居住在城市里,是冲动型购买者,每年收入低于 3.5 万美元。

2."色彩谨慎"型消费者,即只有看见朋友们尝试过某种"新"颜色后才会购买。在选择产品时,他们往往把质量放在色彩之前考虑。这类消费者很多是 30～50 岁之间的男子和妇女,居住在郊区,购物比较谨慎,年收入在 5.5 万美元以上。

3."色彩忠诚"型消费者,即用同一种颜色的产品替换另一件产品,并且偏好安全的颜色,如蓝色、灰色,而不是时髦的颜色。这类消费者大多是年龄在 60 岁以上的男子,居住在郊区或农村,不喜欢购物,年收入是多少都有可能。

色彩前卫型消费者群是一个很小却非常有影响力的细分市场,色彩谨慎型消费者构成了市场的主题,而色彩忠实型则是一个很小且易于预测的市场,因为他们总是重复购买同一色彩商品。这些人口统计特征数据使汽车制造商们能够仔细研究色彩背后的原因,对于广告和产品定位都有用。

根据杜邦汽车公司(Dupont Automotive Company)的调查结果,消费者把绿色评为最火爆的颜色(19.4%),随后是白色(18.1%)、浅棕色(11.8%)、棕红色(10%)和黑色(5.7%)。库柏营销集团认为,在决定哪种颜色是火爆颜色之前,向消费者咨询他们的色彩偏好就好比让 5000 个消费者一起参加一个董事会议。当经理们对某个推荐的颜色提出反对时,这项调查能够有效地反驳这些有影响力的人。

（资料来源:戴维·阿克等著,魏立原译,《营销调研》,中国财经经济出版社 2004 年版,经作者整理改编）

任务二　确定消费者调查方法

调查法是科学研究中最常用的方法之一。为了达到设想的目的,制定某一计划全面或比较全面地收集研究对象的某一方面情况的各种材料,并作出分析、综合,得到某一结论的研究方法,就是调查法。即向调查对象发放一个结构化问卷,以收集特定信息。它的目的可以是全面把握当前的状况,也可以是为了揭示存在的问题,弄清前因后果,为进一步的研究或决策提供观点和论据。如可以根据问卷填写的方式对调查方法进行分类,分为电话调查、人员访谈、邮件调查、网络调查等。由于受需要的信息、预算(时间和资金)限制、调查对象的特征等因素的影响,没有哪种调查方法是完美的。

【能力训练】

从农业企业角度分析消费者调查的目的,以及考虑调查对象的特点、调查活动的经费预算及所需的时间等因素,选择恰当的市场调查方法获取所需要的资料。以某一农业企业(校外基地)为对象,与企业相关人员沟通,分析该企业的名特优农产品的销售现状,以及判断消费者的需求和购买行为基本特征,最后选择和确定消费者调查的基本方法。一般而言,选择和确定消费者调查方法需要经过以下三个步骤。

1. 确定资料收集的性质。在市场调查活动中,资料来源可以分为原始数据和二手数据。在确定收集原始数据的研究设计之前,调研人员一般是先考虑收集和分析相关的二手数据,因为二手数据的分析有助于明确营销研究问题并拟定研究框架。某些项目,尤其是预算有限的项目中,可能主要限于二手数据的分析,因为一些常规问题只需要二手数据就可以得到解决。一般情况下,调研人员所获取的原始数据是为了解决手头的问题。因此,农业企业为了了解和描述消费者对名特优农产品的需求状况和购买行为特征,同时又因当前数据资料不能充分满足资料研究需要,可以考虑采用实地调研法收集原始数据。

2. 确立调查活动预算。数据收集方法的选择是一个复杂的决策,很大程度上取决于特定的研究情况。其中调查项目预算是影响调查方法选择的一个重要因素,这个预算既包括项目资金预算,也包括项目时间预算。一般情况下,项目预算资金越多,项目时间越长,企业可以采用原始资料和二手资料等多种调查方法相结合来收集数据;反之,则只能采用单一的调查方法进行收集数据。如项目资金预算较少,并且要求时间短,可以采用网络调查的方法,因为商场拦截式访问、上门方法的成本比较大、花费的时间比较多。

3. 选择实地调查方法。一个研究者必须做出的、影响面最广的决策是数据收集方法的选择。在特定的条件下,每种收集数据的方法都可能成为最好的方法。从数据收集的灵活性角度分析各种数据收集方法的优缺点。数据收集的灵活性主要取决于调查对象与调查员和调查问卷的互动程度。如人员访谈,无论在户内还是以商场拦截式进行,都具有最高的数据收集灵活性,因为调查对象和调查员面对面地交谈,调查员可以控制问卷的复杂程度,解释和澄清困难的问题,甚至可以使用非结构化的技术。而传统电话访谈只有中度的灵活性,邮件调查的灵活性更低。

综合上述因素考虑,并结合企业对消费者名特优农产品消费行为的调查目的和调查目标,我们考虑采取商场拦截式问卷调查法来收集研究所需要的相关资料。

【知识拓展】

一、营销研究数据类型

一般而言,营销研究数据可以分为原始数据和二手数据(图 2-4)。原始数据是研究人员为了解决面临的问题而专门收集的数据;二手数据不是为了当前正在研究的特定问题,而是为了其他目的已经收集的数据。

与原始数据相比,二手数据可以在短时间内迅速而便捷地收集到,并且成本相对比较低(表 2-5)。

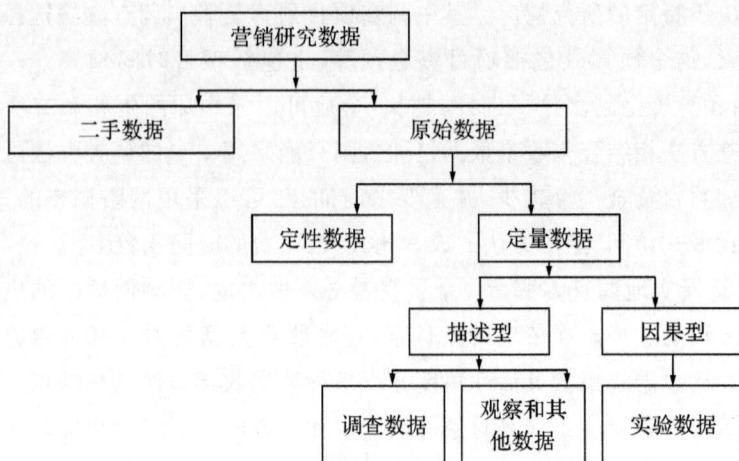

图 2-4 营销研究数据的分类

表 2-5 原始数据与二手数据的比较

比较项目	原始数据	二手数据
收集目的	为了现在的问题	为了其他问题
收集程序	非常费力	快且容易
收集成本	高	相对较低
收集时间	长	短

(一)原始数据

研究人员所获取的原始数据是为了解决目前的问题,数据可以是定性或定量的。定性研究是提供关于问题背景的看法与理解,而定量研究通常利用一些统计分析将数据量化(表 2-6)。两者相结合可以提供丰富的见解,帮助制定营销策略。

表 2-6 定性与定量研究

比较项目	定性研究	定量研究
目的	提供关于潜在的原因与动机的定性理解	量化数据并用从样本得到的结果推断目标总体
样本	数量少的无代表性的样本	大量的有代表性的样本

续表

比较项目	定性研究	定量研究
数据收集	非结构化的	结构化的
数据分析	非统计分析	统计分析
结果	提供最初的理解	建议最终的行动方案

　　利用完全结构化的或正式的方法从调查对象那里获取数据并非总是可行的或理想的。因为人们可能不愿意或不能够回答某些问题,不愿意真实地回答侵犯他们隐私、让他们尴尬或对自尊与地位有负面影响的问题。同时也许不能准确地回答男性涉及他们潜意识的问题。因此,这时采用定性研究比较有利。根据调查对象是否了解项目的真正目的可将定性研究方法分为直接法和间接法(图 2-5)。

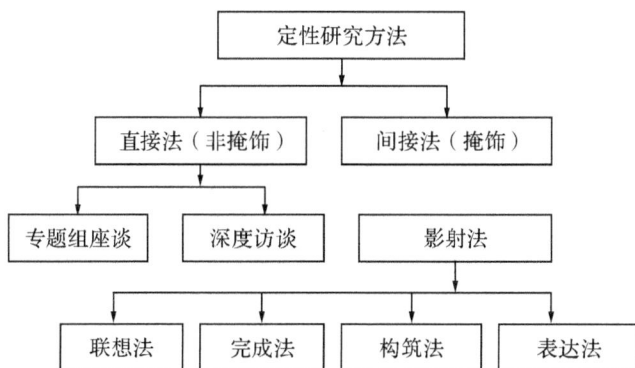

图 2-5　定性研究方法的类型

　　原始数据的内容涉及非常广泛,其中人口统计特征、社会经济特征、消费者心理特征、生活方式、态度和意见、知晓度和认知度、消费意向、消费动机和行为是营销人员最为关注的方面。原始数据可以通过沟通法和观察法等方法来收集,沟通法包括问卷调查、书面或口头访问,而观察法不涉及询问,是记录事实和行为。数据收集的沟通法一般具有通用性、速度快、成本低的优点,观察法数据一般更为准确,更具有客观性。

	结构化	非结构化
非掩饰	典型问卷 （经常使用）	访谈 可自由回答的问卷
掩饰	动机调查 （最少使用）	词语联想 句子完成 故事形式

图 2-6　沟通法中的结构与掩饰

（二）二手数据

一般情况下，企业营销活动收集所需要的数据由二手数据开始，只有当二手数据的来源已经完全利用或产生的边际回报很小时，才考虑收集原始数据。二手数据有原始数据所没有的优点，其最显著的优点就是能够节省很多时间和成本。同时使用二手数据通常会产生适合性和精确性问题，因为二手数据是为了其他目的而收集的，缺乏针对性、及时性、可靠性。根据二手数据的来源，可以分为内部数据和外部数据（图 2-7）。

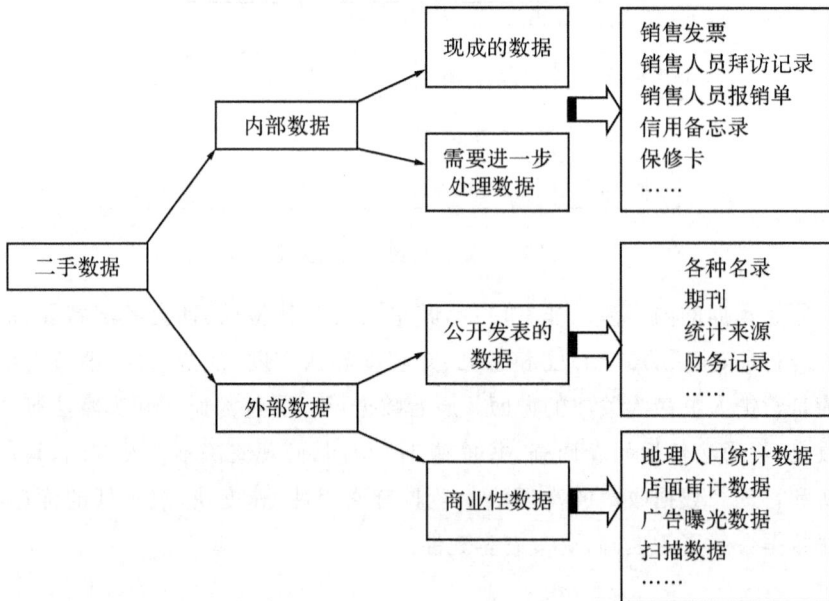

图 2-7　二手数据分类

二、调查方法分类

调查就是一种收集原始数据的方法,通过与代表性样本里的人进行交流而收集信息。市场调查方法有很多种类型,选择哪种调查方法将取决于研究目标、数据的现有来源、决定的紧急程度及获得数据的成本等因素。开展市场调查方式可以是全面调查,也可以是非全面调查。全面调查即市场普查,而非全面调查又可以分为重点调查、典型调查、固定样本连续调查和抽样调查。抽样调查是企业最常用的市场调查组织方式。

(一)基于交流和填写方式划分

按照交流和填写方式,调查方法可以分为电话访谈、人员访谈、邮寄访谈和电子访谈 4 种主要模式(图 2-8)。

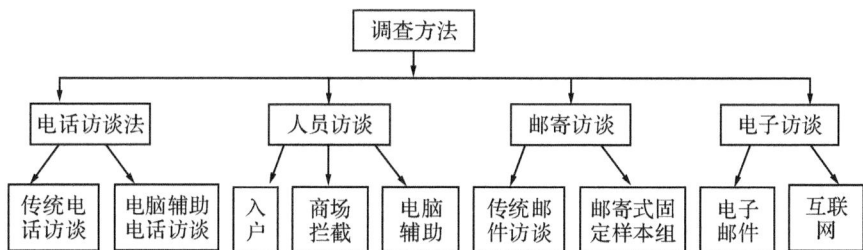

图 2-8　各种形式的调查方法

1. 电话访谈。电话访谈可以分为传统电话访谈和电脑辅助电话访谈两种形式。传统电话访谈是给样本中的调查对象打电话,并向他们提出一系列问题,调查员使用一份纸质问卷并用笔记录下回答。电脑辅助电话访谈使用计算机问卷,通过电话询问调查对象,并直接将调查对象的答案输入到电脑里。电话访谈有其自身的优点,如收集数据的速度快、成本相对低廉、不必面对面接触,可以取得与对方合作等;但也存在着不足地方,如样本的代表性差、有限的访谈时间、缺乏视觉媒介等。

2. 人员访谈。人员访谈可以分为入户、商场拦截和电脑辅助 3 类。

(1)入户访谈。访问的地点一般会影响应答者的参与率,进而影响样本代表总体的程度。入户访谈可以帮助解决不应答问题,提高了参与率,但可能漏掉某些潜在的应答者,造成代表名额不足或过剩的问题。近几年,由于社会经济发展,入户访谈在不断衰弱。

(2)商场拦截访谈。商场拦截访谈是在一个购物中心或其他交通流量大的地方进行的个人访问,又称为购物中心抽样。执行商场拦截访谈的最主要原因是其成本非常低,不需要到达应答者的家里。商场拦截访谈也存在很多问题,最主要的是购物者一般都很匆忙,所以拒绝接受访谈的概率平均在54%~56%之间。

(3)电脑辅助人员访谈。也称 CAPI(computer-assisted personal interview),是让访问员携带笔记型计算机或是 PDA,而在笔记型计算机中输入计算机辅助人员访问系统 CAPI,访问员在进行访问时即可利用 CAPI 直接将问卷显示于计算机屏幕上,访问员可依着计算机屏幕上的问题进行访问工作,并且将受访者回答的答案直接输入计算机中;若是受访者不愿透过访问员回答的话,亦可由受访者直接将答案输入计算机中以保障受访者的隐私,如此不仅可提高访问的有效性,更可以提高受访者回答问卷的意愿。

3.邮寄访谈。可以通过传统的邮件访谈和邮寄式固定样本组进行邮寄问卷调查。在传统的邮件访谈中,问卷被寄给预先选定的潜在调查对象。一个典型的传统邮件访谈包括外寄信封、封面信、问卷、回寄信封,或许还有一份物质奖励。邮件调查的用途广泛,包括对消费者偏好的测量。邮寄式固定样本组由一个全国范围内有代表性的家庭样本组成,样本组成员同意参加定期的邮件问卷调查和产品测试,通常给家庭成员们各种物质激励作为报酬。可以用邮寄式固定样本组从相同的调查对象处重复获取信息,因此它们可以被用来实施一个纵向设计。

4.电子访谈。问卷可以使用电子邮件传送,首先要获取电子邮件地址名单,将调查内容写入电子邮件中,然后通过互联网寄给调查对象。使用电子邮件分发问卷有很多好处,如分发速度快、分发及处理成本较低、转交时间更短、灵活性强,不必处理纸质问卷问题。互联网调查是一种发布在网上的自我管理式问卷,应答者通过点击图标或键入答案,回答计算机屏幕上显示的问题。

对于任何一个独特的研究项目,数据收集速度、成本回答率等因素的相对重要性会不同(表 2-7)。

表 2-7　调查方法的比较性评价

标　　准	电脑辅助电话访谈（CATI）	入户	商场拦截	电脑辅助人员访谈（CAPI）	传统邮件	邮寄式固定样本组	电子邮件	互联网
数据收集的灵活性	中—高	高	高	中—高	低	低	低	中—高
问题的多样性	低	高	高	高	中	中	中	中—高
有形刺激的使用	低	中—高	高	高	中	中	低	中
样本控制	中—高	潜在的高	中	中	低	中—高	低	低—中
数据收集环境控制	中	中—高	高	高	低	低	低	低
现场工作人员控制	中	低	中	中	高	高	高	高
数据数量	低	高	中	中	中	高	中	中
回答率	中	高	高	高	低	中	低	非常低
调查对象感觉到的匿名度	中	低	低	低	高	高	中	高
社会期望	中	高	高	中—高	低	低	中	低
获取敏感信息	高	低	低	低—中	高	中—高	中	高
调查员潜在偏差	中	高	高	低	无	无	无	无
速度	高	中	中—高	中—高	低	低—中	高	很高
成本	中	高	中—高	中—高	低	低—中	低	低

（二）基于信息收集种类划分

　　基于信息源和收集信息的种类可以将市场调查方法划分收集二手资料的"二手资料收集分析调查"和收集一手资料的"定性调查、观察调查、实验与测试、问卷调查"5 种类型（表 2-8）。例如，如果把从政府部门统计的二手资料中得到的整个商圈的人口结构和平均收入等，与从企业自身调查的一手资料中得到的顾客的年龄和收入进行比较，就可以得出顾客群的特征。

表 2-8　基于信息收集种类的调查方法的分类

调查方法	主要优点	调查实例	信息源		收集的信息	
			现有资料（二手资料）	原始资料（一手资料）	定性的（质的）	定量的（量的）
二手资料收集分析调查	灵活地使用现有资料，容易获得在时空跨度上的大范围的信息	资料检索调查	●		●	●
		资料分析调查	●		●	●
		数据解析调查	●			●
定性（质的）调查	以少量的人为对象，可获得直接的声音和详细信息	小组座谈会		●	●	
		深度访谈		●	●	
		倾听调查		●	●	
		案例调查		●	●	
观察调查	可以比通过提问更加有效地获得信息，可从第三者的角度看到的信息	借助机器观察		●		●
		人工（肉眼）观察		●		●
		参与观察		●	●	
		实地考察		●	●	○
实验与测试	可以在导入企业和行政的措施前把握效果	市场测试		●	○	●
		事前事后测试		●	○	●
		商品测试		●	○	●
问卷调查（定量调查的代表）	抽样调查可以推论总体的意识和行为，非抽样调查可以把握多数人的意见	面谈调查		●	●	●
		电话调查		●		●
		邮寄调查		●		●
		商场拦截式调查		●		●
		互联网调查		●		●

注：●表示适用，○表示有时候可以使用

三、问卷调查法

(一)问卷调查的方式

问卷调查是通过各种各样的场所、调查方法和回收方法来实施。为了确定调查方法,必须对调查课题、调查目的、调查时间、调查费用等事项进行研究。

表 2-9　问卷调查方式和方法

调查方式	调查方法
访问员通过拜访进行邀约	面访调查
	留置问卷调查
访问员在街头、设施等进行邀约	街头拦截,到场者面访调查
	街头拦截,到场者自填式调查
	定点街头访问调查
通过信息通信手段进行邀约	邮寄调查
	电话调查
	互联网调查
通过报纸和杂志广告、宣传单、互联网广告、店内海报、商品包装等进行邀约	回答者募集式调查
	家庭使用测试
	传真调查

(二)问卷调查的类型

问卷调查可以从调查所依托的场所、委托方式、填写者、回收方式等角度进行划分,主要有面访调查、留置问卷调查、街头调查、到场者调查、邮寄调查、电话调查、传真调查、互联网调查、回答者募集式调查等(表 2-10)。

表 2-10　问卷调查的种类

		面谈调查	留置问卷调查	到场者面访调查	到场者自填式调查	定点街头访问调查	邮寄调查	电话调查	互联网调查	回答者募集式调查	家庭使用测试	传真调查
调查场所	被调查者的家中	○	○				○	○			○	○
	街头			○	○							
	设施内或店内			○	○	○				○		
	互联网								○	○	○	
	报纸杂志									○		
委托方式	访问员	○	○	○	○						○	
	募集人员				○	○						
	邮寄						○					○
	电话							○				
	传真											○
	广告							○		○		○
	互联网								○			
	手机								○			
填写者	访问员	○		○				○			○	
	调查对象		○		○	○	○			○	○	○
回收方式	访问员	○	○	○	○	○					○	
	邮寄		○		○		○			○	○	
	电话							○		○		
	传真									○		○
	计算机							○	○			
	互联网								○	○		○
	手机								○			
	回收箱				○					○		

（三）决定调查方法的因素

为了确定调查（实施）方法，现对调查目的、调查对象的条件、抽样框、样本容量、调查区域、实施时限、调查费用等项目进行综合性地探讨（表2-11）。

表 2-11　决定调查方法的各种因素

调查方法	抽样清单或调查对象名册的必要性	确保具有统计意义的代表性（○可以，△困难，×不能）	调查区域	调查内容			实施期间（最低限度的目标）	回收率	主要的实施费用
				提问量（○没有限制，△10～30分钟为宜，×5分钟以内）	可否有不易回答的问题	可否有涉及视听和触感等的题目			
面谈调查	必要	○	范围大费用高	△	×	○	1周	80%	人头费交通费
留置问卷调查	必要	○	范围大费用高	○	○	○	2周	70～80%	人头费交通费
邮寄调查	必要	○	国内任何地方	○	○	×	3周	50～60%	邮寄费
到场者调查	不需要	○	人口聚集地	×	×	○	1天	低	人头费
定点街头访问调查	必要	△	集合至会场	○	○	○	1天	—	会场费人头费
电话调查	必要	○	国内任何地方	×	×	×	1天	70%	人头费电话费
互联网调查	必要	×	全球	△	○	○（视听）	1天	—	通信费
借助于手机的调查	必要	×	国内任何地方	×	×	○（发送图像）	1天	高	通信费
借助于数字电视的调查	不需要	×	国内任何地方	×	×	○（视听）	1天	—	通信费

续表

调查方法	抽样清单或调查对象名册的必要性	确保具有统计意义的代表性（○可以，△困难，×不能）	调查区域	调查内容			实施期间（最低限度的目标）	回收率	主要的实施费用
				提问量(○没有限制，△10～30分钟为宜，×5分钟以内)	可否不涉及不易回答的问题	可否有视听和触感等的题目			
家庭使用测试	必要	×	国内任何地方	○	○	○	1周	高	通信费
传真调查	必要	×	国内任何地方	△	○	×	1天	高	通信费

任务三 设计消费者调查问卷

问卷调查是一种数据收集手段，是调查者运用统一设计的问卷向被调查对象了解情况或征询意见的调查方法。研究者将所要研究的问题编制成表格，以邮寄、当面作答或者追踪访问方式填答，从而了解被调查者对某一现象或问题的看法和意见。因此，问卷调查法的运用关键在于编制问卷、选择被调查对象和结果分析。设计好的调查问卷是一项技术含量极高的专业活动。

【能力训练】

现从农业企业角度设计一份消费者名特优农产品需求和购买行为的调查问卷。结合消费者调查项目的主要内容，即消费者购买动机、购买行为特点、购买渠道等内容，设计具体问题和备选答案，并组织和编排问卷。

1. 选定问题范围。描述性研究和因果研究需要足够的先验知识，以便形成具体的假设进行研究，然后指导研究，以反过来帮助指导书写调查问卷。假设决定寻求什么样的信息，以及何处收集信息，因为这些假设明确指出了什么样的对象将接受研究。一般情况下，消费者调查项目主要内容包括以下几个方面：被调查者的信息资料，如性别、年龄、职业、文化程度（专业）、收入水平等;消费心理和动机,如质量保证、价格便宜、安全可靠、服务周到、品牌信誉、新潮时尚等;购买行为特点,其包括购买的产品和品牌、购买时间、购买地点、购买方式、购买频率等;获得购买信息的渠道,其包括产品广告、商业促销、媒体宣传、熟人介绍、个人体验等。

2. 设计问题和答案。在设计具体问句和答案之前,首先必须确定调查问卷的类型和问卷执行采用何种方式,如邮件、电话、访谈、传真、电子邮件、网络。不同的调查方法对问卷设计的要求是不同的。例如,拦截式的面对面访谈比入户访问在时间等更多方面的限制;邮寄调查和互联网调查则要求问卷设计得非常清楚,而且相对要短一些,因为访问人员不在场,没有解释问题的机会;电话调查要求调查者在尽量短的时间内,用较为清晰的语言表达,使被调查者尽快了解正在调查的问题;在个人访谈中,访问员可以给应答者出示图片以解释或证明某个概念。其次,确定提问的类型和答案的类型。研究者要确定由被调查自由发挥还是选择回答,选择回答的答案是单一的还是两个以上的。最后,决定提问的措辞。

3. 组织和编排问卷。问卷的组织和编排会影响到被调查者的反应、回答的准确性和操作的简便性。消费者调查问卷中的问题应按顺序排列,使其在逻辑上相连,即将问题成组排列,使应答者更易理解,不要随意从一个主题跳到另一个主题。

【项目成果范例】

万禾农产品消费行为调查问卷

您好!我们是本院市场营销专业的学生,为了了解广大师生对万禾展厅农产品的消费意向和行为,更好地为师生服务,我们设计了此问卷,您的意见和建议将为提高门店经营管理和服务水平带来更多的启示和帮助。请您在每个题目里您所选项目前打"√",填写的内容请务必真实、客观、详细。非常感谢您的配合和支持。

一、调查内容

1. 您是否去过万禾展销厅购物?

A. 是　　　　　　　　　　　　B. 否

2. 您对万禾展厅了解吗？

A. 很了解   B. 比较了解

C. 一般   D. 不太了解

E. 不知道

3. 您每月去万禾展厅购买的次数？

A. 从来没去过（访问终止）   B. 1 次

C. 2～3 次   D. 4～5 次

E. 5 次以上

4. 您选择去万禾展厅购物的原因？（多选并按照重要程度排序）_____

A. 方便就近   B. 价格便宜

C. 产品质量好   D. 信誉好

E. 支持校企   F. 其他

5. 您一般是什么时候去万禾展厅购物？

A. 早上   B. 中午   C. 下午   D. 不确定

6. 您去万禾展厅主要购买哪些产品？

A. 日用百货   B. 家庭饮食类

C. 特色农产品   D. 馈赠产品

E. 零食   F. 其他

7. 您觉得万禾展厅的商品价格如何？

A. 较为实惠   B. 一般

C. 偏贵但能接受   D. 昂贵，不能接受

8. 您每次消费的金额大约是多少？

A. 10 元以下   B. 10—20 元

C. 21—50 元   D. 51—100 元

E. 100 元以上

9. 您去万禾展厅买东西的主要目的是什么？（可多选）

A. 自己用   B. 送人

C. 待客   D. 其他

10. 影响您在万禾展厅购买的主要因素是？（多选并按重要性排序）_____

A. 质量   B. 价格

C. 品牌   D. 口味

E. 其他

11. 如果万禾展厅有促销活动您喜欢哪种？（可多选并排序）_____

A. 打折　　　　　　　　　　　　B. 持会员卡享受会员价格

C. 购物积分　　　　　　　　　　D. 买一送一

12. 请问您对万禾展厅的购物环境评价？

A. 干净整洁　　　　　　　　　　B. 简单整洁

C. 环境较差、比较杂乱

13. 您对万禾展厅商品质量的评价？

A. 很好　　　　　B. 较好　　　　　C. 一般　　　　　D. 较差

14. 在万禾展厅购物时，最影响您心情的是？

A. 清洁卫生　　　　　　　　　　B. 商品及货柜的摆设

C. 产品挑选　　　　　　　　　　D. 员工的态度

15. 您对万禾展厅员工的工作态度？

A. 很不满意　　　　　　　　　　B. 不满意

C. 普通　　　　　　　　　　　　D. 较为满意

E. 非常满意

16. 您对服务质量的态度？（可多选）

A. 态度亲切，仪表整洁，友好礼貌　　B. 结账迅速正确

C. 有专业的知识　　　　　　　　D. 总体较好

17. 当您向营业员咨询某种商品时，服务员的了解程度？

A. 十分了解产品，有效及时解决问题

B. 一般了解，基本能够解决问题

C. 不太了解，仍能解决

D. 不了解，无法解决

18. 您觉得万禾展厅有何不足之处？

A. 超市商品摆放不当、寻找不便

B. 商品有过期现象

C. 品种太少

D. 价格偏贵

19. 您认为万禾展厅现在还存在哪些不足之处以及如何改进？

二、基本情况

1. 您的性别?

A. 男   B. 女

2. 您的年龄?

A. 20 岁以下   B. 21～30 岁   C. 31～40 岁   D. 40 岁以上

3. 您的职业是?

A. 专业教师   B. 行政人员   C. 学生   D. 其他

4. 您的月收入约为?

A. 2000 元以下   B. 2000～3000 元 C. 3001～4000 元 D. 4000 元以上

再次感谢您的合作!

【知识拓展】

一、问卷调查法类型

问卷调查是实地调查的有效工具,通过统一设计的有一定结构的问卷进行调查。调查人员通过问卷调查可以收集到大量资料,并用统计方法处理,使其数量化,进行定性、定量分析并推断出总体趋势。在数量、范围等方面是一般访谈调查法所不及的。按照问卷填答者的不同,可分为自填式问卷调查和代填式问卷调查。

(一)自填式问卷调查

自填问卷调查是指调查者将调查问卷发送或邮寄给被调查者,由被调查者自己阅读和填答,然后再由调查者收回的方法。自填问卷调查法具有以下优点:收集资料具有较高的效率,可以节省时间、经费和人力;具有很高的匿名性,可以收集到客观真实的资料;在很大程度上排除了不同调查人员所带来的影响,可以避免某些人为压力所造成的偏误。但是自填式问卷调查法也存在一些不足:问卷的有效回收率较低;适用范围就常常受到限制;调查资料的质量得不到很好保证,容易造成理解偏差。

按照问卷传递方式的不同,自填式问卷调查分为报刊问卷调查、邮政问卷调查、送发问卷调查和网上访问问卷调查。

1. 报刊问卷调查。随报刊传递分发问卷,请报刊读者对问卷做出书面回答,然后按规定的时间将问卷通过邮局寄回报刊编辑部。

2. 邮政问卷调查。调查者通过邮局向被选定的调查对象寄发问卷,请被调查者按照规定的要求和时间填答问卷,然后再通过邮局将问卷寄还给调查者。

3. 送发问卷调查。调查者派人将问卷送给规定的调查对象,等被调查者填完后再派人回收调查问卷。

4. 网上访问问卷。调查者通过网络技术将问卷发布在网上或者通过 E-mail 传递给被调查对象,然后直接通过互联网回收问卷。

(二)代填式问卷调查

代填式问卷调查是指调查者按照事先设计好的问卷或提纲向被调查者提问,然后根据被调查者的回答由调查者进行填写的问卷。按照与被调查者交谈方式的不同,代填式问卷调查可分为访问问卷调查和电话问卷调查。

1. 访问问卷调查。调查者按照统一设计的问卷向被调查者当面提出问题,然后再由调查者根据被调查者的口头回答来填写问卷。

2. 电话问卷调查。调查者按照统一设计的问卷通过电话进行访问,然后再由调查者根据被调查者的电话回答来填写问卷。

不同类型的问卷调查方法在调查范围、调查对象、回收率以及调查误差等方面各有优势,具体比较见表 2-12。

表 2-12　各种问卷调查方法比较

问卷类型 项目	自填式问卷			代填式问卷	
	报刊问卷	邮政问卷	送发问卷	访问问卷	电话问卷
调查范围	很广	较广	窄	较窄	限制较少
调查对象	难控制和选择,代表性差	有一定控制和选择,但代表性难以估计	可控制和选择,但过于集中	可控制和选择,代表性较强	可控制和选择,代表性较强
影响回答的因素	无法了解、控制和判断	难以了解、控制和判断	有一定了解、控制和判断	便于了解、控制和判断	不太好了解、控制和判断

续表

项目 / 问卷类型	自填式问卷			代填式问卷	
	报刊问卷	邮政问卷	送发问卷	访问问卷	电话问卷
回复率	很低	较低	高	高	较高
回答质量	较高	较高	较低	不稳定	很不稳定
人力投入	较少	较少	较少	多	较多
调查费用	较低	较高	较低	高	较高
调查时间	较长	较长	短	较短	较短

二、调查问卷的结构

调查问卷的基本结构一般由标题、开头、正文和被调查者基本情况等部分组成。

(一)问卷的标题

问卷标题概括性地说明了调查研究主题,使被调查者对所要回答什么方面的问题有一个大致的了解。标题应简明扼要,易于引起回答者的兴趣,如"有机农产品调查问卷""农产品批发市场食品安全状况调查问卷"等。而不要简单采用"问卷调查"这样的标题,它容易引起回答者因不必要的怀疑而拒答。

(二)开头部分

开头部分主要包括问卷编号、问候语、填表说明等内容。不同的问卷所包括的开头部分会有一定的差别。

1. 问卷编号。主要用于识别问卷、调查者以及被调查者姓名和地址等,以便校对检查、更正错误,对调查问卷进行分类归档和电子计算机处理。需要指出的是,有些内容比较简单的调查问卷可以省略这一部分。

2. 问候语。问候语或者称为调查说明,其作用是向被调查者说明进行此项调查的目的、意义,引起被调查者的兴趣和重视,以争取他们的积极合作。一般包括称呼、问候、访问员介绍、调查目的、调查对象作答的意义、回答者所需的时间、感谢语等。调查说明的语气要谦虚、诚恳、平易近人,文字要简明、通俗、有可读性。

3. 填写说明。填表说明的目的是让被调查者知道如何填写问卷。在自填式问卷中要有详细的填写说明,让被调查者知道如何填写问卷,如何将问卷返回到调查者手中。

总体而言,开头部分文字须简明易懂,能激发被调查者的兴趣。如有机农产品消费需求调查问卷,其开头部分设计如下:

尊敬的消费者:

您好! 我们是某农业企业的员工,为了了解消费者对绿色、有机农产品购买的倾向及其关心的问题,特设计了此问卷,衷心希望您能抽出几分钟时间,您的回答对我们非常重要,我们保证会对您填写的信息加以保密。请您在每个题目所选项目前打"√",填写的内容请务必真实、客观、详细。非常感谢您的协助。

(三)正文部分

正文部分是调查问卷的主体或核心部分,主要由各种形式的问题和答案及其指导语组成,是调研主题所涉及的具体内容。通过正文部分问题的设计和被调查者的答复,市场调查者可以对被调查者的个人基本情况和对某一特定事物的态度、意见、倾向以及行为有较充分的了解。对于一份具体调查问卷究竟需要列出哪些项目,应视调查目的而定。如学生对万禾农展厅调查问卷内容包括万禾农展厅的基本情况、商品结构等,关于消费者行为包括消费原因、消费时间、消费频率、消费总额、购物环境、品牌粘性等方面内容。

(四)背景部分

背景部分通常放在问卷的最后,具体内容可以包括被调查者的个人信息、再次向被调查者致谢、调查者项目基本情况等。

1. 被调查者的基本情况。这一部分内容虽然与调查内容本身没有直接联系,但是在进行分类分析时,通常会用到这些调查资料,这是调查问卷中不可缺少的内容。一般包括被调查者的姓名、性别、家庭人口、文化程度、职业、工作单位、居住地区、联系方式等项目。这些项目应根据不同的调查目的和要求来确定。被调查者的基本情况有时候也放置于问卷正文前面。

2. 调查者项目。主要包括调查人员的姓名、工作单位、调查日期。这些项目主要为明确责任和方便查询而设计,有些问卷也可以省略。

[例]访问到此结束,再次感谢您的支持与合作!

访问员记录部分

B1.受访者的理解程度：

①非常理解　②比较理解　③一般理解　④不理解　⑤非常不理解

B2.受访者是否合作：

①非常合作　②比较合作　③一般合作　④不合作　⑤非常不合作

访问员保证：我保证问卷所填各项资料,均由我按照作业程序获取,绝对真实、可靠。

B3.调查者姓名：　　　　　　　　　　　　电话：

调查地区：　　　　　　　　　　　　调查超市名称：

访问时间:始　　时　　分至　　时　　分　访问日期：

调查时间　　　　　　　　　　　　调查方式

三、设计问卷的问题及答案

在设计问题之前,根据调查方法和提问内容决定提问和回答类型。一般而言,调查问卷的问题和答案设计有以下几种类型：

(一)直接性和间接性问题

1. 直接性问题。直接性问题是指能够通过直接提问方式得到答案的问题。它通常是一些已经存在的事实或对被调查者而言不敏感的基本情况,比如"您的职业"、"您最喜欢的洗发水品牌"等,这些都可获得明确的答案,这种提问对统计分析比较方便。

[例]您的职业是？

A.机关、事业单位/教师　　　　　　B.企业管理人员

C.个体经营者　　　　　　　　　　D.学生

E.其他

2. 间接性问题。间接性问题是指那些不适宜直接回答,而采用间接的提问方式可以得到所需答案的问题。通常是指被调查者对所提问题产生顾虑,不敢或不愿真实地表达意见的问题。调查者不应为得到直接的结果而强迫被调查者,使他们感到不愉快或难堪。这时,如果采用间接的提问方式,使被调查者认为很多意见已被其他调查者提出来了,他所要做的只不过是对这些意

见加以评价,这样,就能排除调查者和被调查者之间的某些障碍,使被调查者有可能对已得到的结论提出自己不带掩饰的意见。

[例]"您认为妇女的权利是否应该得到保障?"大多数人都会回答"是"或"不是",而实际情况则表明许多人对妇女权利有着不同的看法,如果改问:

A."有人认为妇女权利应该得到保障的问题应该得到重视"

B."另一部分人认为妇女权利问题并不一定需要特别提出"

你认为哪些看法更为正确?

对 A 看法的意见:①完全同意　　②有保留的同意　　③不同意

对 B 看法的意见:①完全同意　　②有保留的同意　　③不同意

采用间接提问方式比采用直接提问方式能收集到更多的信息。

3. 假设性问题。它是通过假设某一情景或现象存在而向被调查者提出的问题。例如:"有人认为目前的电视广告过多,您的看法如何?""如果购买汽车和住宅,您只能选择一种,您可能会选择哪种?"

(二)开放式和封闭式问题

1. 开放式问题。开放式问题是一种应答者可以自由地用自己的语言来回答和解释有关想法的问题。调研人员不对应答者的回答作任何限制。开放式问题一般提问比较简单,回答比较真实,但结果难以作定量分析。在对其作定量分析时,通常是将答案进行分类。

[例]您觉得万禾农展厅还存在着哪些不足之处?　_____

2. 封闭式问题。封闭式问题是指已事先设计好各种可能的备选答案的问题,被调查者只要从中选定一个或几个备选答案。封闭性问题由于答案标准化,不仅方便回答,而且便于进行各种统计处理和分析,但缺点是回答者只能在规定的范围内被迫回答,无法反映其各种有目的的真实想法。封闭式问题主要适用于收集事实型信息和被调查者有明确看法的意向型调查,但不适用于初步寻找动机等的探索性调查。量表应答式问题则是以量表形式设置的问题。

封闭式问题的提问设计形式有以下几种。

(1)单项选择题,答案是唯一的。其优点是答案分类明确,但排斥了其他答案可能存在的现象。

[例]如果在您家附近(指 500 米范围内)再开设一家超市大卖场,您是否

会光顾?

A. 一定去   B. 可能去

C. 不能决定   D. 可能不去

E. 一定不去

(2)多项选择题,答案是多项的。优点是可以较多地了解被调查者的态度,但统计时比较复杂。

[例]请问您经常去万禾展销厅购物的主要原因是什么(多选)?

A. 服务态度好   B. 价格低

C. 品质好   D. 商品种类齐全

E. 购物环境好   F. 其他(请注明):

(3)是非两分型题,答案简明清晰,但只适用于不需要反映被调查者态度的问题。

[例]您是否购买过有机农产品?

A. 是   B. 否

(4)李克特量表,即通过被调查者在同意和不同意之间选择答案来设计提问的一种形式。

[例]您对万禾农产品展销厅的服务满意度评价如何?

A. 非常满意   B. 比较满意

C. 一般   D. 不太满意

E. 非常不满意

(5)分等量表,即通过被调查者对事物的属性从优到劣分等选择来设计提问的一种形式。如5代表很好,1代表很差。

[例]您认为A品牌小米糕的口味如何?

A. 1   B. 2

C. 3   D. 4

E. 5

(6)混合式选择题,即将封闭式问题与开放式问题结合起来设计提问的一种形式。

[例]在万禾农展厅购物时,影响您购买的主要因素是什么?(可多选)

A. 质量   B. 价格

C. 品牌   D. 口味

E．其他（请注明）＿＿＿＿＿＿＿

（7）排序式选择题，即要求被调查者把列出的各个选项按其重要性或时间性标准的顺序排列出来。

［例］影响您在万禾农展厅购物的主要因素（请按重要程度排序）。

A．质量　　　　　　　　　　B．价格

C．品牌　　　　　　　　　　D．口味

E．其他（请注明）＿＿＿＿＿＿＿

（8）区间式选择题，即各个选项只列出大概的区间范围，由被调查者进行选择。

［例］请问下面哪一项最能代表您家每月的总收入呢？（单选）

A．2000 元以下　　　　　　　B．2001～4000 元

C．4001～6000 元　　　　　　D．6001～8000 元

E．8000 元以上

（9）过滤式选择题，即通过逐步缩小提问范围，引导被调查者很自然地对所要调查的某一专门主题做出回答的提问形式。这种提问法，不是开门见山、单刀直入，而是采取投石问路的方法，一步步地深入，最后引出被调查者对某个所要调查问题的真实想法。它通常用于被调查者对回答有顾虑或者一时难以直接表达其真实想法的调查。

某农产品企业欲了解消费者对购买某产品的意见。若采取一次性提问（非过滤式提问）方式：您不购买铁棍山药是因为价格贵吗？该问句会给被调查者一种很唐突的感觉，是不妥的提问法，因为不购买铁棍山药往往是多种原因引起的，很难直接回答，可用如下过滤式提问。

［例］您对淮山铁棍山药印象如何？您是否准备购买铁棍山药？您不购买铁棍山药的原因主要有哪些？有人说铁棍山药太贵，也有人认为没有需求，也有人可能是不了解铁棍山药的功效，您是如何看待这个问题的？

从上面的例子可以看出，通过调查人员的逐步引导，使被调查者有一个逐步考虑问题的过程，从而自然、真实地回答了调查者的提问。

（三）事实性和行为性问题

1．事实性问题。事实性问题是要求被调查者回答的一些有关事实的问题，其主要目的是获得有关事实性资料。因此，问题必须清楚，使被调查者容

易理解并回答。通常,在一份问卷的开头和结尾处都要求被调查者填写其个人资料,如职业、年龄、收入、家庭状况、教育程度、居住环境等,这些问题均为事实性问题,对此类问题进行调查,可以为分类统计和分析提供资料。

[例]请问您的年龄?

A.20 岁及以下 　　　　　　　　B.21~30 岁

C.31~40 岁 　　　　　　　　　D.41~50 岁

E.50 岁以上

2. 行为性问题。行为性问题是为了对被调查者的行为特征进行调查。

[例]通常您多久去万禾展厅购物呢?

A.每天 　　　　　　　　　　　B.每周 2 次

C.每周 1 次 　　　　　　　　　D.两周 1 次

E.一月不到 1 次

(四)动机性和态度性问题

1. 动机性问题。提出动机性问题时,应注意被调查者的行为可能是由意识动机或无意识动机产生的。对于无意识动机,因被调查者不清楚自己的动机,因此会造成回答上的困难;对于前者,有时被调查者会因种种原因不愿真实回答,因此,调查者可以掩藏调查目的,挖掘被调查者潜意识的动机和态度。对于该类问题,调查者经常使用"投影"法,也可以使用词语联想技术、完成句子、讲述故事等方法。

[例]您不去万禾展厅购物的原因是?（可多选）

A.没听说过 　　　　　　　　　B.物品单一

C.价格偏贵 　　　　　　　　　D.质量不放心

E.其他

采取这种方法进行调查可以解决敏感性问题、回答率较低的问题等,但答案的审核、编码、分析比较繁琐,不同研究者对同一答案可能得出不同的结论,因而可靠性较差,主要适于探索性调查。

2. 态度性问题。态度性问题是有关被调查者的态度、评价、意见等方面的问题。事实性问题既可采取直接提问方式,也可采取间接提问方式,问卷设计者可以根据具体情况选择不同的提问方式。应该注意的是,在实际调查中,几种类型的问题往往是结合使用的。在同一个问卷中,既有开放式问题,也有封闭式问题,甚至同一个问题中,也可将开放式问题与封闭式问题结合起来,组成结构式问题。

[例]您是否喜欢××品牌的速溶咖啡饮品?

四、决定提问的措辞

提问的措辞是指将问题的内容和结构具体化成调查对象可以清楚而轻松地理解的用语。这是设计问卷的关键,同时也是最困难的任务。如果一个问题的措辞很拙劣,调查对象可能会拒绝回答或者回答不正确。因此,要注意以下几个方面。

(一)简明扼要

问题应简明扼要,应尽量避免太长的题目,避免提出对被调查者的记忆力要求过高的问题。使用通俗易懂的词汇,避免使用难懂的语句和文字、专业用语和流行语等。但在调查对象对爱好者、专家等的特殊用语非常熟悉的情况下,也可以积极地加以使用。

(二)意思明确

问卷问题要使用确定的词汇。如对"时时""常常""邻近""通常情况""正常情况""经常的"等时间和范围的模糊提问,被调查者不知道该以何种标准来选择答案。问题应该是特定的而不是泛指的。该类问题在实践中使用较少。其特点在于,一方面具有隐藏性,可以挖掘出被调查者潜意识的动机、态度;另一方面问题的结构化,使答案便于编码和分析。

(三)避免诱导性

设计问卷时,避免诱导性或倾向性提问将容易使被调查者因引导性提问得出肯定性的结论或因反感此种问法简单得出结论,这样不能反映消费者对商品的真实态度和购买意愿,所以结论也缺乏客观性,可信度较低。如为了提高知名度,把品牌名称放进问句里以导出方便提问者的回答,这样的诱导性提问会歪曲调查结果。

[例]"××牌号的食用油质优价廉,您是否准备选购?"

若在问完商品的优点之后问购买意向,购买意向就有可能变得比实际情况要高,所以上例中应该先对购买意向进行提问。

(四)不设计不愿回答的问题

如果问卷中问题涉及被调查者的心理、习惯和个人隐私或敏感问题,即使将其列入问卷也不易得到真实的结果。问卷的问句设计要有艺术性,避免对被调查者产生刺激而使其不能很好地合作。遇有这类问题的,可以采用以下方式处理。

1. 释难法。通过在问题之前加一段有助于不使被调查者感到为难的文字,使提问自然化。

2. 人称代换法。将要直接向被调查者询问的问题,改成关于第三人称的问题,使被调查者处于纯客观的地位,便于回答问题。

3. 数值归档法。将要研究的变量的取值划成几个连续的区间,由被调查者选择。在询问像年龄、收入等敏感问题可使用,尽量考虑以诸如 20～29 岁,2000～3999 元等数值区间方式来进行提问。

五、组织和编排问卷

在问卷的问题与答案设计好后,研究人员不能随意进行编排,因为问卷每一部分的位置都具有一定的逻辑性。

(一)以适当的顺序安排问题

问题的排序通常遵照以下原则:第一,按照问题的类型、逻辑性、难易程度、思维习惯进行排列;第二,由浅入深、由易而难、从简到繁。

一般来讲,开头的问题应该有趣、简单并且不咄咄逼人,客观事实方面的问题应放在前面,困难的或者敏感的、尴尬的、复杂的、无趣的问题以及主观方面的问题应放在靠后的位置。中间的过渡和衔接要连贯和自然,同时,也要考虑到人的思考习惯和思维逻辑,如按时间顺序、性质或类别来排列问题。

(二)确定问卷的形式和布局

问题的格式、间隔和位置会对结果产生显著的影响。研究人员可以将问卷分成几个部分,对每一部分的问题和答案进行编码;问题本身要有序号,这样便于对问卷的现场控制及编码和分析;注意选项的排列方式,具体方式有三种:行式排列,它是指将所有备选项排成一行的排列方式;列式排列它是指将所有备选项排成一列,放在每个问题下边的排列方式;当多个问题具有相同的选项时,可将其设计成矩阵格式。

[例]您对该品牌的满意度如何呢?(用 5 分制来进行评判,5 分代表最满意,1 分代表最不满意,0 代表不知道)

指标	5	4	3	2	1	0
价格						
质量						
效果						
使用方便性						

六、评估和制作问卷

(一)问卷综合评估

问卷初稿设计好后,问卷设计人员应对问卷做一个整体性评估。考虑到问卷所起的关键作用,这一阶段是必不可少的。在问卷评估过程中,下面一些原则应当考虑:问题是否必要? 问卷是否太长? 问卷是否包括了调研目标所需的信息? 邮寄及自填问卷的外观设计? 开放试题是否留足了空间? 问卷说明是否用了明显字体?

(二)获得各方面的认可

问卷初稿复印件应当分发到直接有权管理问卷调查的各部门。实际上,营销经理在设计问卷过程中可能会多次加进新的信息、要求或关注点。不管经理们提出什么新要求,对问卷经常进行修改都是必需的。相关部门经理的认可表明他们想通过具体的问题来获得信息。因此,问卷的认可再次确认了决策所需要的信息以及它将如何获得。例如,假设有关新产品的问卷询问了形状、材料以及最终用途和包装,意味着新产品开发经理已经知道"什么颜色用在产品上"或"这次决定用什么颜色并不重要"。

(三)试调查和修订问卷

当问卷获得管理层的最终认可后,还必须进行试调查。在进行试调查时,调查者不是进行正式的询问调查,而是通过访问寻找问卷中存在的错误解释、不连贯的地方等,为封闭式问题寻找额外的选项以及考虑被调查者的一般反应。在试调查完成后,问卷任何需要改变的地方都应当切实修改。在进行实地调研前,问卷应当再一次获得各方的认同,如果试调查导致问卷产生较大的改动,应进行第二次测试。

印制装订问卷应该要注意以下问题。

1. 表面设计明快简洁、庄重认真,纸张高级,切忌粗制滥造,以显示对被调查者的尊重。

2. 排版应相对宽松,不应显得拥挤,当一个问卷较长时应该装订成册。

3. 文字的大小要适当,在行距不使人感到过密情况下,尽可能把内容排印得紧凑些,尽量减少页数。问卷应易于阅读和回答,字体应该大而且清晰。

4. 单面印刷。不要将问题和答案选项分开,单个问题应该使用垂直的答案栏,指示或说明应该放在离问题尽可能近的位置。

5. 条理清楚,统一编号。

任务四　组织实施消费者问卷调查

在市场调查中,调查人员自身的素质、条件、责任心等很大程度上制约着市场调查作业的质量,影响着市场调查结果的准确性和客观性。因此,加强市场调查组织与实施是市场调查公司的一项重要工作。根据市场调查的实际业务活动顺序,可以将组织实施消费者问卷调查活动分为四个过程,即选取抽样方法、组建市场调查工作组、培训市场调查人员和管理控制市场调查。

【能力训练】

根据消费者市场调查方案,从浙江万禾农产品有限公司等农业企业角度,利用设计好的名特优农产品需求和购买行为调查问卷,对消费者进行抽样调查。

1. 选取抽样方法。研究人员要根据调查的目的和要求以及调查对象的特点,选用适当的抽样调查方法。市场调查方法可以是全面调查,也可以是非全面调查,他们有各自不同的特点和作用。名特优农产品消费者市场调查主要采用问卷调查的方式,因为名特优农产品消费者人数多且分布广。抽样调查的基本实施步骤如下:第一,界定调查总体;第二,选择抽样框;第三,确定抽样方法;第四,决定样本大小;第五,抽取样本;第六,用样本统计值推测总体。

在组织实施消费者问卷调查中,尽可能使得抽取样本的代表性比较高,抽样误差尽可能小,分层抽样是使用最广泛的抽样技术之一。

2. 组建调查工作组。按照企业委托方的要求,研究人员认真组织实施各阶段的调查工作。为了保证项目顺利地实施,需要建立项目调查工作组,主要负责管理控制调查项目的实施,并及时向委托方反馈调查进程和调查工作的有关信息。一个完整的项目调查团队的组成包括项目主管、实施主管和调查督导,其具体职责分别如下所示。

(1)项目主管协调各部门的关系,起草初步的计划,制定预算并监督资源的使用。其责任是确保项目的目标、预算和计划的执行。

(2)实施主管。责任主要包括:了解调查项目的目的和具体的实施要求,根据调查设计的有关内容和要求挑选调查员,负责督导团队的管理和培训,负责调查实施中的质量控制。实施主管是项目主管和调查督导员的中间桥梁,要求既要掌握市场调查的基本理论和方法,又要有比较强的组织和运作能力,还要有丰富的现场操作经验。其水平决定一个市场调查机构的水平。

(3)调查督导负责对调查人员工作过程的检查和对调查结果的审核。督导可分为现场督导和技术督导,现场督导主要负责日常工作的管理,技术督导主要负责调查员访问技巧的指导。

3. 培训市场调查人员。由于调查人员亲自进行调查,调查问卷的回收率较高,在访问过程中,调查员可以帮助被访者理解并完成问题,问卷的可信度高。为了更好地完成本次调查项目,需对调查人员进行培训,培训的内容包括万禾农产品有限公司的产品及其行业背景、调查员的责任、调查项目操作及调查访谈所需的技巧等方面。通过培训,培养调查员的工作技能,降低拒访率,使访问工作更加有效率。

4. 管理控制市场调查。一个调查项目的实施要做到有计划、按步骤、平稳地进行,对调查项目实施控制是至关重要的。市场调查活动是一个团队活动,因此,市场调查活动的组织与控制包括市场调查项目本身的控制和市场调查人员控制。

【知识拓展】

一、抽样调查的内涵

为了了解全体调查对象的倾向,需要以抽样的方式统计性地抽取一部分调查对象。抽样的过程涉及使用少量的项目或者总体的一部分来得出关于总体的结论。

(一)抽样调查的概念

抽样是指不能进行全面调查时,为了推测总体的倾向,抽取真实地代表调查总体的调查对象。抽样调查是根据样本调查结果来推断总体的一种统计调查方法,属于非全面调查的范畴。它是按照科学的原理和计算,从若干单位组成的总体中,抽取部分样本单位来进行调查、观察,用所得到的调查标志的数据推断总体。

(二)抽样调查的特点

抽样调查数据之所以能用来代表和推算总体,主要是因为抽样调查本身具有其他非全面调查所不具备的优点。

1. 抽样可以降低成本,节约时间,减少劳动力需求,并且迅速地收集至关重要的信息。

2. 大多数经过适当挑选的样本都能给出相当精确的结果。调查样本是按随机原则抽取的,总体中每一个单位被抽取的机会是均等的,因此,能够保证被抽中的单位在总体中的分布均匀,不至于出现倾向性误差,代表性强。所抽选的调查样本数量,是根据调查误差的要求,经过科学的计算确定的,在调查样本的数量上有可靠的保证。抽样调查的误差,是在调查前就可以根据调查样本数量和总体各单位之间的差异程度进行计算,并控制在允许范围以内,调查结果的准确程度较高。

但是抽样调查样本具有不稳定性,有所偏差,也存在抽样调查误差问题。抽样调查误差一般有两种:一种是非抽样误差,也称技术性误差,是指调研工作登记、汇总、计算的差错所引起;另一种是代表性误差,也称抽样误差,是指由于样本结构与总体结构不一致,以样本综合指标推断总体综合指标所产生的误差。

(三)抽样调查适用范围

抽样调查适用的范围是广泛的,从原则上讲,为取得大量社会经济现象的数量方面的统计资料,在许多场合都可以利用抽样调查方法取得。在某些特殊场合,甚至还必须应用抽样调查的方法取得。选择抽样调查的情形主要有以下几种:

1. 实际工作不可能进行全面调查,而又需要了解其全面情况的现象;

2. 虽然可以进行全面调查,但调查范围大、单位数目多,又缺乏原始记录作依据,并要求资料信息及时性很强的现象;

3. 对普查资料的质量进行检查和修正;

4. 可以用于工业生产过程中的质量控制。

二、抽样调查的基本术语

(一)总体和样本

总体是调查研究对象的集合体,是任何享有一些共同属性的完整的群体,如消费者、零售商、大学生等。总体单位是总体的个体成员,而个体是组成总体的每个研究对象,是构成总体的基本单元。普查是对构成总体的所有个体进行的调查。通常,合适的总体单位是家庭而不是家庭中的个体成员。

样本就是一个更大的总体的子集或者一部分,即从总体中按一定程序抽取的那部分抽样单元或个体组成。样本是从总体 X 中按一定的规则抽出的个体的全部,用 $X_1, X_2, \cdots, X_n$ 表示。样本中所含个体的个数称为样本容量,用 n 表示。一般来讲,在一项调查中,总体是唯一的,样本不是唯一的。

(二)抽样框和抽样单位

抽样框又称"抽样框架""抽样结构""有效总体",是指对可以选择作为样本的总体单位列出名册或排序编号,以确定总体的抽样范围和结构。它就是可能抽取的样本单位的名单。

抽样框的种类有名录框、区域框、自然框等,按照不同的抽样要求设置不同的抽样框。常见的抽样框有大学学生花名册、城市黄页里的电话列表、工商企业名录、街道派出所里居民户籍册、意向购房人信息册等。在没有现成的名单的情况下,调查人员可自行编制。应注意的是,在利用现有的名单作为抽样框时,要先对该名录进行检查,避免重复、遗漏,以提高样本对总体的代表性。例如:从5000名职工中抽出200名组成一个样本,则5000名职工的名册,就是抽样框。

抽样单位是指被抽取样本中的一个或是一组元素。在单一层次抽样中,抽样单位即总体单位。例如在一个城市对居民户做调查,此时居民户既是总体单位,又是抽样单位。在多层次抽样中,抽样单位与总体单位则不一定是同一批单位。抽样框可能以名单、手册、地图、数据包等各种形式出现,在抽样之后,调查者必须能够根据抽样框找到具体的抽样单位。

(三)总体参数和样本统计

总体参数指的是总体中的变量或者所度量的总体属性,是总体中对某变量的概括性描述,如总体的均值、方差、标准差等。总体参数表现为一系列唯一的常数,但往往是未知的,需要去推断和估计。

样本统计是指样本中的变量或者是从样本数据计算出的指标。样本统计用于对总体参数做出推断,具体有两种不同形式,即总体参数估计和假设检验。总体参数估计是根据从样本得到的统计量对相应的总体参数进行估计。例如用样本平均数估计总体的平均数,用样本的标准差估计总体的标准差等。总体参数估计可分为点估计和区间估计。假设检验又称"显著性检验",是数理统计学中根据一定假设条件由样本推断总体的一种方法,是用来判断样本与样本,样本与总体的差异是由抽样误差引起还是本质差别造成的统计推断方法。

三、抽样技术的分类

抽样调查按照调查对象总体中每一个样本单位被抽取的机会(概率)是否相等的原则,可以分为随机抽样和非随机抽样(图2-9)。

(一)随机抽样

随机抽样,又称概率抽样。指依据随机原则,按照某种事先设计的程序,从总体中抽取部分单元的抽样方法,总体中每一个抽样单位被选为样本的概率相同。

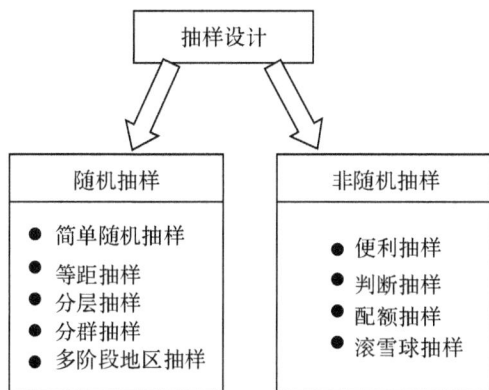

图 2-9 抽样技术类型

按一定的概率以随机原则抽取样本,抽取样本时使每个单位都有一定的机会(概率)被抽中,可以用样本指标数值去推断总体的指标数值。抽样调查会产生抽样误差,这个误差可以计算,并且加以控制。随机抽样包括简单随机抽样、分层抽样、分群抽样、系统抽样、多阶段地区抽样。

1. 简单随机抽样。简单随机抽样法是指从总体中选择出抽样单位,抽取的每个可能样本均有同等被抽中的概率。抽样时,处于抽样总体中的抽样单位被编排成 $1 \sim n$ 编码,然后利用随机数码表或专用的计算机程序确定处于 $1 \sim n$ 间的随机数码,那些在总体中与随机数码吻合的单位便成为随机抽样的样本。

简单随机抽样是随机抽样方法的基础。简单随机抽样方法简单,误差分析较容易,但是需要样本容量较多,适用于各个体之间差异较小的情况。简单随机抽样一般有以下三种不同的具体做法。

(1)抽签法。当给总体各个单位编号后,把号码写在结构均匀的签(如同等大小的纸片等)上,将签混合均匀后即可以从中抽取。抽签法简便易行,然而对于较大的总体来说,编号、做签条的工作量很大,且不易做到混合均匀。因此,抽签法的应用有一定的局限性。

(2)机械摇号法。它是先对全部总体单位编号,然后再利用某种特制的机械,通过机械震动产生需要抽取调查样本单位号码的方法。此法抽取的样本单位随机性高,但购置设备的费用较高,只适宜于经常开展抽样调查的单位使用。

（3）随机数字表法。它是利用随机数字表随机抽取样本单位的方法。所谓随机数字,就是指用某种机械方法或电子计算机产生的数字序列,数中的 0, 1,2,…,9 这 10 个数字出现的机会是相等的,但排列顺序则是随机的。将随机产生的数字用表格的形式表现出来,就是随机数字表。

［例］假定有 2000 名调查对象,以随机数表随机抽取 150 名样本,步骤如下。

第一,将 2000 名调查对象由 0001 编至 2000;

第二,由随机数表,利用抽签方法选取号码开始点。例如选取为第 15 行第 4 列;

第三,由设定之起始点,选取号码,选取号码以调查对象之编号位数相同:即 1475,9938,4460,0628,…,有效号码样本应为 2000 以下;

第四,若抽样单位与随机数表抽样号码条件相同即为样本,大于调查编号,跳过不取;

第五,若逢重复号码应跳过;

第六,依上述方法,连续采用 150 个号码,即为完成样本选用。

2. 系统抽样。系统抽样法又称等距抽样法,是指先按有关或无关标志将总体单位按一定顺序排列,然后再按相等的距离或间隔抽取样本单位的方式。其基本特点是先排队,再等距抽选样本。系统抽样的优点是通常能保证样本均匀分布,减少误差,提高样本的代表性;其适用面广,特别适合连续、大批量生产的现象的调查。不足之处是有时可能有系统（周期）性误差。

系统抽样法只有不重复抽样方法。关键是第一个样本单位的抽选。先按 $N/n=K$ 求出抽样距离（由母体总数除以样本数而得的）;再在第一组中按简单随机抽样的方法,抽出第一个样本单位;然后再按抽样间隔 K 随之确定其余样本单位。系统抽样既可以用同调查项目相关的标志排队,也可以用同调查项目无关的标志排队,所以具体又可分为按有关标志排队的系统抽样和按无关标志排队的系统抽样。

3. 分层抽样。分层抽样法,也称为分类抽样法,是根据某些特定的特征,将总体分为同质、不相互重叠的若干组或若干类,此组（类）称为层,然后将总体中的各个体分别编入相应层中,再由各层中以简单抽样或系统抽样法选取适量样本的方法。例如,调查在校大学生笔记本电脑拥有量,先按年级进行分类,然后每个年级分别随机抽取部分学生进行调查。

分层抽样具有能够提高样本的代表性、总体估计值的精度和抽样方案的效率等特点，具体表现为：

（1）分层抽样的原则是分层时应该在层内同质性取其最大，层与层间异质性取其最大，因为分层抽样在层内是抽样调查，层间是全面调查；

（2）分层抽样的抽样误差较简单随机抽样小，样本具有很好的代表性，因为每一组都是内部相似性较强，但是在组与组之间却有着相当大的不同；

（3）保证样本将会根据分层的原则，精确地反映出总体。

但是分层抽样抽样的框较复杂，费用较高，误差分析也较为复杂。此法适用于总体复杂、个体之间差异较大、数量较多的情况。

表 2-13　三种抽样方式比较

类　型	共同点	特　点	联　系	适应范围
简单随机抽样	每个个体被抽到样本中的机会是均等的	从总体中逐个抽取	最基本的随机抽样方法	总体中的个体数目较少
系统抽样		将总体均匀分成几部分，按事先确定的规则在各部分抽取	在第一部分抽样时采用简单随机抽样	总体中的个体数目较多
分层抽样		将总体分成几层，分层进行抽取	各层抽样时采用简单随机抽样或系统抽样	总体由差异明显的几部分组成

4. 分群抽样。分群抽样法是先将市场调查的总体划分为若干个群体，然后按随机的原则不重复抽出，即以简单随机抽样的方法选取部分群体作为调查样本，在每群中进行全面调查的一种随机抽样方法。分群抽样时，各群之间应具有共性，如人口数目、民族构成等；而每群内部又具有差异性，所调查的目标要广泛一些。

分群抽样的特点如下。

（1）与分层抽样相反，分群抽样在群内是全面调查，在群间是抽样调查。

（2）其目的是在保持概率抽样的属性的同时，进行经济地抽样（样本单位集中）。例如，在进行居民出行调查中，以住宅区的不同将住户分群，然后随机选择群体为抽取的样本。

（3）适用于调查总体单位分布较分散并且无法确定分层标准的大总体。

(4)样本代表性差,导致分群抽样对总体推断的准确性较差。往往与其它方法相结合使用。

5. 多阶段地区抽样。地区样本是最流行的一种聚点样本。多阶段抽样(醉步)是指将抽样过程分阶段进行,每个阶段使用的抽样方法往往不同,即将各种抽样方法结合使用。多阶段地区抽样是指涉及两个或者更多的步骤,结合了一些概率技术。通常,地理区域是在更小的单位中进行随机选择的。其实施过程先从总体中抽取范围较大的单元,称为一级抽样单元,再从每个抽得的一级单元中抽取范围更小的二级单元,依此类推,最后抽取其中范围更小的单元作为调查单位。

多阶段抽样具体操作过程分两个阶段。第一阶段,将总体分为若干个一级抽样单位,从中抽选若干个一级抽样单位入样;第二阶段,将入样的每个一级单位分成若干个二级抽样单位,从入样的每个一级单位中各抽选若干个二级抽样单位入样……依此类推,直到获得最终样本。

如果在被抽中的二级单元中,再抽取部分三级单元组成样本,并对抽中的三阶单元进行全面的调查,这就是三阶抽样。类似地,可以定义四阶抽样或更高阶的抽样,通常将两阶以上的抽样称为多阶段抽样。如为了掌握全国农业科技推广情况,先抽取四省份进行调查,每个省调查的对象又包括四个层次:省级部门、县级部门、乡镇层次和农民。

(二)非随机抽样

非随机抽样又称为非概率抽样,是指在抽样时不遵循随机原则,而是按照研究人员的主观经验或其他条件来抽取样本的一种抽样方法。非随机抽样中,总体的任何特定成员被选为样本的概率都是未知的。非随机抽样的效果好坏依赖于抽样者的主观判断能力和经验,无法计算和控制抽样误差,无法用样本的量化数据来推断总体。非随机抽样包括任意抽样、判断抽样、配额抽样和滚雪球抽样。

1. 任意抽样。任意抽样法,也称便利抽样法或偶遇抽样法,是指通过获取最方便获得的人或单位而进行的抽样。它是一种随意选取样本的方法,样本的选择只考虑到接近样本或衡量便利,通常没有严格的抽样标准。典型的形式是"拦截式"调查,如调查员在街头、公园、商店等公共场所进行的拦截调查,厂家在产品柜台前对路过顾客进行的调查。

调研人员通常会使用便利样本,迅速而经济地获得大量完成问卷,如因特网调查。任意抽样的优点是容易实施,成本低;缺点是样本单位的确定带有偶然性,无法代表有明确定义的总体,调查结果无法根据样本信息对总体进行数量特征的推断,样本不适合描述性研究和因果关系研究。当以后用概率抽样来进行另外的调研时,便利抽样就可以最好地运用于探索性调研。

2. 判断抽样。判断抽样法,或者目的性抽样法,是一种凭研究人员的主观意愿、经验和知识,从总体中选择具有典型意义和代表性的样本点构成样本作为调查客体的一种非随机抽样方法。一般是在总体构成极不相同且样本数很小的时候采用,而且调研者必须对总体有关特征非常了解,选择"平均型""众数型""特殊型"单元作为样本。判断抽样具有挑选样本简便及时的特点,在精确度要求不是很高的情况下,企业为了迅速获得解决日常经营决策问题的客观依据资料,常常使用判断抽样的方法。但是由于其估计精度严重依赖于研究者对调查对象的了解程度、判断水平和对结果的解释情况,所以,一般不轻易地用于对总体进行数量方面的判断。

3. 配额抽样。配额抽样法又称定额抽样法,在总体作若干分类和样本容量既定情况下,按照配额从总体各部分抽取调查单位。具体做法是:先根据调研总体中的某些属性特征将总体划分成若干类型,再按照分类控制特性将各类总体分成若干子体,依据各子体在总体中的比重分配样本数额,最后由抽样者用便利抽样或判断抽样方法选取样本单位。配额抽样的目的是确保总体的各个子群体可以充分表现出研究人员需要的相关属性。

配额抽样的分类依据通常是总体单元的某些属性、特征,如受调查者的年龄、性别、社会阶层等。这种方法简单易行,可以保证总体的各个类别都能包括在所抽样本之中,使得样本的结构和总体的结构类似。此外,配额抽样具有数据收集的高速度、低成本和便利性等优点。但因为配额抽样法中抽样者有极大自由去选择样本个体,所以这种抽样方法很容易因调查偏好而丧失精确度。

配额抽样按分配样本数额时的做法不同分为独立控制配额抽样和交叉控制配额抽样。

(1)独立控制配额抽样是根据调查总体的不同特性,对具有某个特性的调查样本分别规定单独分配数额(表2-14)。其优点是简单易行,调查人员选择余地较大;缺点是调查人员可能图一时方便,选择样本过于偏向某一组别,从而影响样本的代表性。

表 2-14　独立控制配额抽样

收入水平		年龄		性别	
高	100	50 以上	50	男	50
中	70	25～50	100	女	150
低	30	25 以下	50	—	—
合计	200	合计	200	合计	200

（2）交叉控制配额抽样是根据调查对象的各个特性的样本数额交叉分配（表 2-15）。由于各个特性都同时得到了控制，从而克服了独立控制配额抽样的缺点，提高了样本的代表性。

表 2-15　交叉控制配额抽样

		收入水平						合计
		高		中		低		
性别		男	女	男	女	男	女	
年龄	50 以上	6	19	4	13	2	6	50
	25～50	13	37	9	26	3	12	100
	25 以下	6	19	5	13	2	5	50
小计		25	75	18	52	7	23	200
合计		100		70		30		

4. 滚雪球抽样。滚雪球抽样法是一种抽样程序，最初的应答者是通过概率方法进行选择的，而另外的应答者是通过最初应答者所提供的信息而获得的。以"滚雪球"的方式抽取样本，即通过一些"种子"样本点以获取更多样本点的信息，样本量逐渐扩大。一般是先利用随机方法或社会调查选出原始受访者，然后再根据原始受访者提供的信息获取其它受访者。

这种抽样方法便于有针对性地找到被调查者，调查的成本也比较低；缺点是要求样本单元之间必须有一定的联系并且愿意保持和提供这种关系。采用这种抽样方法主要是因为有些总体很难寻找或十分稀少。适用于抽样架构不存在的时候，尤其在产业调查方面，更为有效。

四、抽样误差计算

抽样调查本身一定存在误差。抽样误差是指样本指标值与被推断的总体指标值之差。

(一)抽样误差的类型

只要存在调查就一定有误差,不可能完全避免。抽样调查中误差可分为技术性误差及代表性误差两大类(图 2-10)。

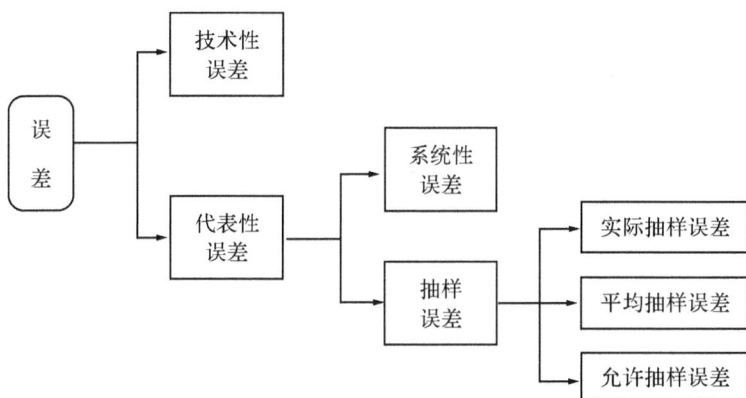

图 2-10　误差的分类

1. 技术性误差。技术性误差,又称为登记性误差或调查误差,是指调查人员在调查过程中,由于工作不认真(如粗心大意抄错、写错、写漏等)或计量工具不准确而形成的调查结果与实际结果之间的差别。这种误差不是由于抽样引起的,是可以尽量加以克服或避免的,在全面普查中也存在。主要包括:

(1)调查误差,调查所得数据与样本单元的真值不一致所造成的误差,原因包括测量误差、失真回答等;

(2)不完整的抽样框误差,抽样框的重复和遗漏;

(3)不回答误差(无相应误差),抽中的样本单元找不到或者拒绝回答问题或缺失所需要的信息;

(4)填写录入误差,调查人员工作过程中抄错、写错、写漏等所造成的误差。

2. 代表性误差。代表性误差是指根据部分(少数)单位调查的结果推断全部单位的数量特征时,两者之间的差别。其根源在于样本的随机性,使得样本指标值和总体真实值之间存在差异。这种误差通常是不可避免的。它又可以分为系统性误差和抽样误差。

(1)系统性误差,又称为偏差,是指在随机抽样中调查人员(有意识地)破坏了随机原则抽样(即不按随机原则抽样),由此形成的样本指标与总体指标之间的差别。在抽样调查中,通常所说的抽样误差是不包括偏差的。

(2)抽样误差,通常也叫做随机误差,是指在随机抽样中按随机原则从总体中抽取一部分单位构成样本,并计算出有关样本指标(如样本平均数或成数),再通过样本指标去推断总体有关指标(如总体平均数或成数)时两者之间存在着的差别。简而言之,抽样误差就是样本指标与总体指标之间的差别。只要是抽样调查,这个误差不可避免。因为部分单位与全部单位的数量特征通常是不可能完全一致的。但是抽样误差能够计量和控制,可用各种量值表示,通常样本量愈大,则抽样误差愈小。

实际抽样误差是指在对某现象实际进行抽样时,其样本指标与总体指标之间的差别。如随机抽取某校大学生 100 人进行身高调查,得知这 100 人的平均身高为 169cm;又知该校全部大学生的平均身高为 168cm,两者之间相差 1cm,这就是抽样实际误差。抽样实际误差实际上是未知的。因为总体指标通常是未知的,如果总体指标已知,也就没有必要进行抽样调查了。

一般情况下,技术性误差和系统性误差都可以力求避免,而抽样误差却是不可避免的,在抽样调研中无法消除,只能加以控制。实际上,抽样误差带有偶然性,即使同一总体用同一抽样方式抽取同一数量的样本单位,也可能有若干种不同的组合,而每一样本的调查结果是不可能完全相同的。抽样误差越大,样本可能代表总体的真实性越小;反之,抽样误差越小,样本可能代表总体的真实性越大。

(二)平均抽样误差及计算方法

1. 抽样相关概念。

(1)成数。在抽样调查中,成数是针对交替(或是非)标志而言的。交替标志是指只有两种可能结果的标志(是否,或是非)。如性别要么是男性,要么是女性;考试成绩要么是及格,要么是不及格等等。成数是指交替标志中具有某种特征的单位数占全部总体单位数的比重。

（2）重复抽样与不重复抽样。重复抽样又称为重置抽样或有放回抽样，是指把从总体中抽中的单位，经登记调查后，再将其放回去，重新参加下一次的抽选，直到抽取 n 个总体单位。不重复抽样是指把从总体中抽中的单位，经调查登记后，不再放回去参加下一次的抽选，直到抽取 n 个总体单位。

（3）平均抽样误差。它是指所有可能的样本的样本指标与总体指标之间的平均误差（标准差），样本指标同总体指标的误差加以平均，可以反映出抽样误差的一般水平，也反映了样本代表性的大小，通常用 μ 来表示。

2. 平均抽样误差计算。根据平均抽样误差的定义，当总体为 N，样本容量为 n 时，其平均数与成数的抽样平均误差计算公式分别为：

	重复抽样	不重复抽样
平均数抽样平均误差	$\mu_x = \sqrt{\dfrac{\sigma^2}{n}}$	$\mu_x = \sqrt{\dfrac{\sigma^2}{n}\left(\dfrac{N-n}{N-1}\right)}$
成数抽样平均误差	$\mu_p = \sqrt{\dfrac{P(1-P)}{n}}$	$\mu_p = \sqrt{\dfrac{P(1-P)}{n}\left(\dfrac{N-n}{N-1}\right)}$

其中：

$$\sigma = \sqrt{\frac{\sum(x_i - \overline{x})^2}{n}}$$

关于公式的几点说明：

（1）修正系数的处理问题：当 N 较大时，可用 $1-\dfrac{n}{N}$ 代替 $\dfrac{N-n}{N-1}$，所以不重复抽样的误差就变成了 $\mu_x = \sqrt{\dfrac{\sigma^2}{n}\left(1-\dfrac{n}{N}\right)}$，$\mu_p = \sqrt{\dfrac{P(1-P)}{n}\left(1-\dfrac{n}{N}\right)}$。

（2）重复抽样与不重复抽样误差的关系：在其它条件相同的情况下，不重复抽样的误差比重复的误差小。

（三）允许抽样误差及抽样估计

1. 允许抽样误差。允许抽样误差是根据概率理论，以一定的可靠程度保证抽样误差不超过某一给定的范围，即以样本推断总体时，允许有多大范围的抽样误差，也称作极限抽样误差。通常用 Δ 表示。实际问题中，估计量的精度通常采用允许抽样误差来表示或要求。

允许抽样误差与平均抽样误差之间的关系,与估计量的分布有关:

$$\Delta = t\mu$$

其中,t 代表概率度,$F(t)$ 是指抽样估计的可靠性,即把握程度。概率 $F(t)$ 随概率度 t 的变化而变化,故概率是概率度的函数。为了便于实际使用,通常可按事先编制好的正态分布概率表来根据事先要求的把握程度 $F(t)$ 查找出相应的 t 值(表 2-16)。

表 2-16　允许误差范围与把握程度对照表

允许误差范围($\Delta = t\mu$)	概率 $F(t)$
正负 1 个平均误差($t=1$,$\Delta = \pm\mu$)	0.6827
正负 1.5 个平均误差($t=1.5$,$\Delta = \pm 1.5\mu$)	0.8664
正负 1.96 个平均误差($t=1.96$,$\Delta = \pm 1.96\mu$)	0.9500
正负 2 个平均误差($t=2$,$\Delta = \pm 2\mu$)	0.9545
正负 2.5 个平均误差($t=2.5$,$\Delta = \pm 2.5\mu$)	0.9875
正负 3 个平均误差($t=3$,$\Delta = \pm 3\mu$)	0.9973

2. 抽样估计。抽样估计是指利用实际调查计算的样本指标数值来估计相应的总体指标数值。这个过程实现了统计抽样的目的。抽样估计的方法分为点估计和区间估计两种。

(1)点估计。又称定值估计,是指不考虑抽样误差而直接以样本指标代替总体指标,也就是直接以抽样平均数或抽样成数代替总体平均数或总体成数。用公式表示为:

$$\overline{X} = \overline{x}, P = p$$

[例]从某班全部同学抽出 10 人进行调查,得知其平均身高为 170 cm,男生占 60%;则在点估计条件下,可以说该班全部学生的身高为 170 cm,男生所占比重为 60%。

点估计的优点是直观、简单、方便,缺点是没有考虑估计的误差问题及估计的可靠性。

(2)区间估计。区间估计的理论依据是抽样分布理论。区间估计是根据样本指标确定总体指标的置信区间和置信度,用概率表示总体参数可能落在某数值区间之内的推算方法。它利用抽样所得的样本平均数 $\overline{x}$(或成数 p),确定估计的上限和估计的下限(上限和下限之间的范围称为置信区间),而落在这个范围的可靠程度叫做置信度 t(一个百分比或者小数值,说明了结果正确的长期概率)。

平均数的区间估计公式:$\bar{x}-\Delta_x \leqslant \bar{X} \leqslant \bar{x}+\Delta_x$

成数的区间估计公式:$p-\Delta_p \leqslant P \leqslant p+\Delta_p$

[例]某大学有 4500 名学生。现采用不重复简单随机抽样方式从中随机抽取 10% 的学生,调查其每月生活费用支出情况。抽样结果显示:学生平均每人每月生活费用支出 350 元,标准差 80 元,生活费用支出在 500 元以上的学生占 20%。要求在 95.45% 的概率保证下估计全部学生月平均生活费用支出的可能范围,以及月生活费用在 500 元以上的学生所占比重的可能范围。

解:已知:$N=4500$,$n=4500 \times 10\%=450$,$\bar{x}=350$,$S=80$,$p=20\%$,则:

$$\mu_x = \sqrt{\frac{80^2}{450}\left(1-\frac{450}{4500}\right)} = 3.58(元),$$

$$\mu_p = \sqrt{\frac{20\%(1-20\%)}{450}\left(1-\frac{450}{4500}\right)} = 1.79\%$$

又知 $F(t)=95.45\%$,故查表得 $t=2$

则:$\Delta_x=2 \times 3.58=7.16(元)$,

故,全部学生月平均生活费用的可能范围为:

$350-7.16 \leqslant \bar{X} \leqslant 350+7.16$,即在 342.84 至 357.16 之间;

全部学生中月生活费用在 500 元以上的学生所占比重的可能范围为:

$20\%-3.58\% \leqslant P \leqslant 20\%+3.58\%$,即在 16.42% 至 23.58% 之间。

五、样本规模的确定

研究人员在制定抽样方案时,首先要确定样本规模(又称为样本容量、样本数),即确定调查样本中所包含的被调查者数量。因为适当的样本单位数目是保证样本指标具有充分代表性的基本前提,因此,在抽样设计时,必须决定样本单位数目。每一种概率抽样的方法都有各自的确定样本规模的公式,样本的规模大小受多种因素影响。

(一)样本数的影响因素

1. 总体的数目。一般情况下,总体数目越大,样本的数目也应越大。

2. 抽样总体的特性。如果抽样总体不规则且分成若干较小子群体,则需要较多的样本,以求抽样准确度。

3. 调查结果所要求的精准度。精度愈高,样本数愈多;对置信度的要求越高,则样本规模越大(表 2-17)。如果对误差的容忍度高、对精确性的要求低,那么样本规模可以小一些;反之,就要增加样本规模来降低抽样误差。

表 2-17   简单随机抽样所需要的最小样本量

置信度 抽样误差	90%	95%	99%
1%	6806	9604	16641
2%	1702	2401	4160
3%	756	1067	1849
4%	425	600	1040
5%	272	384	666
6%	189	267	462

4. 受资源等限制。最佳抽样数量应是样本数足以产生准确的资料,又不超过调查预算。一个研究项目所能支配的资源是有限的,在很多时候,研究人员也要受项目的经费、精力和时间限制,出于可行性考虑,需要缩小样本规模。

(二)必要样本数的计算

在抽样调查之前,调查者通常要根据调查对象的特点和研究目的,提出以下两条主要要求:第一,抽样调查的误差范围或允许误差不得大于多少,这规定了误差范围 Δ 的值;第二,抽样推断的结果要有多大的保证(可靠)程度,这规定了概率度 t 的值。由此可见,必要抽样数目的计算公式,是从以下这个公式中推导出来的:

$$\because \Delta = t \cdot \mu \quad \mu = \sqrt{\frac{\sigma^2}{n}} \quad \therefore \Delta = t\sqrt{\frac{\sigma^2}{n}}$$

两边平方并移项,得:

$$n = \frac{t^2 \sigma^2}{\Delta^2}$$

其他公式,均可依此类推。

[例]假定某乡有农户 18000 户,在某次抽样调查中拟采用重复的纯随机抽样方式。现要求人均收入的允许误差控制在 150 元之内,保证概率为 95.45％,问应抽多少户进行调查? 如果要求允许误差控制在 75 之内,则至少应抽多少户进行调查? (注:根据以往调查知全乡人均收入的标准差为 1500 元)

解:(1)当允许误差≤150 元时,有

$$n_x = \frac{t^2 \sigma_x^2}{\Delta_x^2} = \frac{2^2 \times 1500^2}{150^2} = 400(户)$$

(2)当允许误差≤75 元时,有:

$$n_x = \frac{t^2 \sigma_x^2}{\Delta_x^2} = \frac{2^2 \times 1500^2}{75^2} = 1600(户)$$

可见,在重复抽样中,允许误差缩小一半(即为原来的 1/2)时,必须把样本容量增大到为原来的 4 倍。

六、组建调查团队

不同的调研项目需要组建不同结构的调查团队。常见的调查团队的管理结构有以下几种。

(一)直线式调查团队

项目负责人首先明确调查人员和督导员,组成一个调查团队,然后在咨询机构或咨询人员的协助下完成制定调查方案、确定日程、进行分组等任务,并组织培训,最后由项目负责人指挥几个组的督导员展开调查。这样的团队组织形式可以节省人员,效率较高。一般比较适合比较小的项目,所需要的调查员比较少,样本数量少,在较小范围内调查。

(二)职能式调查团队

一个项目负责人领导若干职能人员,分别负责所有调查小组的培训、质量检验或复核、经费等。而职能人员根据自己的职能,与各组督导员联络,对其提出一些要求和支持,协助他们完成某个方面的全部或部分工作,并向项目负责人汇报。

(三)直线职能式调查团队

如果承担的项目是一个较大的课题,则需要大量样本数和调查人员,并且在一个较大的范围内展开调查,调查小组的规模比较大,任务分配复杂,往往需要后勤工作、质量检验和复核工作进行配合。对于督导员来说,工作量骤增。因此,项目负责人统一对各职能部门或职能组进行统一管理,也可以直接与督导员联系。每一个调查组需要配备若干职能人员,职能人员根据自己的工作职能展开工作,如财务和后勤负责调查组的生活安排、居住旅行、设备采买、经费管理等事宜。他们向本组的督导员负责,由本组的督导员负责指挥,而督导员则向上一级的职能部门或职能组反映情况。这样的团队形式可以减轻项目负责人和督导员的工作量,便于分工和专业化管理,保证调查的效率。

(四)矩阵式调查团队

企业的调查部门、独立的调查公司和学术性调查机构的组织模式多采用矩阵式。调查机构的常设机构由调查机构负责人和各职能部门或人员组成(专职培训部门或人员、督导部门或人员、项目部门或人员、问卷设计和分析部门或人员、财务部门或人员等)。他们的日常工作由机构负责人统一指挥,工作内容是市场开发、宣传推广等。一旦确定了调查项目,就要召集调查员展开调查活动,有时可能若干个调查项目同时开展。调查小组的管理工作由督导员负责,调查规模较小时,则全部督导工作主要由督导员完成。这时,他可能是兼调度、复核、财务、后勤等于一身。如果规模较大,整个督导工作就由督导员和其他职能人员共同完成。这时,督导员仅是一名管理人员,而不是技术人员。

七、选择和培训调查人员

在市场调研业发达的国家,对访问员的要求比较高、比较严格,访问员都要经过一系列的考试,然后凭执业资格证书上岗。我国目前不可能达到那种管理水平,但有远见的调研公司都有自己常备的访问员队伍。这些访问员都是经过多次培训和访问实践后挑选出来的,具备了访问员的一般特质:专业、真诚。

(一)培训的基本内容

项目实施中访问员培训是项目实施成败的核心环节,是整合整个研究梯队最重要的步骤,是保证数据采集质量的关键所在。对调查人员进行培训的内容应根据调查目的和受训人员的具体情况而有所不同。通常包括思想道德、性格修养和市场调查业务方面三个内容，如表 2-18 所示。

表 2-18　培训的基本内容

培训项目	培训内容
思想道德方面的教育	组织调查人员学习市场经济的一般理论，国家有关政策、法规，充分认识市场调查的重要意义，使他们有强烈的事业心和责任感，端正工作态度和工作作风，激发调查的积极性。
性格修养方面的培养	对调查人员在热情、坦率、谦虚、礼貌等方面进行培训。
市场调查业务方面的训练	市场调查原理、统计学、市场学、心理学等知识，加强问卷设计、提问技巧、信息处理技术、分析技术及报告写作技巧等技能方面的训练，以及有关规章制度的教育。

如果时间允许，访问员的基础培训内容可以更多更详细。基础培训结束后，再进行项目培训。项目培训是根据调研项目的不同而必须举办的项目说明会，这时往往会有更具针对性的访问要求。培训结束后，要鼓励访问员们互相提问，迅速熟悉问卷和项目要求，同时务必强调市场调研的保密原则，警告访问员泄露商业机密的严重后果。总之，对访问员的培训越细致，要求越高，调查的实施就会越顺利，留下的遗憾越少，调查自然会有效。

(二)培训的途径和方法

1. 培训的途径。培训有两条基本途径：一是业余培训，二是离职培训。

(1)业余培训是提高调查员素质的有效途径，是调动调查人员学习积极性的重要方法，它具有投资少、见效快的特点。

(2)离职培训是一种比较系统的训练方法，它可以使调查人员集中精力和时间进行学习。它可以采取两种方式：一种是举办各种类型的调查人员培训班；另一种是根据调查人员的工作特点和本部门的需要，送他们到各类经济管理院校相应专业，系统学习专业基础知识、调查业务知识、现代调查工具的使用知识等。这种方法能使调查人员有较扎实的基础，但投资较大。

2. 培训方法。培训方法主要有以下几种，培训时可根据培训目的和受训人员情况加以选用。

(1)集中讲授。这是目前培训采用的主要方法。就是邀请有关专家、调查方案的设计者,对调查课题的意义、目的、要求、内容、方法及调查工作的具体安排等进行讲解。在必要的情况下,还可讲授一些调查基本知识,介绍一些背景材料等。采用这种培训方法,应注意突出重点、针对性强、讲求实效。

(2)以会代训。即由主管市场调查的部门召集会议。有两种形式的会议:一是开研讨会,主要就需要调查的主题进行研究,从拟定调查题目到调查的设计,资料的搜集、整理和分析调查的组织等各项内容逐一研究确定;二是开经验交流会,大家可以互相介绍各自的调查经验、先进的调查方法、手段和成功的调查案例等,以集思广益,博采众长,共同提高。采取以会代训的方法,一般要求参加者有一定的知识水平和业务水平。

(3)以老带新。这是一种传统的培训方法,由有一定理论和实践经验的人员,对新接触调查工作的人员进行传、帮、带,使新手能尽快熟悉调查业务和提高调查水平。这种方法能否取得成效,取决于带者是否无保留地传授,学者是否虚心求教。

(4)模拟训练。即人为地制造一种调查环境,在培训者和受训者或受训者之间相互分别装扮成调查者和被调查者,进行二对一的模拟调查,练习某一具体的调查过程。模拟时,要将在实际调查中可能遇到的各种问题和困难表现出来,让受训者做出判断、解答和处理,以增加受训者的经验。采用这种方法,应事先做好充分准备,模拟时才能真实地反映调查过程中可能出现的情况。

(5)实习锻炼。即在培训者的策划下,让受训者到自然的调查环境中去实习和锻炼。这种方法能将理论和实践有机地结合,在实践中发现各种问题,在实践中培养处理问题的能力。同时,应注意实习的时间和次数,并对实习中出现的问题和经验及时进行总结。

八、管理和控制市场调查

(一)调查项目控制

1. 调查实施中的质量控制。调查实施中的质量控制主要通过督导员的督导。督导可分为现场督导和非现场督导。督导内容一般包括三类:第一,作业管理或者工作管理,包括任务分配和人员调度、监督调查进度、控制调查进程、保证调查质量;第二,对调查人员的再培训;第三,财务和后勤管理,包括经费的管理和使用、物资和设备管理、照顾组员生活。

（1）实施过程的质量评估。

第一，调查员的工作质量，包括访谈过程是否规范、问卷填写是否规范、工作记录是否齐备、完成的时间是否正确等。

第二，管理的工作质量，包括培训材料、操作控制文件（问卷收集表、项目进度表、配额表等）以及检查性文件等。

（2）数据质量的评估。

良好的现场调查操作也不能保证数据质量就一定是高的。在数据分析阶段之前，对原始数据的质量进行评估是十分必要的。需要从两个方面进行评估。

第一，受访者的配合程度。在调查问卷的尾部，一般要设计几个题项，内容主要包括被调查者对问卷的理解程度和被调查者的配合程度；

第二，问卷回答率。它是评价数据质量的一个重要的量化指标。

2. 调查实施中的进度控制。

（1）时间管理。确保项目按照计划进行是非常重要的。例如调查结果必须在某个时间提交，否则会影响到委托方是否开发新产品的决策。判断是否可以加快项目进程，是否需要额外增加调查员来加速。如果项目要延期，必须与客户沟通，通知客户。

（2）合理的进度安排。一个调查项目的实施要做到有计划、按步骤、平稳地进行，对实施进度进行合理安排是至关重要的。调查员每天的工作量过大，质量就难以保证。对于具体的调查项目，调查员也需要一个不断熟悉的渐进过程：第一阶段，调查实施初期应该采用慢节奏；第二阶段，快节奏；第三阶段，慢节奏，需要对有问题的问卷进行补做等，根据调查员的实际能力、被调查者所在的地点远近以及其他相关因素综合考虑。最后还要考虑督导员的检查工作能够同步进行。

（二）调查人员控制

调查人员所收集的问卷是研究者重要的信息来源。但在实际工作中，由于各种因素的影响，调查人员的问卷来源不一定真实、可靠，因此，就必须对调查人员进行适当地监控，以保证调查问卷的质量。对调查人员的监控一般可以先采取下列两种方式来判断调查人员访问的真实性，然后再根据每个调查人员的任务完成质量,从经济上给予相应的奖惩。

1. 现场监督。在调查人员进行现场调查时,有督导跟随,以便随时进行监督并对不符合规定的行为进行指正。这种方法对于电话访谈、拦截访问、整群抽样调查时比较适合。

2. 问卷复核。问卷复核是指在访问员完成的问卷中有针对性地抽取一定数量的问卷,针对被访者甄别合格性及问卷中比较重要且容易出现人为错误的题目进行问卷回访,是否有质量问题,是否有遗漏,答案之间是否前后矛盾,笔迹是否一致等,以确认访问员在访问过程中是否按照公司对访问的基本规定及项目中的特殊要求进行了访问,完成的问卷是否真实有效。常见面访项目中如入户访问、拦截式访问都会使用到问卷复核。

回收问卷的复核主要是对调查对象(确认是否为调查对象本人的回答)和问卷填写内容(是否虚假的回答、回答错误、填写错误)的复核。通常使用的复核方式有电话复核、实地复核和录音复核等。

(1)电话复核。又称电话回访,是指根据回收问卷上被访者提供的电话号码,由质量控制部门督导或专门负责复核工作的复核员通过电话联络被访者,按照公司设计的复核问卷向被访者提问并记录答案的方式。

(2)实地复核。它是指根据回收问卷上的被访者额详细地址,由项目督导或专职负责复核工作的复核员按照详细地址到被访者家里,当面进行回访复查问卷的工作。这种方法比电话回访真实可靠,但需要花很多的时间和精力。

(3)录音复核。随着现代科技发展,许多企业为了保证访问质量,要求访问员在访问过程中提供录音,主要是针对一些无场地拦截式访问、商务面访、预约上门访问等。由于被访者身份比较特殊,有些不太合适做电话回访复核,只能采取检查录音的方式。通常检查比例为每个访问员完成质量的 $15\% \sim 20\%$。它的优点是能够真实再现访问的情形,能够帮助对访问员访问过程有非常清晰的了解。但检查需要花费比较多的时间,需要设备支持。

在电话复核和实地复核过程中,通常要根据以下几个方面来判断调查人员访问的真实性:一是电话能否打通或地址能否找到;二是家中是否有人接受访问;三是受调查的问题是否跟该调查吻合;四是调查时间是否跟问卷记录时间相符;五是受访者所描述的访问员形象是否与该访问员相符;六是访问过程是否按规定的程序和要求执行。

任务五 整理与分析消费者调查资料

市场调查资料整理是市场分析的前提和基础,在整个市场调查资料统计工作中发挥着承上启下的作用。由于市场调查所取得的原始资料都是零星的、分散的、不系统的,仅能表明各个调查单位的具体情况,反映事物表象的一个侧面,不能说明被研究总体的全貌。因此,只有对这些资料进行科学地加工整理才能得出正确的合乎事物发展规律与趋势的分析结果。

【能力训练】

数据整理是按照数据分析的要求进行的,调查数据的分析思路和目的决定着数据整理分类或分组。现以农业企业角度对回收的消费者调查问卷进行编码、录入等整理,并利用 PASW 统计分析软件对数据进行描述性等多种分析。一般情况下,数据整理和分析从回收问卷的最终核查开始,按确认数据资料、数据编码和录入、统计和列示调查数据、统计分析等顺序实施。因此,整理与分析消费者调查资料大体可以分为三个阶段。

1. 整理数据资料。统计分析结果的质量与数据准备过程密切相关,对数据准备不够重视,将严重影响统计结果,会导致结论偏颇或解释不正确。因此,通过消费者调查问卷所获得的原始资料在能够被用于统计分析之前,必须转化成适合分析的形式。整理消费者调查数据资料首先是检查调查问卷的可用性,之后才是编辑、编码和转录,然后进行数据清理及缺失数据处理(如图 2-11 所示)。

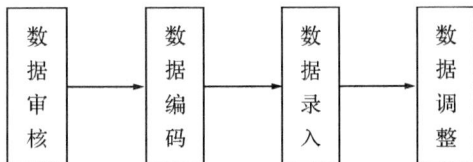

图 2-11 数据整理步骤

2. 分析调查资料。消费者数据分析本身并不是研究的目的,目的是为了给农业企业提供帮助解决特定问题的信息。在市场调查中,将数据处理成无法识别特定个人信息的形式后,计算频数分布和平均值等统计量,进行更高级的统计分析——多变量分析。因此,数据分析方法的选择以了解数据特征、统计技术特性及研究者的背景与习惯等为基础。如目标顾客的数量特征,可以用目标顾客人数、销售额等的数量来表示;方差分析就适用于分析因果研究设计的实验性数据。总体来说,消费者调查项目的数据可能存在多种实用的统计分析方法,但常用的有定量描述分析、定量分析等。

3. 预测市场发展。根据数据分析结果,对消费者需求进行预测是农业企业进行决策的重要依据。产品需求预测可以分为基于直觉等的定性方法和基于问卷调查等的定量方法两大类。因此,农业企业管理者结合实际情况可以选择常用的属于定性预测法的经验判断分析法以及属于定量预测法的时间序列分析、马尔柯夫预测法等。

【知识拓展】

一、数据整理与审核

数据整理是对通过各种调查方法所搜集到的资料进行检验、归类编码和数字编码的过程,它是数据统计分析的基础。

(一)数据整理

数据整理就是根据调查研究的目的与任务,对搜集到的各种数据,采用科学的方法进行审核汇总与初步加工,使之条理化、系统化,并以图表的方式显示数据特征,以符合数据分析需要的工作过程。

数据整理技术可以分成群集、分类和预测三类,它们能够为企业对未来的发展具有一定的预见性,而关系数据库(OLTP)仅仅能够实现对过去的数据进行分析。群集技术是指在无序的方式下集中信息,如对未知特点的群体商业客户的分析;分类技术是指集中和指定目标以预先确定事先定义好值的集合,如按照收入水平把客户分成特定的销售群体;预测技术是指对某些特定的对象和目录输入已知值,并且把这些值应用到另一个类似集合中以确定期望值或结果。

数据整理的一般步骤是:审核原始数据、确定分类项目、施行归类整理、显示数据。

(二)数据审核

数据审核是指在进行数据整理之前对原始数据的审查和核对,并根据数据分析的需要剔除有明显错误的数据和不符合要求的数据。审核不仅对整理数据有用,而且审核失效发生率,不论是对当前调查的质量度量,还是对将来调查的改进都很有用,它能提供调查中有关数据处理的信息。因此,审核的目标就是要保证调查最后所得的数据的完整性、一致性和有效性。审核主要可分为三类,有效性审核、一致性审核与分布审核。有效性审核和一致性审核是对单张问卷进行的审核,分布审核则是对全部问卷或部分问卷的数据一起进行审核。

二、数据编码

编码是把原始数据转化成符号的技术化程序,即将问卷的问题及答案转化为计算机可以识别的数字或符号。编码过程就是为每个问题的每种可能的答案分配一个代码,通常是一个数字。

(一)编码的类型

编码可以分为事前编码与事后编码两种类型。

1. 事前编码。事前编码是指在设计问卷时就给予每一个变量和可能答案分配代码,适用于封闭性问卷。如调查对象性别的编码可能是男为 1,女为 0;对于多项选择的问题题,可以将每个选项设为二分变量来处理,即选中给予编码为 1,未被选中的编码为 0。

2. 事后编码。事后编码是在数据收集完成以后正式整理开始之初,对调查问题的可能答案所进行的编码。对封闭型问题的"其他"项、开放型问题或非结构性问题,只能采取事后编码的方式。以上两类问题的回答较为复杂,答案多样化,所以一般需要在数据收集完成后再进行编码设计。

(二)编码的方法

1. 顺序编码法。又称系列编码法,是指用一个标准对数据进行分类,并按一定的顺序用连续数字或字母进行编码的方式。例如对消费者收入水平的调查问题"请问您每月的收入水平",将每月收入水平划分为四个档次,用 1 代表"2000 元以下",用 2 代表"2001~3500 元",用 3 代表"3501~5000 元",用 4 代表"5000 元以上"。这种编码方法操作简便,但不便于进行分组处理。

2. 分组编码法。又称为区间编码法,是根据调查数据的属性特点和处理要求,将具有一定位数的代码单元分成若干组(或区间),每一个组(或区间)的数字均代表一定的意义。例如某项关于消费行为调查中,对被调查者的性别、年龄、家庭规模等基本情况进行调查,运用分组编码法对有关信息进行编码,如表2-19。

表 2-19　分组编码

性别		年龄		家庭规模(人数)	
选项	编码	选项	编码	选项	编码
男	1	25 岁以下	1	单身	1
女	0	26～35 岁	2	夫妻	2
		36～45 岁	3	3 人	3
		46 岁以上	4	4 人	4

分组编码法应用比较广泛,容易记忆,处理方便,但有时位数过多,造成系统维护上的困难。

3. 信息组编码法。它是把调查数据区分不同的组,给每一个组以一定组码(数字区间)来进行编码的方法。例如,对某地区市场上的 20 种商品的价格变动进行调查,运用该编码法时,首先可以将这 20 种商品划分为食品组、日化用品组、服装组和其他组,然后给每一个组分配一个组码,即食品组(1～5)、日化用品组(6～10)、服装组(11～15)和其他组(16～20)。这种编码法能以较少的位数分组,但一旦编码体系确定遇到某些组内资料增加时,处理起来就会相当麻烦。

4. 表义式文字编码法。表义式文字编码法是用数字符号等表明编码对象属性,并依此方式对调查数据进行编码的方法。例如用 180BXJ 表示容量为180 升的进口电冰箱,180 表示容量,BX 表示冰箱商品,J 表示进口。该编码法比较直观,易于理解和记忆。

(三)编码时应注意的问题

1. 编码符号绝大多数情况下都必须用数字,个别也可以采用英文字母。

2. 可以对某些数字赋予特殊的意义,便于整理资料时识别。如规定 0 表示否定,1 表示肯定,9 表示不知道或没回答。

3. 编码位数应根据具体情况予以确定。对于给出了固定答案,只需由被调查者进行单项选择的问题,编码位数与答案数目的位数或与答案中的数字的最大位数一致。如果对固定答案进行多选,则编码位数等于答案数目的位数与允许选择的答案数目的乘积。

三、数据录入

编码完成以后,就可进行数据录入。数据的录入是指将问卷或调查表上的编码数字通过键盘直接输入到计算机或通过扫描、光标阅读器等光电录入方式的工作过程。

(一)数据录入方式

数据录入方式有手工录入和光电录入两种。手工录入是由录入人员通过击键录入,光电录入是一种自动化录入技术,采用光电扫描方式,识别、记录问卷或登录卡上的编码信息,直接记录到计算机中。数据录入过程结束后,就可以向计算机发布指令,通过计算机来整理数据和分析数据。现以 PASW18.0为例进行数据录入。

(二)数据录入流程

在计算机程序中选择 PASW18.0 并运行,在默认情况下弹出对话框(图

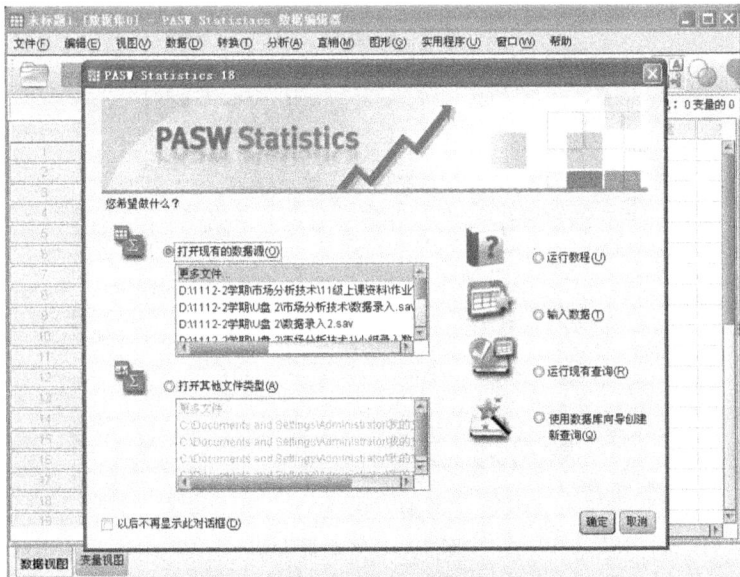

图 2-12　PASW18.0 开始界面

2-12)。如果选择最左边部分的两个选项,可进行如下选择:打开现有数据的数据源或打开其他文件类型;或者选择右边的 4 个选项之一:运行教程、输入数据、运行现有查询和使用数据库向导创建新查询。现选择输入数据选项,可以输入全新的数据。

PASW18.0 数据编辑器有两个界面:数据视图(图 2-13)和变量视图(图 2-14)。数据编辑器显示活动数据文件的内容,当中的信息由变量和个案组成。

在"数据视图"中,列表示变量,行表示个案(观察值)。

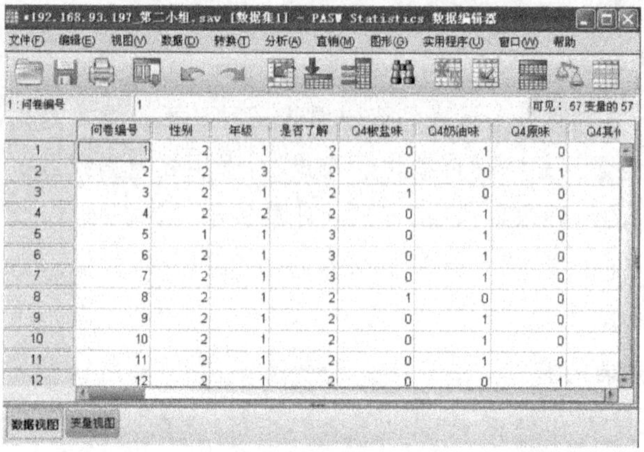

图 2-13　数据视图

图 2-14　变量视图

在"变量视图"中,每一行为一个变量,每一列为与该变量相关的一个属性。变量名称是指给出的变量或者属性的名称,用于表示已编译的不同类型的数据,如性别。以调查为例:对调查中每个问题的响应相当于一个变量。变量类型是指选择变量的显示方式,有多种不同的类型,包括数字、字符串、货币和日期(图 2-15)。

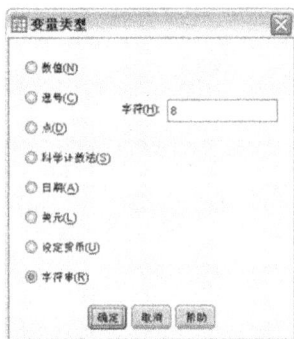

图 2-15　变量类型

除了定义数据类型之外,还可以为变量名称和数据值定义描述性变量标签和值标签。这些描述性标签用于统计报告和图表。

添加变量标签。标签旨在提供变量的描述,这些描述通常是变量名称的较长版本。标签最多可达 255 个字节。这些标签在输出中用于标识不同的变量(图 2-16)。

图 2-16　添加变量标签

为数值变量添加值标签。值标签提供了一种将变量值映射为字符串标签的方法。在本示例中,marital 变量有两种可接受的值。0 值表示主体为单身,

1 值表示主体已婚。单击 marital 一行的值单元格,然后单击该单元格右侧的按钮打开"值标签"对话框(图 2-17)。

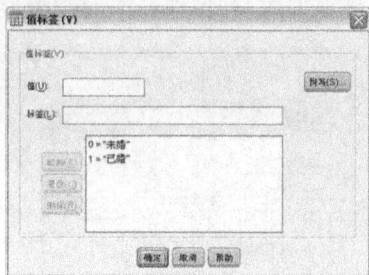

图 2-17 为数值变量添加值标签

为字符串变量添加值标签。字符串变量可能也需要值标签。例如,调查数据可能使用单个字母(M 或 F)标识主体的性别。这时,可以使用值标签指定 M 代表 Male,F 代表 Female(图 2-18)。

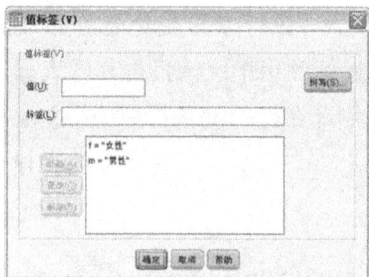

图 2-18 为字符串变量添加值标签

四、处理缺失数据

缺失数据或无效数据通常很容易被忽略。调查响应者可能被拒绝回答某些问题,可能不知道答案,或者可能以意外的格式回答。如果不过滤或标识这些数据,则所做分析可能无法提供准确结果。

对于数值数据,空数据字段或包含无效输入的字段将转换为系统缺失值,系统缺失值可使用"."来标识;而对于字符串型数据,系统默认值为空,如果字符串有意义,那么需要在变量视图对缺失值进行定义(图 2-19)。值缺失的原因可能对您的分析非常重要。例如，您可能会发现这对于区分拒绝回答问题的响应者与由于不用而未回答问题的响应者很有帮助。

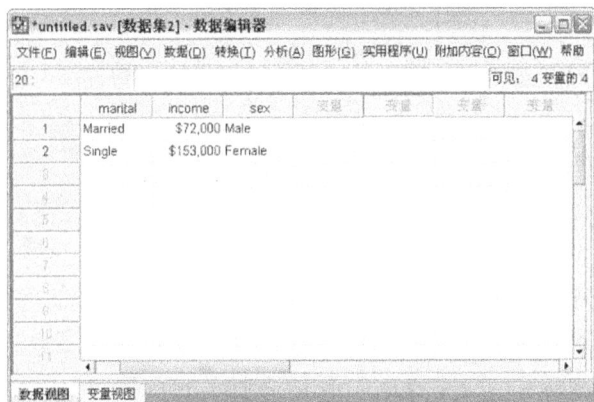

图 2-19　数值变量的缺失值

首先单击"数据编辑器"窗口底部的变量视图选项卡，然后单击 age 一行的缺失单元格，然后单击该单元格右侧的按钮打开"缺失值"对话框（图 2-20）。在此对话框中，可以指定多达三个不同的缺失值，也可以指定值范围加上一个附加的离散值。

图 2-20　缺失值处理

选择离散缺失值。在第一个文本框中键入 999（图 2-21），并将另外两个文本框保留为空。单击确定保存更改并返回到数据编辑器。添加完缺失数据值，接下来可对该值应用标签。单击 age 一行的值单元格，然后单击该单元格右侧的按钮打开"值标签"对话框，在"值"字段中键入 999，在"标签"字段中键入 NoResponse，单击添加将此标签添加到数据文件中，单击确定保存更改并返回到数据编辑器。

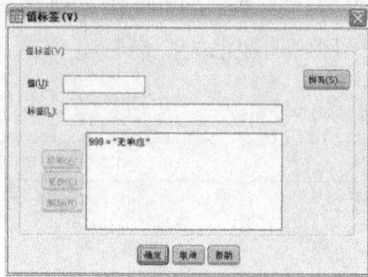

图 2-21　选择离散缺失值

　　字符串变量的缺失值。字符串变量的缺失值与数值变量的缺失值的处理方法类似。不过,与数值变量不同,字符串变量中的空字段未指定为系统缺失,相反,它们被解释为空字符串。单击"数据编辑器"窗口底部的变量视图选项卡(图 2-22),单击"sex"一行的缺失单元格,然后单击该单元格右侧的按钮打开"缺失值"对话框,选择离散缺失值,在第一个文本框中键入"NR"。

　　字符串变量的缺失值区分大小写,因此,值"NR"不会被视为缺失值。单击确定保存更改并返回到数据编辑器,即可为缺失值添加标签。单击"sex"一行的值单元格,然后单击该单元格右侧的按钮打开"值标签"对话框,在"值"字段中键入"NR",在"标签"字段中键入"NoResponse"。单击添加将此标签添加到您的项目中,再单击确定保存更改并返回到数据编辑器。

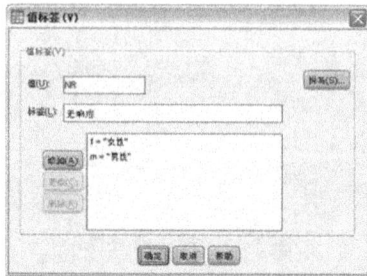

图 2-22　字符串变量的缺失值

五、数据调整

　　对数据进行统计上的调整包括赋权、变量重新定义和量纲转换。这些调整不总是必需的,但能够提高数据分析的质量。

(一)赋权

赋权是指为数据库中的每个样本或问卷赋予一定的权重,以表示其相对于其他样本或问卷的重要性。权重为 1.0 表示样本未被赋权。赋权的作用是提高或降低样本中具有某种特征的个体的数量。它被广泛应用于使样本数据更能代表具有某种特点的目标人群。

(二)变量转换

变量转换是将数据进行转换,生成新变量,或者改变现有变量。变量转换的目的是为了使变量更符合研究的目的。例如,假设原始变量为产品使用量,共有 10 个类别,这些可以合并成频繁使用、一般使用、偶尔使用和不使用 4 个类型。有时还将几个变量结合成一个新变量,如可以将顾客向批发商查询的信息、促销资料和其他一些变量结合在一起,成为信息搜索指数;也可选用某些变量的比值生成新变量,如研究中测量了消费者在商场购物量(X1)和刷卡支付的金额(X2),就可以通过 X2/X1 生成商场刷卡消费比例的新变量。还有一种重要的重新定义变量的方法就是采用虚拟变量(又称为二分变量、工具变量)重新定义分类变量,这类变量的取值只有两种,如 0 和 1。例如在分析性别这个两类别的变量时,就只需要一个虚拟变量,样本中男性所占百分比等信息可以从女性所占百分比等信息中得知。

(三)量纲转换

量纲转换是指对定量值进行处理,保证其相互间具有可比性,符合分析的要求。不同变量通常会使用不同的单位,如关于印象的变量往往采用 7 级的语义差别量表来衡量,而关于长期态度和生活方式的变量则采用 5 级里克特量表衡量。为了使其具有可比性,有必要对不同的尺度进行转换。

六、数据分析

调查数据经过整理后,可利用科学的分析方法,对整理后的数据进行统计分析,从而达到去伪存真、由表及里、由此及彼的加工,进一步得出有指导意义的结论,揭示调查资料内含的现象和规律。

（一）分析方法选择

如研究人员要对农产品消费群体的调查特点和调查目的进行剖析，从而得出有关整个分析过程的方向和侧重点。一般情况下，研究人员通过对消费者调查资料的整理之后，有效性及其特点都已经十分清晰，而对调查方法往往是根据调查数据的表现形式不同而采取不同的方式：一种是整理后以数量表示的资料，另一种是整理后以文字为主的描述性资料。因此，对前者可采用定量分析的方法，对后者可采用定性分析的方法（图 2-23）。定量数据是指用定距或定比尺度测量的数据，非定量数据是用定类或定序尺度测量。

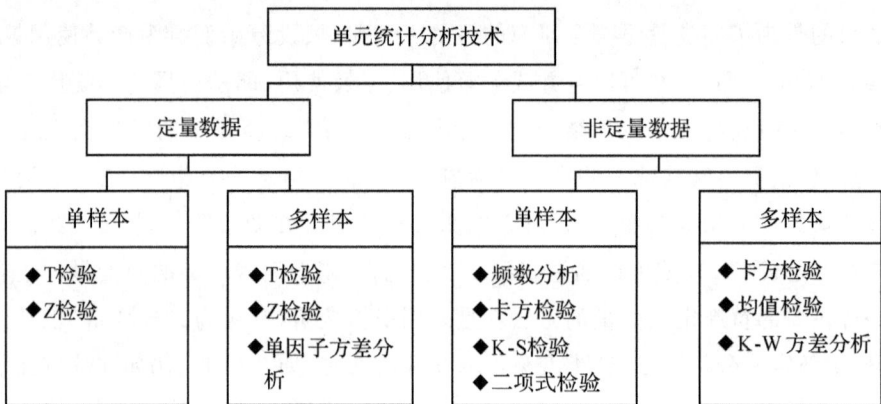

```
                    单元统计分析技术
          ┌──────────────┴──────────────┐
        定量数据                       非定量数据
     ┌────┴────┐                   ┌────┴────┐
   单样本     多样本              单样本     多样本
  ◆T检验    ◆T检验            ◆频数分析   ◆卡方检验
  ◆Z检验    ◆Z检验            ◆卡方检验   ◆均值检验
            ◆单因子方差        ◆K-S检验    ◆K-W方差分析
              分析            ◆二项式检验
```

图 2-23　单元统计分析技术

在对消费者调研数据的分析中，是用定性分析还是定量分析，取决于问卷问题的内容和性质。有些资料要用定性分析或以定性分析为主，而另一些资料则要求用定量分析或以定量分析为主。多数情况下，要求定量和定性相结合进行分析，即多元统计分析。

多元统计分析技术可以分为相依技术和互相依性技术（图 2-24）。相依技术适用于一个或多个变量可以作为因变量，其他变量作为自变量的情况。互相依性技术是指变量没有自变量和因变量之分，而是测试变量之间的相关性或对象之间变量的相似性。

（二）描述性分析

定量分析是指从事物的数量特征方面入手，运用一定的数据处理技术进行数量分析，从而挖掘出数量中所包含的事物本身的特性及规律性，从而挖掘

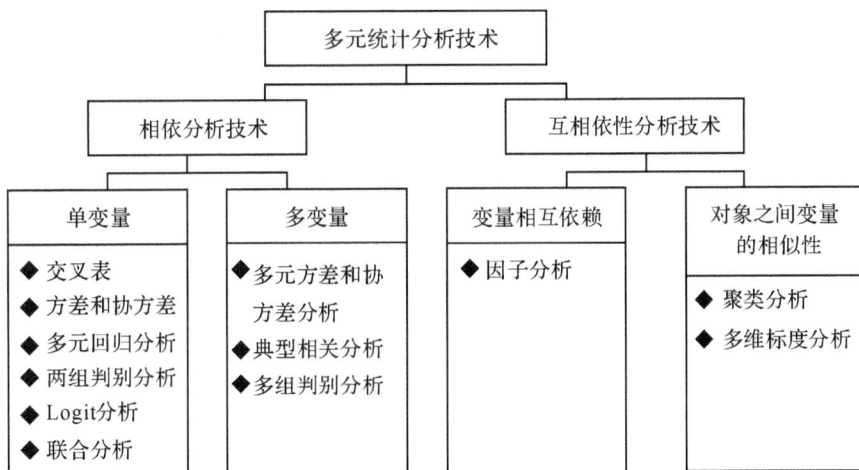

图 2-24　多元统计分析技术分类

出数量中所包含的事物本身的特性的分析方法。一般有描述性分析和解析性分析两种。描述统计是解析统计的基础,解析统计是描述统计的升华。在具体研究中,采用何种分析方法,应视具体的研究目的而定,如研究的目的是要描述数据的特征,则需描述统计;若还需对多组数据进行比较或需以样本信息来推断总体的情况,则需用解析统计。

　　描述性统计分析是指应用分类、制表、图形及概括性数据指标(如均值、方差等)来概括数据分布特征的方法。市场调查分析中最常用的描述性统计分析方法分为两类:一类是表示数据的中心位置即集中趋势,如均值、中位数、众数等;另一类是表示数据的离散趋势,如方差、标准差、极差等来衡量个体偏离中心的程度(表 2-20)。

表 2-20　描述性统计量

集中趋势		离散趋势		分布情况	
均值	Mean	标准差	Std. deviatiom	偏度	Skewness
中位数	Median	方差	Variance	峰度	Kurtosis
众数	Mode	极小值	Minimum		
和	Sum	极大值	Maximum		
		全距	Range		
		均值的标准误差	S. E. mean		

1. 频率分析。频数是分布在各组中的总体单位数。如果用相对数形式表示,便是比重或称频率。各组次数或比重的大小,意味着相应的变量值在决定总体数量表现中所起的作用不同。次数或比重大的组,其变量值在决定总体数量表现中的作用就大,反之就小。频率分析主要通过频率分布表、条形图和直方图,以及集中趋势和离散趋势的各种统计量来描述数据的分布特征。频率过程提供有助于描述多种类型的变量的统计量和图形显示。频率过程是查看数据理想的开始位置。

打开调查数据文件,选择:分析>描述统计>频率,出现如图 2-25 所示的"频率分析"对话框,并将"性别""年龄"变量选入右侧的"变量(V)"框中,并选择显示频率表格。

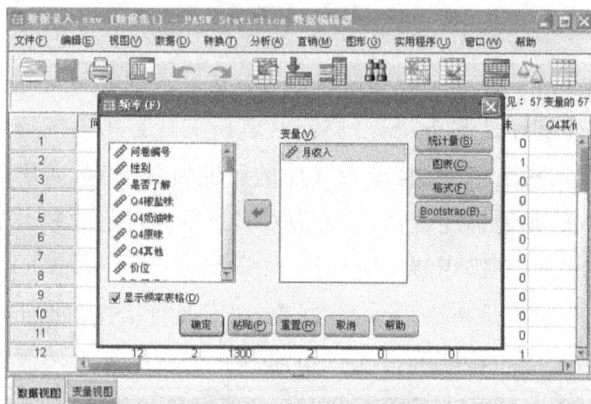

图 2-25　"频率分析"对话框

单击【统计量】按钮,出现图 2-26 对话框,从中选择需要的统计量。

(1)百分位值。一个定量变量的值,其将排序过的数据分组,以使某个百分比在上而另外一个百分比在下。四分位数(第 25、50、75 个百分位数)将观察值分为四个大小相等的组。如果您想让组数不等于 4,请选择 n 个相等组的割点。您也可指定单个百分位数(例如,第 95 个百分点,有 95% 的观察值大于该值)。

(2)集中趋势。描述分布位置的统计量,包括均值、中位数、众数和合计。

均值:集中趋势的测量。

算术平均:总和除以个案个数。

中位数:第 50 个百分位,大于该值和小于该值的个案数各占一半。如果

图 2-26　频率统计量对话框

个案数为偶数,则中位数是个案在以升序或降序排列的情况下最中间的两个个案的平均。中位数是集中趋势的测量,但对于远离中心的值不敏感(这与均值不同,均值容易受到少数多个非常大或非常小的值的影响)。

众数:最频繁出现的值。如果出现频率最高的值不止一个,则每一个都是一个众数。"频率"过程仅报告此类多个众数中最小的那个。

合计:所有带有非缺失值的个案的值的合计或总计。

(3)离散程度。测量数据中变异和展开的统计量,包括标准差、方差、全距、最小值、最大值和均值标准误。

标准差:对围绕均值的离差的测量。在正态分布中,68%的个案在均值的一倍标准差范围内,95%的个案在均值的两倍标准差范围内。例如,在正态分布中,如果平均年龄为 45,标准差为 10,则 95%的个案将处于 25 到 65 之间。

方差:对围绕均值的离差的测量,值等于与均值的差的平方和除以个案数减一。度量方差的单位是变量本身的单位的平方。

全距:数值变量最大值和最小值之间的差;最大值减去最小值。

最小值:数值变量的最小值。

最大值:数值变量的最大值。

均值的标准误:取自同一分布的样本与样本之间的均值之差的测量。它可以用来粗略地将观察到的均值与假设值进行比较(即,如果差与标准误的比值小于−2或大于+2,则可以断定两个值不同)。

(4)分布情况:偏度和峰度是描述分布形状和对称性的统计量,这些统计量与其标准误一起显示。

偏度:分布的不对称性度量。正态分布是对称的,偏度值为0。具有显著正偏度值的分布有很长的右尾。具有显著的负偏度的分布有很长的左尾。作为一个指导,当偏度值超过标准误的两倍时,则认为不具有对称性。

峰度:观察值聚集在中点周围的程度的测量。对于正态分布,峰度统计量的值为0。正峰度值表示相对于正态分布,观察值在分布中心的聚集更多,同时尾部更薄,直到分布极值。在这一点,leptokurtic分布的尾部比正态分布的尾部要厚。负峰度值表示相对于正态分布,观察值聚集得少并且尾部较厚,直到分布极值。在这一点,platykurtic分布的尾部比正态分布的尾部要薄。

值是组中点:如果您的数据中的值是组中点(例如,所有年龄超过30岁的人都被编码为35),则选择此选项以估计原始未分组的数据的中位数和百分位数。

单击【图表】按钮,出现图2-27对话框,选择输出图表类型。饼图显示各部分对整体的贡献,每个分区对应于由单个分组变量定义的组。条形图将不同值或不同类别的计数作为单独的条显示,使您可以直观地比较各个类别。直方图也有条,但它们沿着相等的区间刻度进行绘制,每个条的高度是定量变量在该区间内的值的计数。直方图显示分布的形状、中心和分布。叠加在直方图上的正态曲线有助于您判断数据是否为正态分布。对于条形图,可以按频率计数或百分比标记刻度轴。

在频率分析中,饼图和条形图一般适用于分类变量的类别个数较少的情况,类别个数较多,如多于10类,建议选择直方图。

单击【继续】,再单击【确定】按钮,出现频率分析结果,如表2-21和图2-28所示。

图 2-27 图表对话框

表 2-21 收入频率分析结果

N		
	有效	15
	缺失	0
均值		3613.330
中值		3500.000
标准差		2099.955
偏度		0.962
偏度的标准误		0.580
峰度		0.151
峰度的标准误		1.121
极小值		1200.000
极大值		8000.000
百分位数	25	2100.000
	50	3500.000
	75	4500.000

2. 集中趋势分析。数据的集中趋势是指频数分布数列中被观察值有一种向中心集中的趋势,在中心附近的观察值数目较多,远离中心的较少。对数

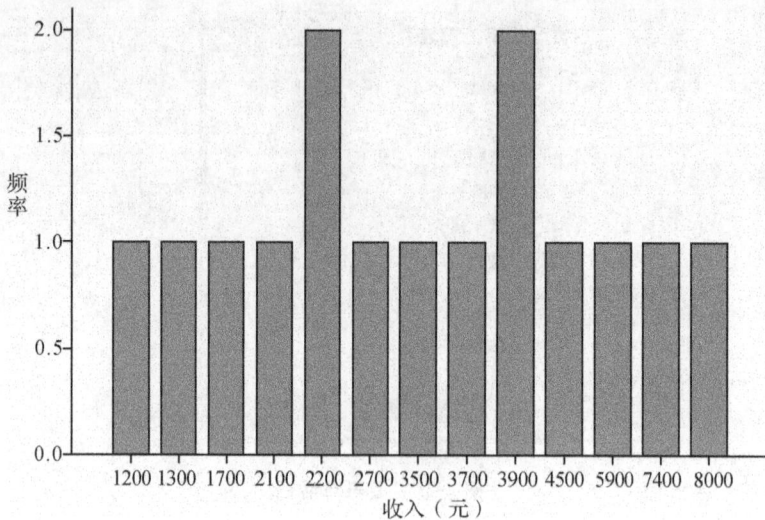

图 2-28　收入频率分析图

据进行集中趋势分析是对被调查总体的特征进行准确描述的重要前提。对于连续变量(尺度变量)和定序变量,描述数据集中趋势的指标有均值、中位数、众数和 5% 截尾均值;对于定性数据(名义数据),描述数据集中趋势的指标只有众数。

(1)均值。即数据的平均数,是测定集中趋势的一种常用特征数主要用于分析所研究对象在不同时空和历史条件下的各种事物变化发展的水平。常见的平均数有算术平均数、加权平均数、几何平均数三种。

(2)中位数。中位数是指将观察值按照从小到大的顺序排列,位于中间位置的数值。现有一组按从小到大排序的数据: $X_1, X_2, X_3, \cdots, X_n$,

如果 n 为奇数,则中位数 $M = X_{(n+1/2)}$

如果 n 为偶数,则中位数 $M = (X_{(n/2)} + X_{(n/2)+1})/2$

中位数的确定可以以未分组资料为基础,也可由分组资料得到。它同样不受到资料中少数极端值大小的影响。在某些情况下,中位数比均值往往更能代表数据的集中趋势,尤其对于两极分化严重的数据。

(3)众数。它是观察值中出现次数最多的数值,也是测定数据集中趋势的一种方法,克服了平均数指标会受数据中极端值影响的缺陷。从分析的角度看,众数反映了数据中最大多数的数据的代表值。但若出现了双众数现象,则可能说明调查总体不具有同质性,资料可能来源于两个不同的总体。这类结果既可以用来检查方案设计中的总体一致性问题,也可以用来帮助验证数据的可靠与否。

均值、中位数和众数都是反映总体一般水平的平均指标,彼此之间存在着一定的关系,使其各自的涵义不同。调查数据类型,采用不同的指标分析,以期能把被调查总体数据的集中趋势最准确地描述出来。

(4)5%截尾均值。截尾均值是指把观察值按照从小到大的顺序排列,剔除掉排序后的数据序列两端的部分数值后计算得到的均值。PASW的描述性分析提供的5%截尾均值,是把观察值升序排列后,剔除掉最小的5%和最大的5%后的数据的算术均值,避免了极端值的影响,如某些竞赛的最终得分计算,剔除最高分和最低分。

3. 数据的离散程度分析。对一组数据规律性的研究,集中趋势是数据重要数量特征的一个方面,离散程度则是数据数量特征的另一方面。集中趋势反映的是数据的一般水平,用均值等一个数值来代表全部数据。但若要较全面地掌握这组数据的数量规律,还需要计算反映数据差异程度的数值,如极差、方差、标准差、分位数、变异指标。

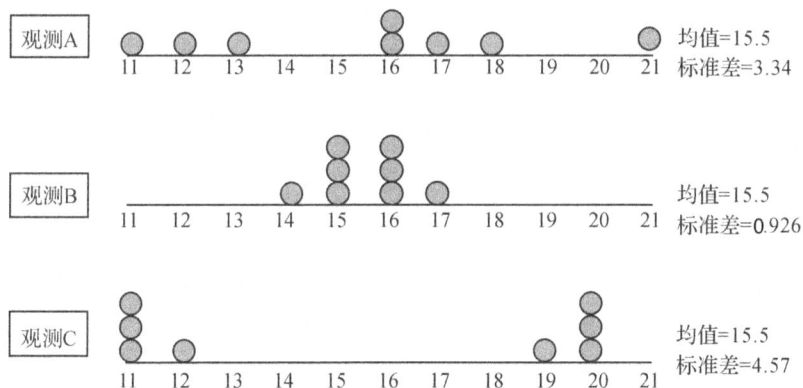

图 2-29　均值和标准差

(1)极差。也称全距,是数据中两个极端值之差(最大值和最小值),反映了变量的变异范围或离散程度,任何两个观察值的差距都不会超出全距。但没有充分利用全部观察值,容易受极端值的影响。一般说,极差越大,平均值的代表性越小。所以,极差可以一般性地检验平均值的代表性大小。

$$极差＝最大值－最小值$$

（2）平均差。各观察值与其算术平均数离差绝对值的算术平均数。平均差与平均数代表性的关系，与极差基本一致。不同的是，平均差的计算由于涉及了总体中的全部数据，因而能更综合地反映总体数据的离散程度。

（3）方差与标准差。方差是各个数据与平均数之差的平方的平均数。平均差可以用来描述个体的变异大小，但它不能表示整体的离散程度。

$$s^2 = \frac{1}{n-1} \sum_{i=1}^{n} (x_i - \bar{x})^2$$

方差与标准差是幂的关系，前者是后者的平方。标准差的计算公式，也视资料的分组情况而分为简单平均式和加权平均式。

标准差用来度量观察值偏离平均数的大小，相当于平均偏差，可以直接描述数据偏离均值的程度。对于同质的数据，一个较大的标准差，代表大部分的数值和其平均值之间差异较大；一个较小的标准差，代表这些数值较接近平均值。

$$s^2 = \sqrt{\frac{1}{n-1} \sum_{i=1}^{n} (x_i - \bar{x})^2}$$

这两个指标均是反映总体中所有单位标志值对平均数的离差关系，是测定数据离散程度最重要的指标，其数值的大小与平均数代表性的大小呈反方向变化。

（4）变异系数又称为离散系数，是为两组数据间进行比较而设计的，是一组数据标准差与均值相比较而得的相对值。在比较两组数据离散程度大小时，如果数据的测量尺度相差太大，直接比较二者的标准差并不合适。需要首先消除测量尺度和量纲的影响。变异系数可以剔除这些影响，其计算公式为：

$$V_\sigma = \frac{\bar{x}}{s}$$

（5）分位数。分位数又称百分位点，或者下侧分位数，是一种位置指标，即将原数据从小到大排列，第 i 个位置的数即为 $P\%$ 分位数。$P\%$ 分位数是指使得至少有 $P\%$ 的数据小于或等于这个值，且使得至少有 $(100-P)\%$ 的数据大于或等于这个值。其计算公式为：

$$i = (p/100)n$$

四分位数就是将观察值按从小到大排序，然后分成四等份，处于三个分割点位置的观察值就是四分位数,最小的四分位数称为下四分位数(Q1),最大的四分位数称为上四分位数(Q3)。通常用 Q3 和 Q1 的差值来衡量观察值的离散程度,即四分位距:

$$IQR = Q3 - Q1$$

4. 数据分布形状:偏度和峰度。集中趋势和离散程度是数据分布的两个重要特征,但要全面了解数据分布的特征,还需掌握数据分布的情况,如分布图形是否对称、偏斜程度、扁平程度等。而反映这些分布特征的统计指标是偏度和峰度。

(1)偏度用来描述变量取值分布的偏斜方向,衡量分布对称与否、分布不对称的方向和程度。样本的偏度系数为:

$$\alpha = \frac{1}{ns^3} \sum_{i=1}^{n} (x_i - \bar{x})^3$$

偏度系数的取值一般在 -3 和 3 之间。当偏度系数大于 0 时,分布为正偏或右偏,分布图形在右边拖尾,分布图有很长的右尾,尖峰偏左(图 2-30);当偏度系数小于 0 时,分布为负偏或左偏,即分布图形在左边拖尾,分布图有很长的左尾,峰尖偏右;当偏度系数为 0 时,分布对称。因此,不论哪种偏态,偏度的绝对值越大表示偏斜的程度越大;反之偏斜程度越小,分布形态越接近对称。

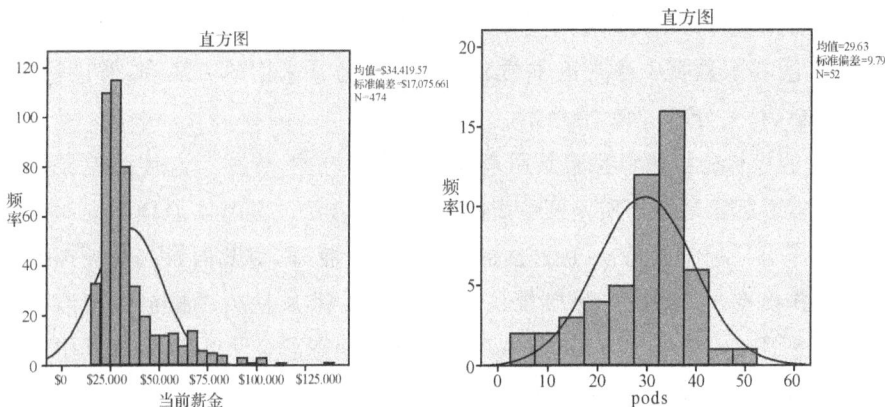

图 2-30 偏度

峰度是用来反映频数分布曲线顶端尖峭或扁平程度的指标,是指分布图形的尖峭程度或峰凸程度。样本的峰度系数为:

$$\beta = \frac{1}{ns^4} \sum_{i=1}^{n} (x_i - \bar{x})^4$$

峰度系数大于 3 时,分布为高峰度,即比正态分布的峰要陡峭;峰度系数小于 3 时,分布为低峰度,即比正态分布的峰要平坦些;峰度系数等于 0 时,分布为正态峰。在 PASW 中,峰度计算公式是对上述公式变化后的,给出的峰度值为 0,分布为正态峰;如果峰度值为负值,为低峰度,观察值在分布中心附近没有正态分布那样集中,尾部更厚;如果峰度值为正值,为尖峰,即和正态分布相比,有更多的观察值聚集在分布的中心位置,尾部更薄。(图 2-31)

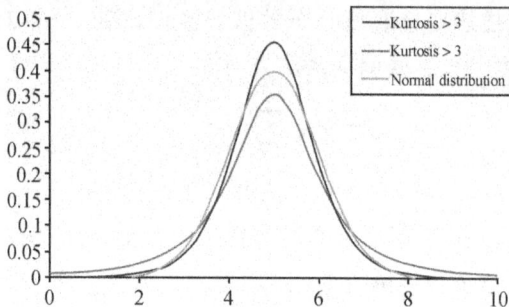

图 2-31　峰度

(三)解析性分析

解析性统计分析是以数学理论为基础,着重于推断总体、解释数量关系、检验理论、挖掘数据中隐含的本质和规律性。通常采用的方法有:假设检验、方差分析、相关分析、回归分析等。

1. 假设检验。假设检验是用来判断样本与样本、样本与总体的差异是由抽样误差引起还是由本质差别造成的统计推断方法。其基本原理是先对总体的特征作出某种假设,然后通过抽样研究的统计推理,对此假设应该被拒绝还是接受作出推断。如农产品质量检验过程中,企业质检员质检报告指出农产品缺陷率只有 1%,但从 1000 件农产品中随机抽查了 5 件货品,发现其中 2 件农产品都有质量缺陷,你的结论是什么?

(1)基本思想。假设检验的思想是反证法及小概率原理。反证法及小概率原理即首先在原假设正确的条件下计算出现该样本或者样本统计量的概率,如果这种事件发生的概率很小,如 $P < 0.05$,那么就拒绝原来的假设 H_0,

而接受备择假设 H_1（企业农产品的缺陷率大于 1%）；如果这事件发生的概率较大，如 $P>0.05$，则不推翻原假设（图 2-32）。

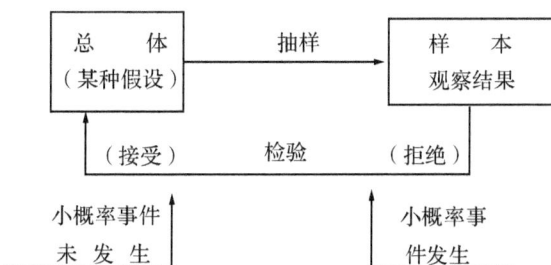

图 2-32 假设检验基本思想

假设检验就是根据样本观察结果对原假设（H_0）进行检验，接受 H_0，就否定 H_1；否定 H_0，就接受 H_1。假设的形式：H_0——原假设，H_1——备择假设。

双尾检验：$H_0:\mu=\mu_0$，$H_0:\mu\neq\mu_0$

单尾检验：$H_0:\mu\geq\mu_0$，$H_1:\mu<\mu_0$；，$H_1:\mu\leq\mu_0$，$H_1:\mu>\mu_0$。

（2）假设检验的步骤。首先确定恰当的原假设和备择假设，选择检验统计量，计算检验统计量观察值发生的概率（P 值），最后给定显著性水平 a 并作出决策。如果 $P<a$，则拒绝原假设，反之，没有理由拒绝原假设（图 2-33）。

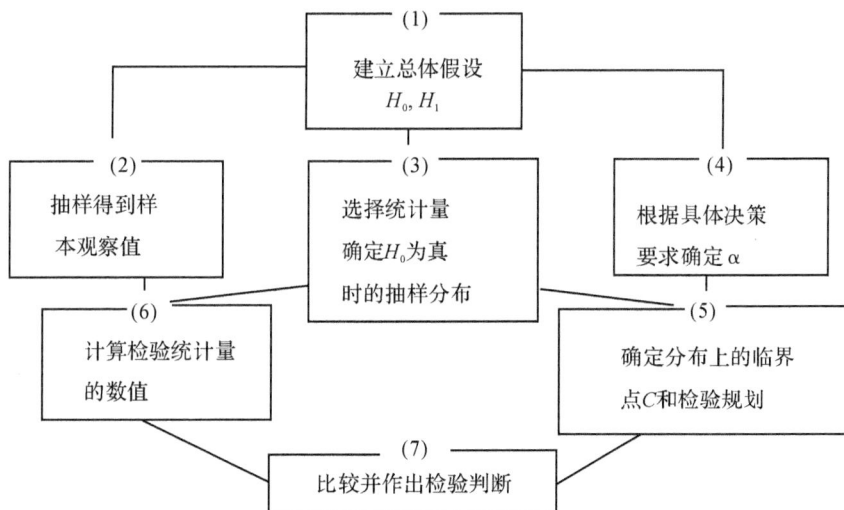

图 2-33 假设检验的步骤

（3）均值检验。假设检验可分为正态分布检验、正态总体均值分布检验、非参数检验三类。实际中的许多假设检验问题都是比较两个总体的均值，均值的比较分析在实务中以实验研究最为常见，应用也最为广泛。

均值过程计算一个或多个自变量类别中因变量的子组均值和相关的单变量统计，从 PASW 窗口菜单中选择：分析＞比较均值＞均值，出现对话框如图 2-34 所示。

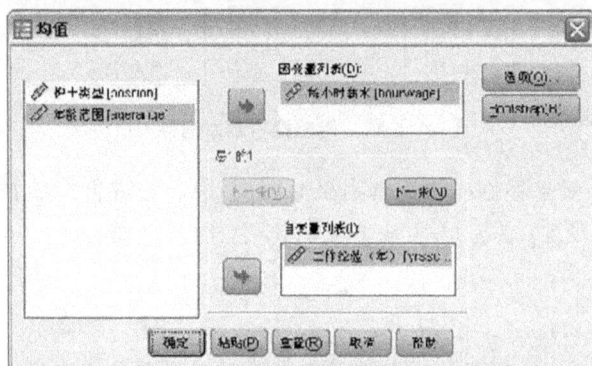

图 2-34　比较均值对话框

单击【选项】按钮，选择统计量，如图 2-35 所示。可以选择需要的统计量，有集中趋势、离散程度和数据分布状况的各种描述性指标。

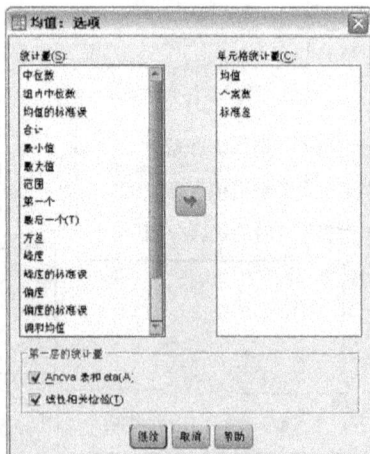

图 2-35　均值选项

您可以为每个分组变量的每个类别内的变量选择以下一个或多个子组统计量：合计、个案数、均值、中位数、组内中位数、均值的标准误、最小值、最大值、全距、分组变量的第一个类别的变量值、分组变量的最后一个类别的变量值、标准差、方差、峰度、峰度标准误、偏度、偏度标准误、总和的百分比、总数的百分比、和的百分比、数量的百分比、几何均值以及调和均值。您也可更改子组统计量出现的顺序。统计量在"单元格统计量"列表中出现的顺序是它们在输出中显示的顺序。还将显示跨所有类别的每个变量的摘要统计。

第一个：显示在数据文件中遇到的第一个数据值。

几何均值：数据值的乘积的 n 次根，其中 n 代表个案数目。

组内中位数：针对编码到组中的数据计算的中位数。例如，如果对于每个30年代的年龄数据的值都编码为 35，40 年代的编码为 45，依次类推，则组内中位数是由已编码的数据计算得出的。

调和均值：在组中的样本大小不相等的情况下用来估计平均组大小。调和均值是样本总数除以样本大小的倒数总和。

最后一个：显示在数据文件中遇到的最后一个数据值。

N：个案（观察值或记录）的数目。

个案总数的百分比：每个类别中的个案总数的百分比。

总和的百分比：每个类别中的总和的百分比。

峰度标准误：峰度与其标准误的比可用作正态性检验（即，如果比值小于－2 或大于＋2，就可以拒绝正态性）。大的正峰度值表示分布的尾部比正态分布的尾部要长一些；负峰度值表示比较短的尾部（变为像框状的均匀分布尾部）。

偏度标准误：偏度与其标准误的比可以用作正态性检验（即，如果比值小于－2 或大于＋2，就可以拒绝正态性）。大的正偏度值表示长右尾；极负值表示长左尾。

总和：所有带有非缺失值的个案的值的合计或总计。

方差：对围绕均值的离差的测量，值等于与均值的差的平方和除以个案数减一。度量方差的单位是变量本身的单位的平方。

第一层的统计量：Anova 表和 eta. 显示单因素方差分析表，并为第一层中的每个自变量计算 eta 和 eta 平方（相关度量）。

线性相关检验：计算与线性和非线性成分相关联的平方和、自由度和均方,以及 F 比、R 和 R 方。如果自变量为短字符串,则不计算线性。

2. 方差分析。方差分析也称为变异数分析,是一种常见的统计数据分析方法。分析市场调查和实验数据中不同来源的变异对总变异的影响大小,从而了解数据中自变量是否对因变量有重要的影响。方差分析是利用方差来判断多个正态总体均值是否相等,或者检验多个样本均值之间的差异是否具有显著性的一种统计分析方法。常用于判断影响某变量的众多因素中,哪些因素起主导作用,哪些因素起次要作用,或者判断不同的方案中哪一种方案最好。

方差分析一般可分为单因素方差分析和多因素方差分析。单因素方差分析用于研究一个影响因素对试验结果的影响,用于比较两个或者两个以上的总体之间是否有显著的差异。

"单因素 ANOVA"过程按照单因子变量(自变量)生成对定量因变量的单因素方差分析。方差分析用于检验数个均值相等的假设。从 PASW 窗口菜单中选择:分析＞比较均值＞单因素 ANOVA,如图 2-36 所示。

图 2-36 "单因素 ANOVA"对话框

单击【两两比较检验】按钮,出现窗口如图 2-37 所示。

一旦确定均值间存在差值,两两范围检验和成对多重比较就可以确定哪些均值存在差值了。范围检验识别彼此间没有差值的同类均值子集。成对多重比较检验每一对均值之间的差分,并得出一个矩阵,其中星号指示在 0.05 的 alpha 水平上的组均值明显不同。

[例]表 2-22 是某广告方案的消费者测评分数统计,表中有三种水平 A_1,A_2,A_3(广告设计方案 $\gamma = 3$),每种水平有 5 个试验数据($n_1 = n_2 = n_3 = 5$)。

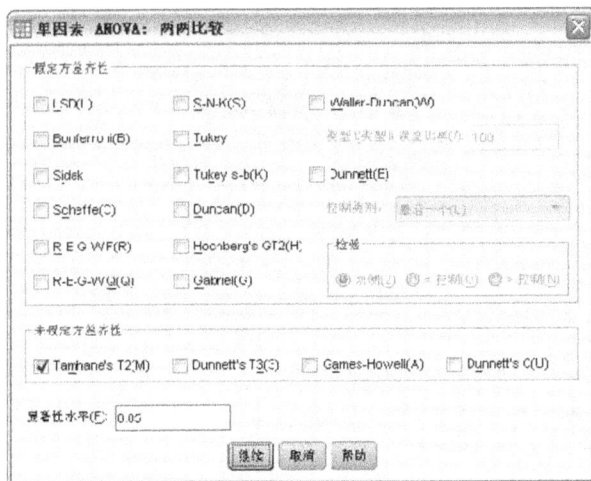

图 2-37 "单因素 ANOVA:两两比较"对话框

表 2-22 广告方案消费者测评分数统计

水平 i / 试验 j	A_1 方案	A_2 方案	A_3 方案	平均分值$\overline{x}_j$
1	71	87	98	85.33
2	70	83	92	81.67
3	74	86	89	83.00
4	68	80	95	81.00
5	72	83	88	81.00
平均分值$\overline{x}_i$	71.00	83.80	92.40	82.40
误差平方和	20.00	30.80	69.20	1279.60

解:在上表中,$\gamma = 3$ $n = 15$ $n_1 = n_2 = n_3 = 5$ $\overline{x}_1 = 71.0$

$\overline{x}_2 = 83.8$ $\overline{x}_3 = 92.4$ $\overline{X} = 82.4$

各水平的误差平方和分别为:20.00,30.80,69.20

各水平总的误差平方和 $Q_1 = 20 + 30.8 + 69.2 = 120$

因子影响的离差平均和 $Q_2 = n \sum (\overline{x}_i - \overline{X})^2 = 1159.6$

全部数据离差平方和 $Q = Q_1 + Q_2 = 1279.6$

计算检验统计量 F,作 F 检验。表 2-16 中 $F = S_2^2/S_1^2 = 579.8/10 = 57.98$,若显著水平 $\alpha = 0.05$,在 F 分布表中查得 $F_{0.05}(2.12) = 3.89$,$F > F_{0.05}$,即三种

广告脚本方案的效果是有显著差别的。其中广告脚本方案 A_3 的效果最佳,效应值最大(92.4－82.4＝10.0)。

表 2-23　方差分析表

方差来源	平方和	自由度	方差
因子影响	1159.6	2	579.8
随机误差	120.0	12	10.0
总　和	1279.6	14	91.4

[例]假设某农产品经销商为了研究浙江东部、西部和中部地区市场上某类农产品的销量是否存在显著差异,并在每个地区随机抽取几个城市进行调查统计。

从 PASW 窗口菜单中选择:分析＞比较均值＞单因素 ANOVA,各地区农产品销量统计结果如表 2-24 所示。

表 2-24　各地区农产品销量描述统计量

	N	均值	标准差	标准误	均值的 95% 置信区间		极小值	极大值
					下限	上限		
西	10	157.900	22.278	7.045	141.960	173.840	120	194
中	9	176.440	19.717	6.572	161.290	191.600	135	198
东	7	196.140	30.927	11.689	167.540	224.750	145	224
总数	26	174.620	27.845	5.461	163.370	185.860	120	224

从表 2-24 中的统计结果显示,浙江不同地区市场农产品销售量存在着差异性,东部地区销售最好,其次是中部地区,最差的是西部地区。但中部地区的标准差小于西部地区和东部地区。那么这些差别统计上是否显著呢?因此,必须进行方差奇性检验,得到 Levene 方差齐性检验结果(表 2-25)。

表 2-25　各地区农产品销量方差齐性检验表

Levene 统计量	df1	df2	显著性水平(Sig.)
1.262	2	23	0.302

从表 2-25 中可以看到,Levene 统计量对应的 $p(0.302)$ 值大于 0.05,所以得到浙江不同地区农产品销量满足方差齐性的结论。

表 2-26 是单因素方差分析，输出的方差分析表解释如下：总离差 SST＝19384.154，组间平方和 SSR＝6068.174，组内平方和或残差平方和 SSE＝13315.979，相应的自由度 df 分别为 25、2、23；组间均方差 MSR＝3034.087，组内均方差 578.956，$F＝5.241$，由于 $p＝0.013 < 0.05$ 说明在 $\alpha＝0.05$ 显著性水平下，F 检验是显著的，这表明浙江省各地区的农产品销量并不完全相同。

表 2-26　农产品销售量单因素方差分析结果

	平方和	df	均方	F	显著性水平(Sig.)
组间	6068.174	2	3034.087	5.241	0.013
组内	13315.979	23	578.956		
Total	19384.153	25			

3. 相关分析。相关分析是研究现象之间是否存在某种依存关系，并对具体有依存关系的现象探讨其相关方向以及相关程度，并用适当的统计指标描述。它是分析客观事物之间关系的定量分析方法。

相关关系可分为线性相关和非线性相关。当一个变量的值发生变化时，另外的一个变量也发生大致相同的变化。在直角坐标系中，如现象观察值的分布大致在一条直线上，则现象之间的相关关系为线性相关或直线相关。如果一个变量发生变动，另外的变量也随之变动，但是，其观察值分布近似的在一条曲线上，则变量之间的相关关系为非线性相关或曲线相关。

线性相关又分为正线性相关和负线性相关，前者是指两个变量线性的相随变动方向相同，后者是指两个变量线性的相随变动方向相反。

绘制散点图和计算相关系数是相关分析最常用的工具，它们的相互结合能够达到较为理想的分析效果（图 2-38）。

(1)散点图。散点图是将数据以点的形式画在直角坐标系上，通过观察散点图能够直观的发现变量间的相关关系及它们的强弱程度和方向。在实际分析中，散点图经常表现出某些特定的形式。如绝大多数的数据类似于"橄榄球"的形状，或集中形成一根"棒状"，而剩余的少数数据点则零散地分布在四周。通常"橄榄球"和"棒状"代表了数据对的主要结构和特征，可以利用曲线将这种主要结构的轮廓描绘出来，使数据的主要特征更突出。

［例］利用住房状况问卷调查数据，分析家庭收入与打算购买的住房面积

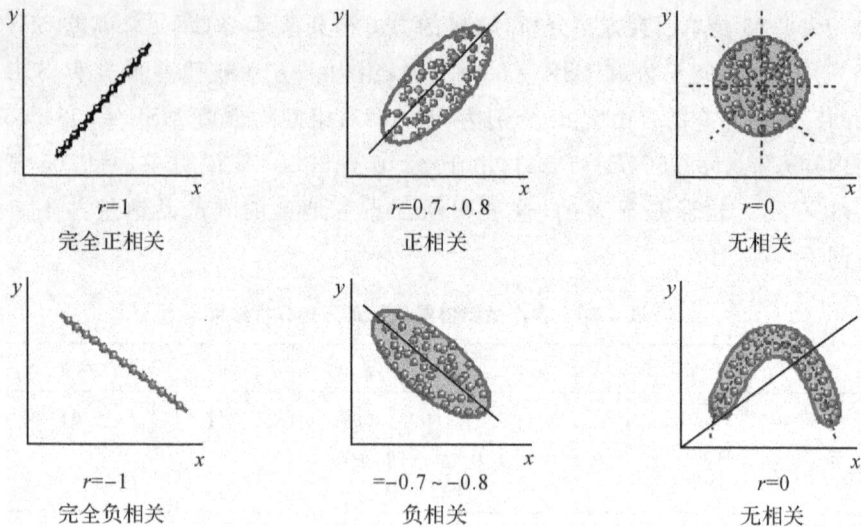

图 2-38　相关系数

之间存在怎样的统计关系。

　　打开数据文件,从 PASW 窗口菜单中选择:图形＞旧对话框＞散点/点状(S),出现散点图选择对话框,如图 2-39 所示。

图 2-39　散点图

　　选择简单散点图,它表示一对变量间统计关系的散点图,并将纵轴变量选入【Y 轴】,将横轴变量选入【X 轴】,将分组变量选入【设置标记】:用该变量分组,并在一张图上用不同颜色绘制若干个散点图。将标记变量选入【标注个案】:将标记变量的各变量值标记在散点图相应点的旁边,出现图 2-40。

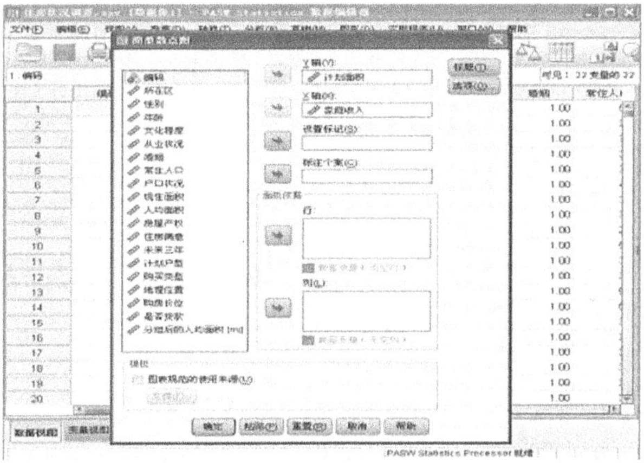

图 2-40　简单散点图

单击【确定】按钮,得到散点图(图 2-41)。

(2)相关系数。相关系数是变量之间相关程度的指标。样本相关系数用 r 表示,总体相关系数用 ρ 表示,相关系数的取值范围为$[-1,1]$。$|r|$ 值越大,误差 Q 越小,变量之间的线性相关程度越高;$|r|$ 值越接近 0,Q 越大,变量之间的线性相关程度越低。相关系数又称皮(尔生)氏积矩相关系数,说明两个现象之间相关关系密切程度的统计分析指标。

如果变量 Y 与 X 间是函数关系,则 $r=1$ 或 $r=-1$;如果变量 Y 与 X 间是统计关系,则$-1<r<1$。一般地,$|r|>0.95$ 存在显著性相关,$|r|\geqslant0.8$ 高度相关,$0.5\leqslant|r|<0.8$ 中度相关,$0.3\leqslant|r|<0.5$ 低度相关,$|r|<0.3$ 关系极弱,认为不相关。

对不同类型的变量应采用不同的相关系数来度量,常用的相关系数主要有 Pearson 简单相关系数、Spearman 等级相关系数和 Kendall 相关系数等。

Pearson 简单相关系数适用于两个变量都是数值型的数据且样本量大于30 的情况,它是一种线性关联度量。其计算公式为:

$$R_{xy} = \frac{\sum_{i=1}^{n}(x_i-\bar{x})(y_i-\bar{y})}{\sqrt{\sum_{i=1}^{n}(x_i-\bar{x})^2 \sum_{i=1}^{n}(y_i-\bar{y})^2}}$$

Pearson 简单相关系数的检验统计量为:

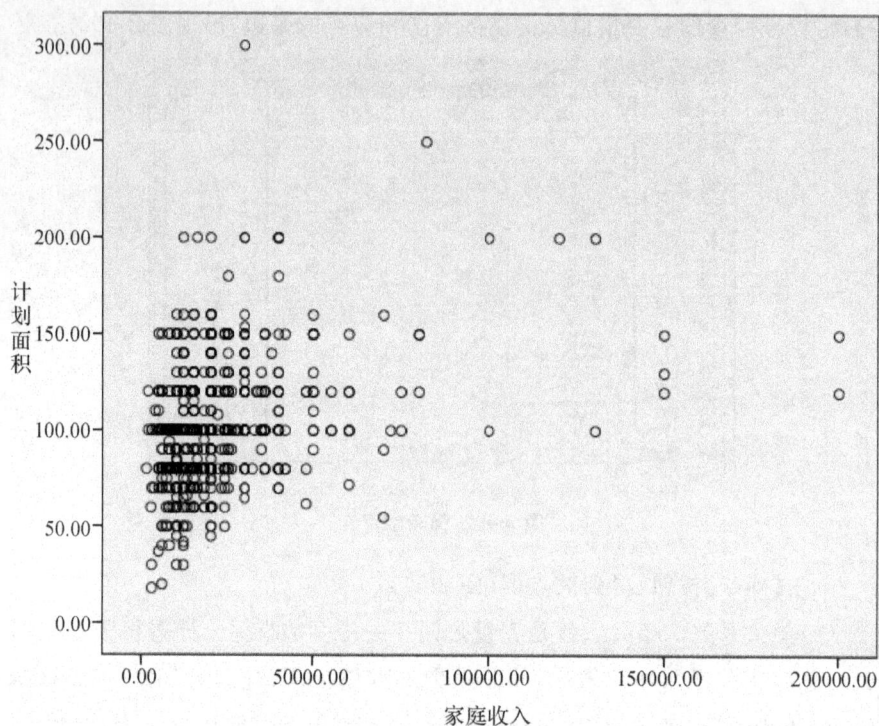

图 2-41　简单散点图

$$t = \frac{r\sqrt{n-2}}{\sqrt{1-r^2}} \sim t(n-2)$$

[例]对于上述住房案例，通过绘制散点图得知家庭收入与计划购买的住房面积之间存在一定的正的弱相关关系，为更确定地反映两者之间线性关系的强弱，采用计算相关系数的方法。由于这两个变量为定距变量，故采用 Pearson 相关系数。

打开数据文件，从 PASW 窗口菜单中选择：分析＞相关＞双变量，出现双变量相关选择对话框，如图 2-42 所示。

选择相关系数类型和显著性检验类型，单击【确定】按钮，得到相关性统计结果，如表 2-27 所示。

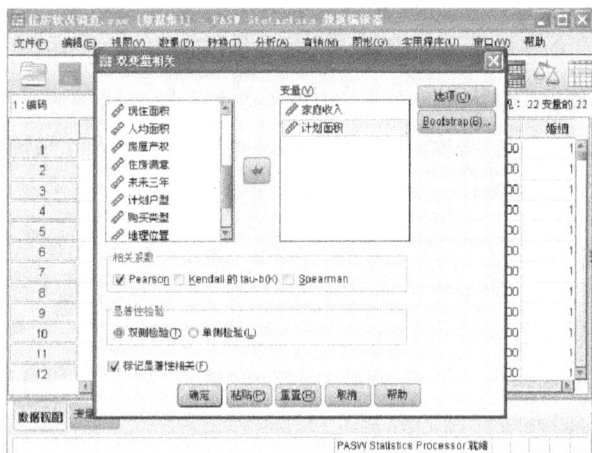

图 2-42　双变量相关

表 2-27　相关性统计量

		家庭收入	计划面积
家庭收入	Pearson 相关性	1	.323**
	显著性（双侧）		.000
	N	2993	832
计划面积	Pearson 相关性	.323**	1
	显著性（双侧）	.000	
	N	832	832

　＊＊表示在 0.01 水平（双侧）上显著相关。

从表 2-27 相关性统计结果显示，$p = 0.000 < a(0.01)$，因此拒绝原假设，即拒绝零相关，同时由于相关系数为 0.323，意味着家庭收入和计划面积两者之间存在弱相关关系。

4. 回归分析。回归分析是对自变量和因变量的调查数据进行分析、计算并归纳出一个反映因变量与自变量之间统计数据关系的统计分析方法。它和相关分析一样都是研究变量间关系的方法。一般来说，回归分析是通过规定因变量和自变量来确定变量之间的因果关系，建立回归模型，并根据实测数据来求解模型的各个参数，然后评价回归模型是否能够很好的拟合实测数据。如果能够很好地拟合，则可以根据自变量作进一步预测。

相关分析研究指的是现象之间是否相关、相关的方向和密切程度，一般不区别自变量或因变量。而回归分析则要分析现象之间相关的具体形式,确定其因果关系,并用数学模型来表现其具体关系。如从相关分析中可以得知"质量"和"用户满意度"变量密切相关,但是这两个变量之间到底是哪个变量受哪个变量的影响以及影响程度如何,则需要通过回归分析方法来确定。

回归分析运用十分广泛,按照涉及的自变量的多少,可分为一元回归分析和多元回归分析;按照自变量和因变量之间的关系类型,可分为线性回归分析和非线性回归分析。如果在回归分析中,只包括一个自变量和一个因变量,且二者的关系可用一条直线近似表示,则这种回归分析称为一元线性回归分析。如果回归分析中包括两个或两个以上的自变量,且因变量和自变量之间是线性关系,则称为多元线性回归分析。

在 PASW 中打开数据文件,从窗口菜单中选择:分析>回归>线性,出现一元线性回归对话框,如图 2-43 所示。

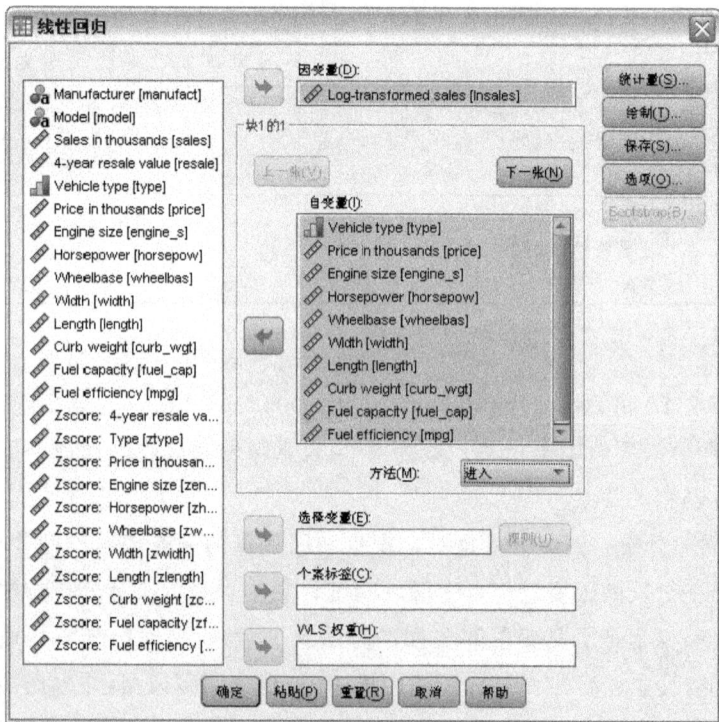

图 2-43   一元线性回归

七、市场预测

市场预测是指对影响市场供求变化的各种因素进行调查研究,分析和预测其发展趋势,掌握市场变化的规律,为企业经营决策提供可靠的依据。

(一)预测的类型

市场预测按照不同标准可以有不同的分类。

1. 预测的时间跨度。按预测的时间跨度或预测期长短不同,分长期预测、中期预测、近期预测和短期预测。长期预测为 5 年以上的预测,为制定企业的长期规划预测市场发展趋势,为综合平衡、统筹安排长期的企业产品的产供销比例提供依据;中期预测是指 3～5 年的预测,一般是对经济、技术、政治、社会等影响市场长期发展的因素,经过深入调查分析后,企业对未来市场发展趋势所作出的预测;近期预测是指企业根据历史资料和当前的市场变化,以月为时间单位测算出年度的市场需求量;短期预测是指企业根据市场上需求变化的现实情况,以旬、周为时间单位,预计下一个季度内的需求量或销售量。

2. 预测的空间范围。按地理空间范围可将市场预测分为国内预测和国际市场预测,按经济活动的空间范围可将市场预测分为宏观的市场预测和微观的市场预测。

3. 预测的性质。按预测的性质不同,市场预测可分为定性预测和定量预测。定性预测是指企业预测人员凭借自身的知识、经验和判断能力对市场的未来变化趋势做出性质和程度的分析和判断;而定量预测,则是以过去积累的统计资料为基础,运用数学方法进行分析计算后,对市场的未来变化趋势做出数量上的预测。

(二)预测的要素

市场预测从确定预测目标、收集整理资料、选择预测方法到对预测对象和未来的发展变化和前景进行分析判断,构成了一个完整的预测过程。这一过程包含了信息、方法、分析和判断 4 个基本要素。

1. 信息。信息是客观事物特性和变化的表征和反映,存在于各类载体,是预测的主要工作对象、工作基础和成果反映。市场预测必须大量收集社会经济发展的历史统计数据和当前市场的发展动态,进行预测分析和推断。无论是定性预测，还是定量预测，都是以大量的信息为基础的。

2. 方法。方法是指在预测的过程中进行质和量的分析时所采用的各种手段。市场预测的质量，不仅依赖于所使用的信息，而且与预测的方法密切相关。

3. 分析。分析是根据有关理论所进行的思维研究活动，而预测过程就是对预测事件进行分析和解释的过程。在市场预测中应注重预测前的识别性分析、预测中的过程性分析、预测结果作出之后的评价性分析。根据预测方法得出预测结论之后，还必须进行两个方面的分析：一是在理论上要分析预测结果是否符合经济理论和统计分析的条件；二是在实践上对预测误差进行精确性分析，并对预测结果的可靠性进行评价。

4. 判断。判断是预测技术中重要的因素。对预测结果采用与否，或对预测结果依据相关经济和市场动态所作的修正需要作出判断，同时对信息资料、预测方法的选择也需要判断。没有准确的判断，就没有较为准确的市场预测结果。

(三) 预测的内容

市场预测的内容十分广泛丰富，包括宏观层面和微观层面的内容，二者相互联系、相互补充。

1. 市场需求预测主要对特定时期和地域范围内的市场需求量、需求水平、需求结构、需求变动等因素进行分析预测。一般来说，市场性质和市场层次不同，市场需求预测的内容和方法也有所不同。

2. 产品销售预测是对产品销售规模、销售结构、产销存平衡状态、销售变化趋势、销售季节变动规律、产品的市场占有率和覆盖率、销售客户分布、销售渠道变动、销售费用与销售利润变动等方面作出预测分析，寻求企业扩大产品销售的路径。

3. 市场行情预测主要是分析预测市场周期波动的规律，判别市场的景气状态和走势，分析价格水平的变动趋向，为企业经营决策提供依据。

(四) 预测的方法

市场预测的方法大体上可分为定性预测法、定量预测法和组合预测法三大类。为了进行需求预测，在需求和影响需求的诸决定因素之间的关系上，必须把握关联性，或具备关于决定需求的诸原因的知识和研究相关性的技能。

1. 定性预测方法。它主要是采用少量的数据和直观材料,结合企业经营者、专家等预测人员的经验加以综合分析,并作出判断和预测。它是以市场调研为基础的经验判断法,具体方法包括购买者意向调查法、消费水平预测法、销售人员意见综合法、专家意见法、市场试销法。定性预测方法通常在无法获得供预测用的数据时被使用。

(1)购买者意向调查法。也称"买主意向调查法",是指企业通过一定的调查方式选择一部分或全部的潜在购买者,直接向他们了解未来某一时期购买商品的意向,并在此基础上对商品需求或销售作出预测的方法。这种方法常用于中高档耐用消费品的销售预测。购买者意向调查法在满足购买者的购买意向明确清晰、这种意向会转化为顾客购买行为和购买者愿意把其意向告诉调查者等三个条件的情况下使用比较有效。采用这种预测法,一般准确率较高,但不太适合长期预测。因为时间长,市场变化因素大,消费者不一定都按长期购买商品计划安排。

购买者意向调查法的具体步骤如下。

第一,要把消费者的购买意向分为不同等级,用相应的概率来描述其购买可能性大小,具体见表 2-28。

表 2-28　消费者购买意向类型

购买意向类型	肯定购买	可能购买	未定	可能不买	肯定不买
概率描述(P)	100%	80%	50%	20%	0

第二,向被调查者说明所要调查的商品的性能、特点、价格,市场上同类商品的性能、价格等情况,以便使购买者能准确地做出选择判断,并请被调查者明确购买意向,即上表购买意向中的其中一种。

第三,对购买意向调查资料进行综合,列出汇总表,如表 2-29。

表 2-29　消费者购买意向汇总表

购买意向	肯定购买	可能购买	未定	可能不买	肯定不买
概率描述(P)	100%	80%	50%	20%	0
人数(户数)x_i	x_1	x_2	x_3	x_4	x_5

最后,计算购买比例的期望值,再计算购买量的预测值。购买比例的期望

值公式如下：

$$E = \frac{\sum P_i X_i}{\sum X_i}$$

公式中 P_i 表示不同购买意向的概率值，X_i 表示不同购买意向的人数（户数）。

购买量预测公式如下：

$$Y = E \cdot N$$

E 表示购买比例的期望值，N 表示预测范围内总人数（总户数）。

[例]某农业企业要预测某市下半年山核桃的销售量，对该市居民进行山核桃购买意向调查。该市居民为 12 万户，样本为 300 户。调查资料显示，肯定购买 4 户，可能购买 10 户，未定 20 户，可能不买有 110 户，肯定不买 156 户。

解：①计算购买比例期望值：

$$E = \frac{\sum P_i X_i}{\sum X_i} = \frac{4 \times 100\% + 10 \times 80\% + 20 \times 50\% + 110 \times 20\% + 156 \times 0}{300}$$

$$= \frac{4 + 8 + 10 + 22}{300} = 14.7\%$$

②计算下半年山核桃销售量预测值：

$$Y = E \cdot N = 14.7\% \times 12 = 1.764（万户）$$

该市下半年山核桃销售量预测值为 1.764 万户。

(2)消费水平预测法。它是指利用对消费水平和消费总人数（或户数）的直观分析判断，并辅以简单的数学推算来预测各类消费品的需求量的方法。

根据消费品的消费特点不同，一般可分为非耐用消费品、一般耐用消费品和高档耐用消费品。非耐用消费品主要是指那些被消费使用后，商品实体随之消失，或虽然实体尚在，但其价值较低，使用期较短的商品，如粮食、蔬菜、肉食品等日常饮食品，洗衣粉、牙膏、牙刷等日常生活用品等。一般耐用消费品的特征是使用时间较长，是家庭生活中不可缺少的、低价值、消费量大的商品，如脸盆、手提包等。高档耐用消费品的特征是价格较高，使用年限较长，并且较能适应时代的需要，如彩色电视机、空调机、音响设备、高级家具等。因此，消费水平预测法可以分为非耐用消费品、一般耐用消费品和高档耐用消费品三种形式的预测方法。

非耐用消费品需求量预测就是把一定时期内消费的人口数（或户数）与消费水平相乘，就可求得预测值。其计算公式如下：

$$S = j \cdot g$$

式中，S 表示预测期内需求量；j 表示人数（户数）；g 表示每人（户）单位时间内的消费量，即消费水平。

[例]某市 2010 年白糖消费量为 140 万千克，全市年初人口为 60 万，年末人口为 62 万。据有关部门预测 2011 年白糖消费水平比 2010 年增加 5%，2011 年末人口也比 2010 年末增加 2%，根据上述资料预测该市 2011 年白糖需求量。

解：$S = j \cdot g$

$S_{2010} = j_{2010} \cdot g_{2010} = (60 + 62)/2 \cdot g_{2010}$

$g_{2010} = S/j = 140/61 = 2.3$（千克）

$S_{2011} = j_{2011} \cdot g_{2011} = [62 + 62(1 + 2\%)]/2 \times 2.3(1 + 5\%) = 151$（万千克）

一般耐用消费品需求量预测。对这类商品的需求主要是来源于对原有消费品的更新，即更新量。因此，这类消费品的需求不仅与原拥有量有关，还与商品的年更新率，即年更新系数有关，年更新系数大，相对需求量大，反之相对需求量就小。此类消费品的需求量预测有以下公式：

$$S = j \cdot g \cdot i$$

式中，S 表示预测期内需求量；j 表示人数（户数）；g 表示每人（户）单位时间内的消费量，即消费水平；i 表示年更新系数。

年更新系数是指现有保有量中每年废弃部分需要更新补充的比例系数，通常以百分率表示。耐用消费品被废弃有两种情况：一是完全失去使用价值，不能修理使用，只能废弃；二是商品本身具有一定的使用价值，但因花色、款式等陈旧而废弃不再使用。前者的年更新系数，可根据耐用消费品的平均使用年限估计，如热水瓶，使用年限为 4 年，年更新系数为 1/4，即 25%。这种更新称为失效更新；后者更新称为淘汰更新（因花色、款式太陈旧而遭淘汰）这一更新系数可以通过抽样调查获得。若两种更新情况同时存在，可以一并通过抽样调查获得总的年更新系数，若两者的年更新系数都已分别得到，总的更新系数可直接把两者相加得到。

高档耐用消费品需求量预测。由于这类商品价格高，因而一般情况下未达到饱和状态，故这类商品的需求量中包含两部分：一部分是更新量，这与一般耐用消费品是相类似的;另一部分是新增量,即某些家庭原来没有的,后需要新购部分,这部分与预测耐用消费品的新增普及速度有关。对高档耐用消费品需求量预测比较复杂,它涉及到饱和普及率、社会拥有量、年更新式数等多方面因素。其计算公式如下:

$$S=j \cdot (a_2-a_1)+j \cdot a_1 \cdot i$$
$$S=j \cdot (a_n-a_1)i_n+j \cdot a_1 \cdot i$$

式中,S 表示预测期内需求量;j 表示人数(户数);g 表示每人(户)单位时间内的消费量,即消费水平;a_1 表示期初普及率;a_2 表示期末普及率;a_n 表示达到饱和的普及率;i_n 表示年购买系数;i 表示更新系数。

[例]某地区有 56 万户家庭,现有数码相机的普及率为 40%,据有关专家预测 5 年可达到饱和状态,饱和普及率为 80%,若数码相机的使用寿命为 10 年,每年因款式、功能等原因更新为 5%,预测下一年度该地区数码相机的需求量。

解:根据题意可得:$j=56$ 万户;预测期期初普及率 $a_1=40\%$;达到饱和时的普及率 $a_n=80\%$;年购买系数 $i_n=1/5$,年更新系数 $i=(1/10+5\%)=15\%$;

所以,下一年度该地区数码相机的需求量为:

$S = j \cdot (a_n-a_1) \cdot i_n+j \cdot a_1 \cdot i$

$=56 \times (80\%-40\%) \times (1/5)+56 \times 40\% \times 15\%$

$=7.84$(万台)

答:预测下一年度该地区数码相机的需求量为 7.84 万台。

(3)意见综合预测法。它是指对某一预测问题先由有关的专业人员和行家分别作出预测,然后综合全体成员所提供的预测信息作出最终的预测结论。

销售人员意见综合预测法是指企业直接将从事商品销售的经验丰富的人员组织起来,先由预测组织者向他们介绍预测目标、内容、预测期的市场经济形势等情况,要求他们利用平时掌握的信息结合提供的情况,对市场商品销售前景提出预测意见和结果,最后综合得出最终的预测结论。

[例]某啤酒厂为了做好明年市场啤酒供应,预测组织者事先向各部门负责人提供了历年啤酒社会消费量、居民消费水平,以及本企业历年啤酒销售量、市场占有率及其资源情况,然后要求他们分别对本企业的销售量作出预测。预测结果见表 2-30。在三种销售量中,最可能的销售量的准确性最高,权数定为 0.5,而最低与最高销售量的准确性较低,权数分别为 0.2 和 0.3。

表 2-30　某啤酒厂啤酒销售预测综合表　　　　单位：吨

预测者	最低销售量	最可能销售量	最高销售量	平均销售量
经理甲	8500	9500	11000	9800
经理乙	8200	9200	11500	9700
业务科长	8400	9500	11200	9800
财务科长	8300	9400	12000	10000
批发部主任甲	8600	9000	11500	9700
批发部主任乙	8200	9500	10500	9500
零售店经理甲	8400	9600	11800	10000
零售店经理乙	8300	9500	11500	9900
综合预测值	8400	9400	11400	9800

(4)德尔菲法。它是在专家会议意见测验法的基础上发展起来的一种预测方法。它以匿名的方式通过几轮函询征求专家们的预测意见,预测组织者对每一轮意见都进行汇总整理,作为参考资料再寄发给每个专家,供他们分析判断,提出新的预测意见和结果。如此几次反复,专家们的预测意见渐趋一致,预测结论的可靠性越来越大。

德尔菲法具有三大特点:①匿名性,专家用书面形式回答预测问题,不必写名字;②反馈性,通过多次轮回反馈沟通信息;③统计性,对每次的反馈信息都要进行统计处理。

德尔菲法主要用于技术发展、重大工程项目、重要经济问题、长远规划、产业结构调整等问题的预测研究。预测的组织程序如下。

第一,确定预测课题和预测内容,并成立预测负责小组。

第二,设计函询调查表,准备有关材料。

第三,选择与预测领域有关的专家。专家人数一般 10~50 人为宜。

第四,用函询调查表进行反馈调查。反复三至四轮后,专家们的预测意见趋于一致时,即可停止反馈调查。

第五,对预测结果进行统计处理。其处理方法按预测事件不同主要有:①对于事件实现时间的预测问题,通过采用中位数代表预测意见的集中度,用上、下四分位数之差表示预测意见的离散度。

[例]某市电脑公司采用德尔菲法,选定 31 位专家对该市哪一年城镇居民家庭电脑普及率达到 75% 进行预测,经三轮反复后,专家提出的时间答案汇总

见表 2-31。

表 2-31 城镇居民家用电脑普及率和需求量预测总表

普及率达到 75％的年份	专家人数	2010 年电脑需求量（万台）	专家人数
2008	3	3.0～3.5	3
2009	5	3.5～4.0	6
2010	11	4.0～4.5	12
2011	8	4.5～5.0	7
2012	4	5.0～5.5	3
合　计	31	合　计	31

中位数和上、下四分位数的计算公式为：

中位数：$M_e = \dfrac{(n+1)}{2}$　对应的年份

下四分位数：$Q_1 = \dfrac{(n+1)}{4}$　对应的年份

上四分位数：$Q_2 = \dfrac{(n+1)}{4}$　对应的年份

本例中的中位数为 2010 年，下四分位数为 2009 年，上四分位数为 2011 年，上、下四分位数之差为 2 年，说明专家的预测意见集中度大，离散度小。

②对于预测商品在未来时期的需求量、销售量或生产量，可用算术平均法或主观概率法进行统计归纳，求出平均预测值反映专家预测结果的集中度，用标准差和标准差系数反映专家意见的离散度。如本例中专家对某市 2010 年电脑需求的平均预测值为 4.27 万台，标准差为 0.55 万台，标准差系数为 0.1288 或 12.88％，表明专家预测意见离散度较大。

③对于征询产品品种、花色、规格、质量、包装、新产品开发的预测意见，可采用比重法（专家对某个意见赞成的人数占总人数的比率）进行统计归纳，或者用评分法（如对不同牌号的商品质量给予评分）进行统计归纳。

2. 定量预测方法。它是依据市场调查所得的比较完备的统计资料，运用统计方法，建立数学模型，用以预测经济现象未来数量表现的方法。运用定量预测方法，一般需具有大量的统计资料和先进的计算手段。定量预测方法大致可分为定量调查、时间序列分析和因果关系模型 3 种预测方法。定量调查预测包括问卷调查、观察调查等方法，主要涉及如店员调查、消费者调查、销售门店调查、专家德尔菲法调查等。时间序列预测方法是指使用销售量等变量的预测,主要方法包括简单平均法、移动平均法、指数平滑法、季节方差分析法等。因果关系模型预测主要包括一元回归预测、多元回归预测、计量经济模型、零售引力模型、马尔柯夫市场占有率预测等方法。

(1)简单平均预测法。以一定观察期内市场现象时间数列的平均数作为某个未来期的预测值的预测方法。平均预测是最简单的定量预测方法,它适用于对没有明显的增减倾向,又具有随机波动影响的市场现象的预测。平均预测法的运算过程简单,常在市场的近期、短期预测中使用。

$$X_{T+1} = \bar{x} = \frac{x_1 + x_2 + x_3 + \cdots + x_n}{n} = \frac{\sum_{i=1}^{n} x_i}{n}$$

(2)马尔柯夫市场占有率预测。在市场中,产品市场占有率是指企业实际销售产品数量在同行业实际销售量中所占的百分比,是评价产品市场竞争能力的综合指标。市场占有率是产品竞争力的晴雨表,其发展趋势的变化反映企业的竞争态势和运营前景。

马尔柯夫预测法主要用于市场占有率的预测和销售期望利润的预测。马尔柯夫过程是指某事件第 n 次实验结果决定于第 $n-1$ 次实验的结果,且在向第 n 次结果的转移过程中存在一次转移概率,同时通过这一转移概率,第 n 次实验结果可依据第 $n-1$ 次结果推算得出。一连串的这种转移过程的整体,就是马尔柯夫过程。当事物的现在状态为已知时,就可以预测将来的状态而不需要知道事物过去的状态。例如,本月份企业产品是畅销的,下个月产品是继续畅销,或是滞销,企业无法确定的。由于事物状态转移是随机的,因此,必须用转移概率来描述事物状态转移的可能性大小。

[例]某农业企业生产的×牌的大米在市场上的占有率为 30%,该企业通过市场调研发现,目前该企业的顾客中有 15% 下个月转向购买其他牌子的产品,但原先购买其他牌子的消费者每月有 10% 转向购买该企业的品牌的产品。

请计算:(1)该企业下个月的市场占有率;(2)市场占有率变化趋于稳定后的该企业的×牌的产品长期占有率。

解:马尔柯夫预测市场占有率的计算过程:

(1)目前该企业×品牌产品的市场占有率向量:A=(30%,70%)

消费者变动情况的转移概率矩阵 B

$$B = \begin{pmatrix} 85\% & 15\% \\ 10\% & 90\% \end{pmatrix}$$

下个月该企业×品牌产品的市场占有率:

$$AB = (30\%, 70\%) \begin{pmatrix} 85\% & 15\% \\ 10\% & 90\% \end{pmatrix} = (32.5\%, 67.5\%)$$

(2)计算稳定后的市场占有率:

$$XB = X$$

$$(x_1, x_2) \begin{pmatrix} 85\% & 15\% \\ 10\% & 90\% \end{pmatrix} = (x_1, x_2)$$

即 $(0.85x_1 + 0.1x_2, 0.15x_1 + 0.9x_2) = (x_1, x_2)$,

又因为: $x_1 + x_2 = 1$

解得: $x_1 = 40\%$, $x_2 = 60\%$

答:该企业下个月的市场占有率32.5%,市场占有率变化趋于稳定后的该企业的 X 牌的产品长期占有率40%。

任务六　提交消费者市场调查结果

市场调查报告是整个市场调查过程的最重要部分及调查活动的最终成果体现。不管调查过程的其他步骤工作如何优秀,如果调查者不能把诸多调查资料组织成一份高质量的调查报告,那么就不能算是一次成功的市场调查,因为决策者或者项目委托者往往最后只看反映结果的调查报告。当然,一份完整的、高质量的调查报告有赖于之前的一系列调查与分析工作。为了帮助市场调查人员撰写出一份高质量的市场调查报告,根据实际业务活动顺序,可以从准备调查报告、撰写调查报告与提交调查报告三阶段来进行。

【能力训练】

通过前面的任务训练,现在进入市场调查的最后一项任务,撰写市场调查报告和提交消费者市场调查结果。市场调查报告是整个市场调查活动的最终体现,也是衡量市场调查活动质量的最直观表现。撰写一份完整的市场调查报告首先要构思市场调查报告的框架,落实写作材料,最终以电子稿及纸质稿形式提交调查报告,一般还需要准备一份口头汇报 PPT。

1. 准备调查报告。市场调查成果主要是通过市场调查报告来体现。首先,在正式撰写市场调查报告之前,研究人员要先确定市场调查报告类型。一般来说,市场调查报告分为综合报告、专题报告、研究性报告、说明性报告等几种不同的类型。由于每种报告的侧重点不同,所以其具体要求、风格、内容都会有所不同。如消费者对名特优农产品需求和购买行为的影响因素的调查报告,一般情况下,它是属于综合报告。这种报告要求内容简单明了,对调查方法、资料分析整理过程、资料目录等作简单说明,结论和建议可以适当多一些。其次,还要落实写作材料,这是撰写市场调查报告的基础和中心准备工作。一份市场调查报告是否具有较高的决策参考价值,很大程度上取决于它在写作时拥有材料的数量和质量。市场调查报告材料的选择要十分严格,特别要注意材料的真实性和数据的准确性。

2. 撰写调查报告。撰写市场调查报告是体现调查质量的关键环节。市场调查报告的结构没有统一的标准,会因为各种原因而有所不同,但是所有的市场调查报告的目的均是为了把市场信息尽量准确地传递给决策者,帮助其分析市场作出相应的决策。因此,那些基本的、合理而恰当的内容对市场调查报告是必需的。一份完整的市场调查报告的结构,一般包括介绍、主体及附录等部分,每个部分又包括若干具体内容。介绍部分是向读者说明报告主要内容的部分,主要包括报告封面、信件、目录及摘要。对于不需要深入研究报告的人来说,看介绍部分就能了解到调查的概况。主体部分是整份市场调查报告的核心,一般包括引言、调查方案、调查实施、数据分析、调查结果、局限性及必要说明、结论和建议等几个部分。附录部分是指调查报告正文包含不了或没有提及,但是与正文有关必须附加说明的部分。如消费者对名特优农产品需求和购买行为的影响因素的调查报告附录,一般包括农产品调查的调查方案、调查问卷、数据整理表格、数据分析表格及其他支持型材料等。

3. 提交调查报告。市场调查报告初稿完成后,研究人员要针对内容、结构、用词等方面进行多次审核和修改,征询多方面的意见,确认报告的观点明确,逻辑合理,表达准确后,最后予以定稿并提交。一般而言,市场调查报告是以书面方式提交(包括电子稿和纸质稿),并辅以口头报告。书面报告要求页面设计及文章编排大方、美观，能引起读者的兴趣及有助于阅读。口头报告可以帮助委托方理解书面调查报告的内容并认同书面调查报告。同时，可以针对委托人提出的问题及时作出解答，对于有关人员迅速掌握和理解报告内容具有重要的意义。为了使口头报告更加生动，富有吸引力，提高报告效果，一般需要准备一份市场调查口头汇报 PPT。

【项目成果范例】

关于消费者农产品质量安全意识的调查报告
——基于××省××市 9 县(市)的调查

摘　要

本调查报告在对××省××市 9 县(市)消费者调查的基础上，对消费者的农产品质量安全意识状况和消费者消费行为的影响因素进行了调查分析。研究结果显示，广大消费者对农产品质量安全非常关注，消费者比较相信政府提供的农产品质量安全信息，但他们对目前的农产品质量安全状况的评价并不乐观。消费者对农产品质量安全的认知水平主要与消费者性别、受教育程度、家庭规模等因素有关。消费者对认证食用农产品的认知水平和消费欲望比较高。此外，政府目前最需要的是对虚假标注农产品质量安全信息的监管。

引　言

随着生活质量和健康意识的提高，广大消费者对农产品质量安全问题的关注程度日益增强，但是，国内安全农产品的市场需求却增长缓慢。目前，安全农产品在国内市场上的份额还不足 10％，特别是安全级别最高的有机农产品，其在国内全部食品市场上的份额不足 0.1％。本调查拟在总结制约中国消费者对安全农产品消费原因的基础上，以××市 9 县(市)消费者对安全农产品的消费行为为例，实证分析消费者对安全农产品的认知能力及其对安全农产品消费的影响，探讨影响消费者对安全农产品认知能力的因素，为扩大消费者对安全农产品的消费提供决策参考。

一、调查概况

本调查报告所用数据来源于 2011 年 3—5 月期间对××市××县、××县等 9 个县(市)的问卷调查和访谈调查。在充分考虑了样本的分散性和随机性基础上,本次调查的地点主要集中在 9 县(市)的超市、农贸市场、批发市场,调查对象分为不同的性别、年龄、受教育程度、家庭规模和家庭月平均收入情况的消费者。问卷中关于消费者对农产品质量安全信息关注、对当前农产品质量安全状况评价和对认证农产品的认知和认可程度等为单项选择题,关于对农产品质量安全信息提供渠道的认可、对农产品质量安全信息的关注等为多项选择题。在问卷调查过程中,共发放问卷 760 份,回收 710 份,回收率为 93％。经过对回收调查问卷的审核,得到有效问卷 680 份。

二、调查对象的基本特征

从被调查者的性别来看,男性占 55％,女性占 45％;从年龄构成来看,中青年人(20～50 岁)占绝大多数(80％),这表明中青年人是消费最旺盛的群体,同时也表明本调查报告中分析的消费者认知状态和购买行为比较接近中青年人的水平。从样本的受教育程度构成来看,样本中属于知识群体(具有大专、大学或研究生文化程度)的有 415 人,占 61％。在被调查对象中,有 70％的来自 3 口或 4 口之家。家庭月平均收入 2000 元以上的占到了 65％的比例。

三、消费者农产品质量安全意识的状况分析

依据本调查的样本数据,消费者农产品质量安全意识的状况可归纳如下。

(一)消费者对农产品质量安全信息的关注程度

从调查发现,有 95％的被调查者选择了"关注有关农产品质量安全的新闻报道(电视报纸)或政府信息",而只有 5％的被调查者选择了"不关注"(图 2-44)。这表明,消费者对农产品质量安全问题是普遍关注的,与当前农产品质量安全问题成为社会热点问题的状况是相符合的。我们认为主要有两方面的原因:一方

面是随着人们收入水平的提高,广大消费者对饮食安全越来越重视;另一方面,这也与消费市场上屡屡发生农产品质量安全事故和食品安全问题有关。

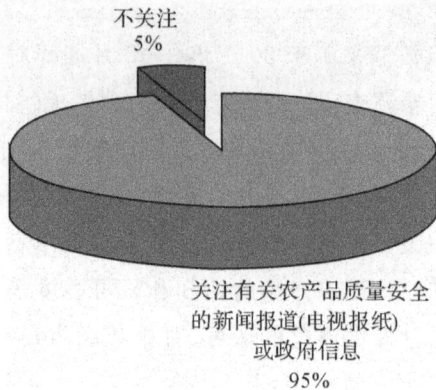

图 2-44　消费者对农产品质量安全信息的关注程度

(二)消费者对各种信息提供渠道的认可程度

就农产品质量安全信息提供渠道而言,有 395 人选择"较为相信政府部门提供的信息",占到被调查者的 58%;"相信认证机构"和"生产企业提供的质量安全信息"的也占到了一定的比例,分别仅为 15% 和 12%;而选择"相信民间组织"和"销售商提供的质量安全信息"的所占比例比较小,分别仅为 4% 和 3% 左右(图 2-45)。该调查结果表明,消费者更为相信政府提供的信息,这与政府提供信息的权威性和公正性有关。然而,也应该注意到,选择相信政府部门提供信息的也仅占到总样本量的 58%,还有近一半(42%)的消费者并不认可政府部门提供的农产品质量信息。

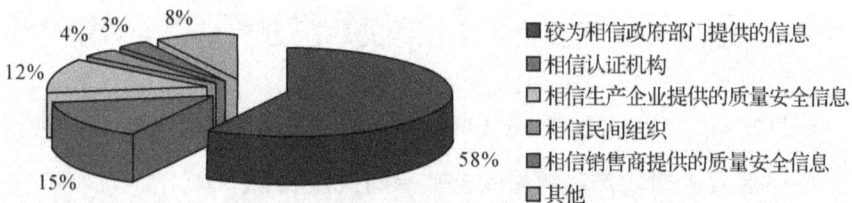

图 2-45　消费者对各种信息提供渠道的认可程度

(三)消费者对农产品质量安全状况的评价

本调查结果表明,消费者对目前市场上销售的农产品的质量安全状况总体来说表示信心不足。在回答"您认为中国市场上销售的农产品的质量安全状况如何?"时,选择"良好"的仅占到18%左右,选择"一般"的占到了52%,选择"较差"和"非常差"的分别占到了20%和5%,还有5%选择对当前农产品质量安全状况"不清楚"(图2-46)。消费者对食品安全状况的评价与其掌握的负面信息量呈反向关系,即消费者得到的负面信息越多,其对市场上食品的质量安全状况的评价越差。而目前农产品质量安全状况是广大消费者和媒体重点关注的热点问题,有关这方面的负面新闻也比较多,因而造成广大消费者对农产品质量安全状况信心不足甚至是普遍担忧的局面。

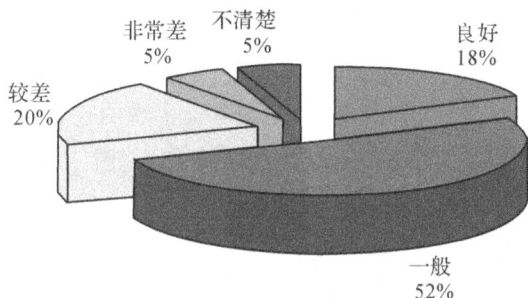

图 2-46　消费者对农产品质量安全状况的评价

(四)消费者对农产品标注信息的关注

在农产品质量安全信息中,消费者选择最关注的信息依次是:保质期(占70%)、生产日期(占60%)、价格(占55%)、认证标志(占35%)、销售商品品牌及信誉(占33%)、生产者名称(占25%),如图2-47所示。在农产品质量安全信息中,以生产日期和保质期为代表的食品的变质问题是消费者最关注的食

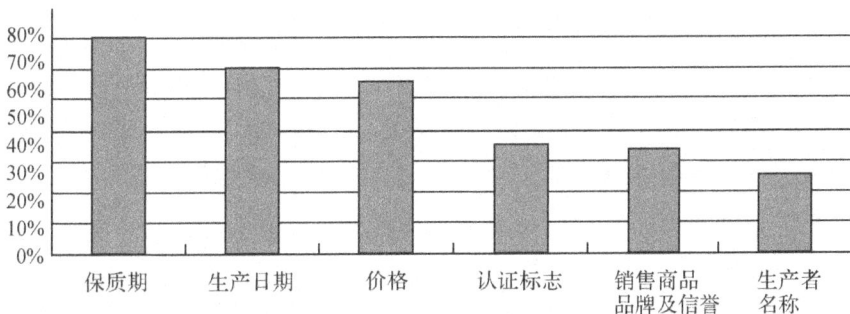

图 2-47　消费者对农产品标注信息的关注

品质量安全信息。究其原因，一是因为食品变质是所有食品都面临的问题；二是因为在所有的信息中，生产日期和保质期的信息是最为明确的，消费者购物时留意这些信息已经形成了习惯。居于关注程度第三位和第四位的产品质量安全信息是产品价格信息和质量认证信息，这表明消费者在消费时比较关注价格和产品的质量认证，这与消费者人均收入水平不高和对食品质量辨别能力有限有关。一般来说，消费者在收入水平不高和经济不富裕时，比较在乎所购商品的价格。消费者对销售商品品牌及信誉、生产者名称的关注度比较低，这可能与中国市场诚信体系和追溯体系建设不完善有关。

(五)消费者对认证农产品的关注及认可程度

通过调查发现，消费者对"无公害农产品"和"绿色食品"的社会认知度都比较高，这两种认证及其标志非常清楚或非常了解的比例都在80％以上。其中，无公害农产品的比例是81％，绿色食品是85％（图2-48）。

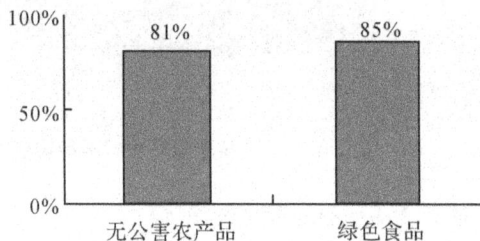

图 2-48　消费者对认证农产品的认知度

就消费者对认证农产品的信心而言，有80％以上的消费者认为认证农产品的质量更有保证，仅有5％的消费者对认证农产品的质量安全水平表示担忧和不认可（如图2-49）。

在消费者被问到经常购买何种农产品时，选择"经常购买绿色食品"的比例为45％，高于选择"经常购买无公害农产品"的25％和"经常购买有机食品"的17％，而选择"购买认证农产品"（包括无公害农产品、绿色食品、有机食品）的比例均低于选择"购买一般农产品"的比例（48％），具体见图2-50。

(六)消费者对政府和农户提高农产品质量安全水平的认知度

针对如何有效保障农产品质量安全问题，消费者认为政府需要做的依次是：加强对农产品标签违规（虚假、冒用）的有效监管（占70％）；加强市场检验检测，禁止不合格农产品上市销售（占65％）；加强对禁用限用农药的监督管理

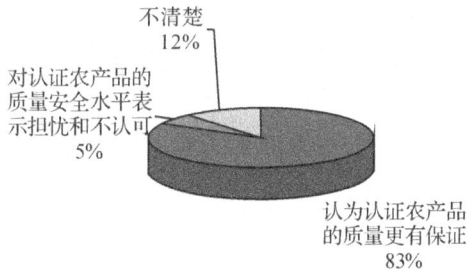

图 2-49 消费者对认证农产品的信心

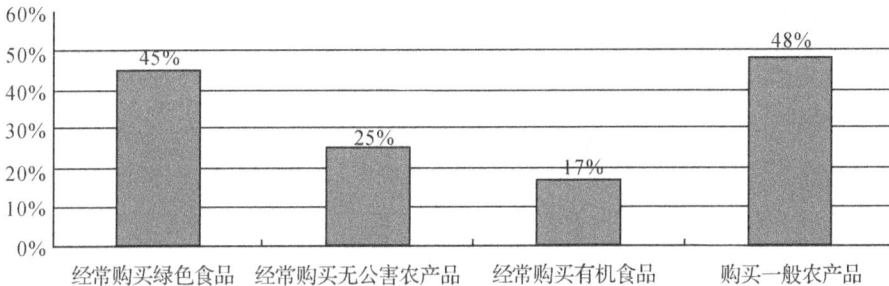

图 2-50 消费者经常购买农产品的种类

（占 55％）；对生产者进行培训指导（占 50％）；加强农产品质量安全认证（占 52％）；发布农产品质量安全信息（占 40％），具体见图 2-51。其中，加强对农产品标签违规（虚假、冒用）的监管是消费者认为政府目前最需要加强的方面。

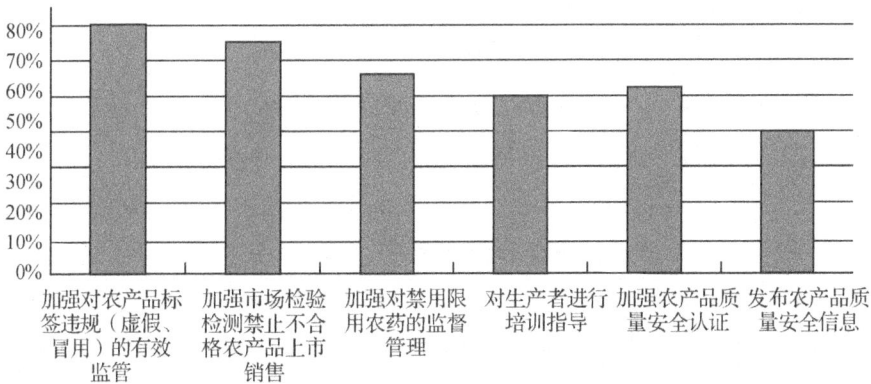

图 2-51 消费者对政府和农户提高农产品质量安全水平的认知度

四、影响消费者农产品质量安全意识的因素分析

影响消费者农产品质量安全意识的因素主要包括以下三大方面。

(一)消费者基本特征

消费者的年龄、性别、受教育程度、家庭收入水平及家庭结构等基本特征的差异会造成消费者对农产品品质安全担心程度的不同,由此形成不同的农产品质量安全认知能力。第一,随着消费者年龄地增长,他们对商品的认知能力不断增强。第二,很多人认为在家庭中女性是农产品等食品的主要购买者,她们对农产品安全性的问题可能更加关注。但近年来,有关资料则显示男性在农产品质量安全方面表现出比女性稍高的认知能力。第三,安全农产品的种类较多、安全级别也不同,随着消费者受教育程度的提高,他们区分该差别的能力也应越强。第四,消费者收入水平越高,他们对自身健康的关注程度也越高,因此,了解安全农产品的机会也就越多。第五,从传统消费习惯来看,消费者对家庭内儿童和老年人食品安全的关心程度要高于对其自身。因此,消费者家庭内若有儿童或老年人,则关注和了解农产品安全性的动机也越强烈。

(二)消费者购买安全农产品的经验

从消费行为的角度来看,消费者完成购买某商品的过程,实际上也就是购物经验的累积过程。那些已经具有购买经历的消费者,一般比未购买过安全农产品的消费者具有更高的认知能力。

(三)安全农产品与常规农产品价格差异的大小

从理论上来说,安全农产品与常规农产品的市场价格差别越大,消费者区别和了解该商品的动机就越强烈。对于受过高等教育或者收入水平较高的消费人群来说,他们有强烈的愿望和能力提高自己的生活水平,更注重自身和家庭成员的身体健康,愿意通过各种方式主动了解高价格的安全农产品给自身和家庭成员带来的益处;较低收入或者受教育程度较低的消费群体对价格比较敏感,则会对安全农产品与常规农产品的价差产生兴趣,而且呈现出差价越大,对这类产品的兴趣就越强烈,此类消费者就会利用各种渠道了解安全农产品。

五、结论与建议

(一)结论

1. 广大消费者对农产品质量安全非常关注,对目前农产品质量安全状况的评价不容乐观。消费者对农产品质量安全的认知水平和认可程度主要与消费者的性别、受教育程度、家庭规模有关。对农产品质量安全认知和认可程度比较高的是男性、受过良好教育、家庭规模较小的消费者。

2. 消费者普遍认为,在超市或连锁店等有固定销售场所和稳定销售规模的购物场所购买的农产品的质量安全更有保证。但是,在实际选择中,消费者更倾向于到菜市场或者批发市场购买食用农产品。同时,消费者对认证食用农产品的认知水平和消费欲望比较高,但实际消费有限。

3. 消费者比较相信政府提供的农产品质量安全信息,并认为政府目前最应该加强对农产品质量安全信息虚假标注的监管。在农产品标注的信息中,消费者最为关心的是生产日期和保质期,价格次之,而对其他信息关注度不够。

4. 针对农户的生产行为,消费者表现出来的意愿是希望生产者禁用或者限用农药,或者使用高效低毒低残留的农药。

(二)建议

1. 对于提高农产品质量安全和消费者农产品质量安全认知水平,政府应该大有可为。首先,政府应当加大宣传和普及,提高广大消费者的农产品质量安全认知程度,引导消费者理性消费,避免因为偶然的农产品质量安全事故而引发消费者对农产品安全消费的不信任和恐慌。其次,政府可以通过农业产业化深加工和规模化,提升农业综合效益,或通过采取对认证机构、认证企业进行补贴、奖励等措施,降低认证农产品的价格,满足广大消费者对认证农产品的消费需求。最后,鉴于目前菜市场或者农贸批发市场还是广大消费者购买农产品的主要场所。因此,在市场监管中,政府应该重点加强对这些场所的管理和监督;最后,政府应大力推广农业科技生产。

2. 生产者(农户)和消费者自觉增强安全农产品意识,是促进安全农产品生产和消费的关键因素。

3. 要建立健全消费者农产品消费权益保护专业协会,更好地发挥协会的职能。

【知识拓展】

市场调查报告是市场调查人员对特定市场的某一方面的问题进行深入细致的调查后,通过书面的形式表达市场调查结果的书面报告,是市场调查活动的最终成果。

一、报告的特点和类型

一份优秀的市场调查报告,能够通过调查对象的现象看本质,能够使市场主体更加深入而系统地了解市场,分析市场现象,制定正确的市场决策;反之,一份拙劣的市场调查报告会使好的调查资料黯然失色,甚至可能使整个调查工作前功尽弃。

(一)报告的作用

市场调查报告的作用主要体现在以下三个方面。

1. 市场调查结果的集中体现。市场调查报告是市场调查所有活动的综合体现,是调查过程的历史记录和总结。通过阅读调查报告,读者能够了解调查活动的整个过程。

2. 管理决策的重要依据。调查项目之所以得以确立,就是因为企业在管理决策过程中遇到了新问题,调查报告必须能够针对这些问题提供有价值的信息,从而指导企业更好地工作。通过调查收集到的资料是零散的,而调查报告是这些零散资料的概况总结,使感性认识上升到理性认识,便于用户阅读和理解。一份好的市场调查报告,能对企业的市场活动提供有效的导向作用。

3. 评价调查活动的重要指标。委托人对调查活动的了解绝大部分是通过市场调查报告。如果调查活动前面的各个步骤都做得很认真,唯独没有认真撰写市场调查报告,委托人对这次调查活动的评价也不会很高的。

(二)报告的特点

市场调查报告是针对市场情况进行的调查、分析与研究的最终成果体现,是不同于其他类型报告的。

1. 针对性。针对性是调查报告的灵魂,包括选题上的针对性和阅读对象的明确性两方面。第一,在选题上必须强调针对性,做到目的明确、有的放矢,围绕主题展开论述,这样才能发挥市场调查应有的作用;第二,必须明确阅读对象。不同的阅读对象,所关注的侧重点就会有所不同。如调查报告的阅读者是公司的总经理,那么他主要关心的是调查的结论和建议部分,而不是大量的数字分析等。但如果阅读的对象是市场研究人员,他所需要了解的是这些结论是怎么得来的,是否科学、合理,他们更关心的就是调查所采用的方式、方法,数据的来源等方面的问题。

2. 新颖性。市场调查报告应结合市场活动的新动向、新问题,从全新的视角去发现问题,用全新的观点去看待问题,通过调查得到的新发现,提出新观点,形成新结论。

3. 时效性。市场信息千变万化,企业的机遇也是稍纵即逝。市场调查滞后,就失去其存在意义。因此,要顺应瞬息万变的市场形势,市场调查报告必须讲究时间效益,做到及时反馈,以供决策者抓住机会,在竞争中取胜。

4. 科学性。市场调查报告不是单纯报告市场客观情况,还要通过对事实作分析研究,寻找市场发展变化规律。这就需要撰写者掌握科学的分析方法,以得出科学的结论以及解决问题的方法、建议等。

(三)报告的类型

一般来说,市场调查报告分为综合报告、专题报告、研究性报告、说明性报告等不同类型。

1. 综合报告。这是提供给用户的最基本的报告。这种类型的报告目的在于反映整个调查活动的全貌,详细地给出调查的基本结果和主要发现。如关于农产品安全问题的市场调查,研究人员可以从消费者对名特优农产品和安全农产品的认知能力、愿意支付的价格水平、购买渠道、品牌重视程度、农产品消费观念等需求和购买行为特点等多个方面进行分析,为农业企业提出相应的对策建议,为企业的发展提供借鉴。

2. 专题报告。与综合报告不同,专题报告是针对某个问题或侧面撰写的。例如,针对农产品安全问题,可以围绕消费者农产品质量安全意识为主要内容,完成一个专题报告。

3. 研究性报告。研究性报告实际上也可以看成是某种类型的专题报告,但是学术性较强,需要继续更深入地分析研究,并要求从中提炼出观点、结论或理论性的内容。

4. 说明性报告。说明性报告,也叫做技术报告,即对调查中的许多技术性问题进行说明。例如,抽样方法、调查方法、抽样误差的计算、样本的加权处理方法等。主要通过说明调查方法的科学性来肯定调查结果的客观性与可靠性。

二、报告的结构

市场调查报告的结构不是固定不变的,其具体结构、格式、风格、体例因调查项目的需要、调查者及调查性质的差异而不同。但是,大多数正规的调查报告都有一个基本的结构,即介绍部分、主体部分和附录部分。

(一)介绍部分

市场调查报告的介绍部分一般包括封面、信件、目录和摘要。

1. 封面。市场调查报告的封面是整个报告的"脸面",是委托者对整个市场调查工作的第一印象。封面一般包括调查报告的标题、市场调查单位、呈送单位、市场调查日期等,也有些市场调查报告的封面作了简化、艺术处理,只注明了报告标题和市场调查单位等,具体如图 2-52 所示。

不管选择哪种形式的封面,标题是市场调查报告封面必不可少的元素。市场调查报告的标题必须准确揭示调查报告的主题思想,做到题文相符,必须高度概括,具有较强的吸引力。在具体确定标题时,可以采用下面三种形式。

(1)直叙式标题,即反映调查意向或调查项目、地点的标题。例如《关于2011 年杭州消费者购房需求的调查报告》,这种标题简明、客观。一般调查报告多采用这种标题。

(2)表明观点式标题,即直接阐明作者的观点、看法,或对事物进行判断、评价。例如《京二手房成交量创 34 个月来新低》等,这种标题既表明了作者的态度,又揭示了主题,具有较强的吸引力。

(3)提出问题式标题,即以设问、反问等形式,突出问题的焦点和尖锐性。例如《民间借贷,良药还是毒品?》,这种标题能吸引读者,促使读者思考。

市场调查报告标题按其表现形式又可以分为单标题与双标题。一般直叙

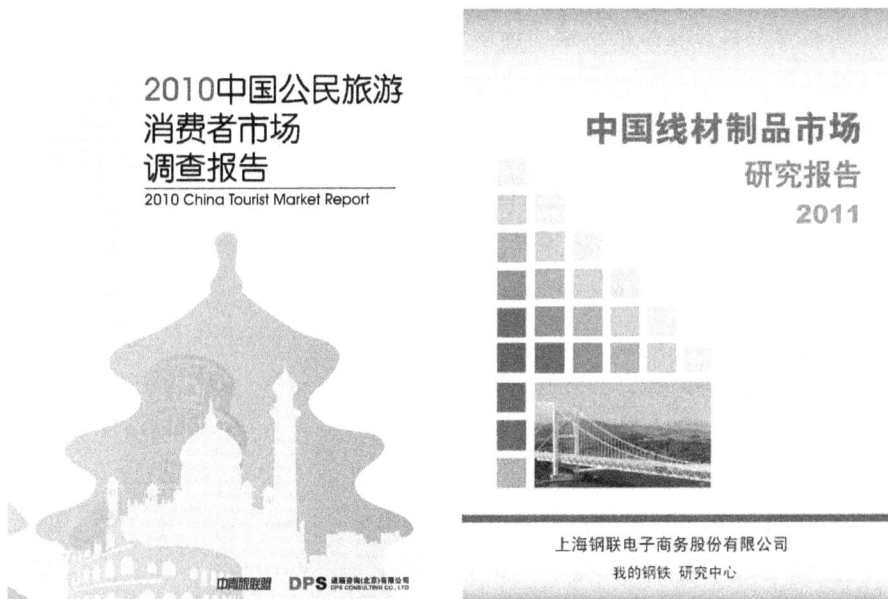

图 2-52 市场调查报告封面示例

式标题采用单标题,提出问题式标题采用双标题。

(1)单标题只有一行标题,即通过标题把被调查对象和调查内容明确而具体地表现出来,一般是由调查对象及内容加上"调查报告"组成,例如《杭州名特优农产品需求和购买行为调查报告》。

(2)双标题有两行标题,采用正、副标题形式。一般正标题表达调查主题,副标题用于补充说明调查对象和主要内容,例如《菜价涨跌之间,钱入谁家腰包——基于北京地区农产品流通渠道市场调查》。

2. 信件。信件包括致项目委托人和项目委托人的授权信复印件两部分。

(1)致项目委托人的信。正式的调查报告一般应有一封给用户的信,简要地总结受委托项目的执行全过程(不提调查结果)。信中还应建议需要用户方所做的进一步行动,例如对调查中的发现制定一些相应的措施,某些问题要作进一步的研究探讨等。

(2)项目委托人的授权信复印件。这封信是在项目开始之前用户给调研者(机构)的授权信。规定了项目的范围以及合同中的一些项目。很多时候只需在"致项目委托人的信"中提一下这封授权信就可以了。不过有时将授权信的复印件附在报告中也是必要的。

3. 目录。目录是整份市场调查报告的检索部分,便于读者了解报告结构。当市场调查报告的页数较多时,应使用目录或索引形式列出主要纲目及页码。在多数报告中,目录部分只需包含一级标题和二级标题。

市场调查报告目录举例

4. 摘要。摘要是市场调查报告中最重要的内容,是整个报告的精华。一般来说,高层领导或高层管理人员因为工作繁忙,往往只有时间阅读摘要部分,然后根据摘要,从正文中寻找需要进一步阅读的内容。因此,摘要应以较小的篇幅对调查报告中最重要的内容进行高度概括。

摘要主要包括以下四方面内容：(1)明确指出本次调查的目标；(2)简要指出调查时间、地点、对象、范围以及调查的主要项目；(3)简要介绍调查实施的方法、手段以及对调查结果的影响；(4)调查中的主要发现，或结论性内容。摘要一般在完成报告主体部分后写。

(二)主体部分

主体部分是市场调查报告的主要部分，应依据调查提纲设定的内容充分展开。正文的写作要求言之有据，简练准确。每层意思可以用另起一段的方式处理，而不需刻意注意文字的华丽与承接关系，但逻辑性要强，要把整个报告作为一个整体来处理。主体部分一般包括引言、调查概况、数据分析、调查结果、局限性及必要说明、结论和建议等部分。

1. 引言。引言又称导语，是市场调查报告正文的前置部分，应简洁明了地介绍有关调查的情况，或提出全文的引子，为正文写作做好铺垫。一般应交待调查的目的、时间、地点、对象与范围、方法等与调查者自身相关的情况，也可概括市场调查报告的基本观点或结论，以便使读者对全文内容、意义等获得初步了解。然后用一过渡句承上启下，引出主体部分。

常见的引言有：(1)简介式引言，对调查的课题、对象、时间、地点、方式、经过等作简明的介绍；(2)概括式引言，对调查报告的内容(包括课题、对象、调查内容、调查结果和分析的结论等)作概括的说明；(3)交代式引言，即对课题产生的由来作简明的介绍和说明。这部分文字务求精要，切忌啰嗦。

2. 调查概况。这一部分应该比较详细地描述执行调查的过程，具体包括调查时间、调查地点、对象、范围等，也可以描述调查方法，说明所选用的具体调查方法是正确的。

3. 数据分析与调查结果。这部分一般是用统计分析方法对调查数据进行分析，并用图表等形式进行展示，最后提出调查发现或得出结论，包括基本结果、分组结果和关联性结果分析等，这是市场调查报告中最长的一部分。不但要逐题给出结果，还要按照市场细分或按调查对象特征(如性别、年龄、收入、职业等)给出分类的结果，以及项目间的相关关系结果。

4. 局限性及必要说明。由于时间、预算、调查方法以及其他组织上的各种因素限制，任何市场调查都会存在局限性，比如抽样误差是不可避免的。所以在这一部分，应持公开坦率的态度，指出调查存在的局限性，并简要讨论这些问题对结果的可能影响,目的是使报告的阅读者和使用者能够对调查结果做出自己的判断。

5. 结论和建议。结论和建议应采用简明扼要的语言。好的结束语,可使读者明确题旨,加深认识,启发读者思考和联想。结论一般包括以下几个方面内容。

(1)概括全文。经过层层剖析后,综合说明调查报告的主要观点,深化文章的主题。

(2)形成结论。在对真实资料进行深入细致的科学分析的基础上,得出报告的结论。

(3)提出看法和建议。通过分析,形成对事物的看法,在此基础上,提出建议和可行性方案。

(4)展望未来、说明意义。通过调查分析展望未来前景。

(三)附录部分

附录是指调查报告正文包含不了或对正文结论的说明,是正文报告的补充或更为详细的专题性说明。附录作为市场调查报告正文的补充部分,并不是必需的,可以写,也可以不写,要视具体情况而定。可以作为附录编入市场调查报告中的内容包括以下几点。

1. 为了市场调查报告的完整,但编入正文又损于正文的处理和逻辑性,这一类材料包括比正文更为详细的信息研究方法和技术的途述,对于了解正文内容具有重要的补充意义。

2. 由于篇幅过大或取材于复制品而不便编入正文的材料。

3. 某些重要的原始数据、数据整理表格、数据分析表格等。市场调查报告附录一般包括调查问卷样卷、部分原始资料、少数典型个案资料、调查统计图表的诠释和说明,正文中有关材料的出处、参考文献、旁证材料以及其他必须说明的问题或情况。

三、报告的撰写技巧

(一)语言运用的原则

调查报告不是文学作品,它具有较强的应用性。因此,它的语言应该遵循严谨、简明和通俗的原则。

1. 严谨。在调查报告中尽量不使用如"可能""也许""大概"等含糊的词语，还要注意在选择使用表示强度的副词或形容词时，要把握词语的程度差异，比如，"有所反应"与"有反应"；"较大反响"与"反应强烈"；"显著变化"与"很大变化"之间的差别。为确保用词精确，最好用数字来反映。

2. 简明。在叙述事实情况时，力争以较少的文字清楚地表达较多的内容。要使语言简明，重要的是训练调查报告撰写者的思维。只有思维清晰、深刻，才能抓住事物的本质和关键，用最简练的语言概括和表述。

3. 通俗。调查报告的语言应力求朴实严肃，平易近人。通俗易懂才能发挥其应有的作用。但通俗、严肃并非平淡无味，撰写者要加强各方面的修养和语言文字表达的训练，提高驾驭语言文字的能力，最终才能写出语言生动、通俗易懂的高水平的调查报告。

(二)数字运用的原则

较多地使用数字、图表是调查报告的主要特征。调查报告中的数字既要准确，又要讲求技巧，力求把数字用活，用得恰到好处。因此，在数字运用上要遵循以下几个原则。

1. 防止数字文学化。数字文学化表现为在调查报告中到处都是数字。在大量使用数字时，要注意使用方式。一般应该使用图表来说明数字。

2. 运用比较法表达数字。这是基本的数字加工方法，可以纵向比较和横向比较，纵向比较可反映事物自身的发展变化，横向比较可以反映事物间的差距，对比可形成强烈的反差，增强数字的鲜明性。

3. 运用化小法表达数字。有时由于数字太大，不易理解和记忆。如果把大数字换算成小数字则便于记忆。如把企业年产电视机 536400 台换算成每分钟生产 1 台效果更好并更容易记忆。

4. 运用推算法表达数字。有时由于个体数量较小，不易引起人们的重视，但由此推算出的整体数量却大的惊人。例如，对农民建房占用耕地情况调查发现 12 个村 3 年每户平均占用耕地 2 分 2 厘，而由此推算全县农村建房三年共占用耕地上万亩。

5. 运用形象法表达数字。这种方法并不使用事物本身的具体数字，而是用人们熟悉的数字表示代替，以增强生动感、更具有吸引力。

6. 使用的汉字与数字应统一。可用阿拉伯数字的地方,均应使用阿拉伯数字。公历世纪、年代、年、月、日和时间应使用阿拉伯数字,星期几则一律用汉字,年份一般不用简写;计数与计量应使用阿拉伯数字,不具有统计意义的一位数可以使用汉字;数字作为词素构成定型的词、词组、惯用语或具有修辞色彩的语句应当用汉字;邻近的两个数并列连用表示概数时应当用汉字。

(三)应注意的问题

一篇高质量的调查报告,除了符合调查报告一般格式以及很强的逻辑性结构外,写作手法是多样的,在报告撰写过程中应必须注意以下两点:

1. 调查报告不是流水账或数据的堆积。数据在于为理论分析提供了客观依据,市场调查报告需要概括评价整个调查活动的过程,需要说明这些方案执行落实的情况,尤其是实际完成的情况对于调查结果的影响,需要认真分析清楚。

2. 调查报告必须真实、准确。从事实出发,而不是从某人观点出发,先入为主地做出主观判断。调查前所设计的理论模型或先行的工作假设,应毫不例外地接受调查资料的检验。与事实不符的观点应该坚决舍弃,暂时还拿不准的应如实写明或放在附录中加以讨论。

四、调查结果的沟通

调查结果沟通是指市场调查人员与项目委托者、使用者以及其他人员之间就市场调查结果的一种信息交换活动。调查报告沟通的意义在于它是调查结果实际应用的前提条件,有利于委托者及使用者更好地接受有关信息,做出正确的营销决策,发挥调查结果的效用。下面主要介绍口头汇报的工作方法与内容。

(一)准备工作

口头报告是一种直接沟通方式,更能突出强调市场调查的结论,使相关人员对市场调查的主题意义、论证过程有一个清晰的认识。

1. 口头报告的优点。(1)时间短,见效快,节省决策者的时间与精力;(2)听取者对报告的印象深刻;(3)口头汇报后可以直接进行沟通和交流,提出疑问,并做出解答等。

2. 准备工作。对于一项重要的市场调查报告,口头报告是唯一的一种交流途径。

(1)汇报提要。为每位听众提供一份关于汇报流程和主要结论的汇报提要。提要应留出足够的空白,以利于听众做临时记录或评述。

(2)视觉辅助。使用手提电脑、投影设备,制作演示稿,内容包括摘要、调查方案、调查结果和建议的概要性内容。

(3)调查报告的复印件。报告是调查结果的一种实物凭证,鉴于调查者在介绍中省略了报告中的许多细节,为委托者及感兴趣者准备报告复印件,在听取介绍前就能思考所要提出的问题,就感兴趣的环节仔细阅读等。

(4)强调介绍的技巧。注意对介绍现场的选择、布置;语言要生动,注意语调、语速等;注意表情和形体语言的使用。

(二)利用演示软件制作报告

使用图表展示信息比用文字显得更有效、更具说服力,而且调查委托方一般都指明报告应以图表为基础,要求尽量少地使用文字。为寻求调查结果更有效沟通的方式,目前市场调查人员通常使用演示软件。PowerPoint 软件在市场上居于支配地位,它可以方便地使分析人员进行下述工作。

1. 利用多种字体和字号创建项目图表,并且可以进行字体加粗、变斜体、添加下划线。

2. 可以创建出多种不同类型的、可用于展示特定调查发现的图形(饼状图、柱形图、线形图等),而且只需点击鼠标就可以对这些图形进行修改和测试。

3. 在演示及切换幻灯片时,有多种动画效果,还可以在幻灯片中插入声音、视频(项目组分析的现场录像)等。

项目三 零售终端调查与分析

【学习目标】

☆ **知识目标**

通过本项目学习,你应该:

1. 理解零售终端调查方案的框架;

2. 理解零售业态和零售贸易特征;

3. 理解观察法的内涵、类型、优缺点和应用范围;

4. 理解零售终端观察表的设计项目和内容;

5. 掌握实地观察的具体步骤;

6. 掌握观察数据的整理与分析的方法;

7. 掌握零售终端观察报告的结构。

☆ **技能目标**

通过本项目学习,你应该:

1. 能根据零售终端调查的目的,制定零售终端调查方案;

2. 能比较不同类型的观察法并针对零售终端选择最适宜的方法;

3. 能结合调查目标,确定调查项目的具体内容,设计零售终端观察表;

4. 能根据零售终端调查方案和企业终端运营实际,组织人员对零售终端实施观察;

5. 能对收集的零售终端数据资料进行整理与分析;

6. 能根据前期资料准备情况,撰写零售终端观察报告。

【案例导入】

北京服装市场品牌牛仔装调研报告数据分析

一、商场品牌基本情况分析

1. 品牌数量及来源地情况。本次调研的 17 家商场中,共有牛仔装品牌 22 个,分别来自广东、上海、福建、浙江 4 个地区,未见北京本地品牌。其中来自广东的品牌最多,有 13 个,占北京市场整体覆盖率的 59.1%。从整体数据来看,以国内品牌和国外品牌方面来划分,在这 22 个品牌中,只有杉杉、波顿、威鹏等少数的几个品牌为中国本土品牌,其余 70% 以上的品牌全部为中国代理商引进的国外品牌,而国内品牌中也有像杉杉这样的延伸型品牌。从品牌对比上来看,国外品牌从整体的产品款式开发和陈列方面都要好于国内品牌,价格也要远远高于国内品牌。另外,在对消费者的调查中发现,国外品牌的知名度也远高于国内品牌。

2. 大部分品牌商场覆盖率偏低。从单一品牌商场覆盖率中发现,北京商场中的牛仔品牌的商场覆盖率普遍偏低。在 22 个品牌中单一品牌覆盖率在 50% 以上的品牌只有苹果和 Lee 两个,苹果为 71%,Lee 为 53%,其余的 20 个品牌均未超过 36%,其中只进驻一家商场,覆盖率为 6% 的品牌数量就占据了整体品牌数量的 40%。

3. 商场品牌拥有量情况。从调研的 17 家商场的品牌拥有量的统计显示,消费者定位年轻化、商场产品时尚性较高的商场较为适合牛仔品牌的进驻。其中 SOGO 拥有牛仔品牌 10 个,位居第一;中友百货的牛仔品牌数量 9 个,排在第二;其余的 15 家商场的牛仔品牌均未超过 5 个。相对于其他的服装品类来说,商场牛仔品牌的数量不是很高,这从消费者的消费行为上也可以找到一些答案。

二、消费者消费行为分析

1. 消费者的购物动机和产品偏好。从调查结果表明,"需要搭配衣服"是北京市场牛仔服装消费群体的主要消费动机,这说明在北京市场中牛仔服装的消费者产品选购从整体上来说都较为理性。但是,通过调查的细分发现男性消费者和女性消费者随机性购物的不同特点。其中 90% 的消费者会选择牛仔服装,选购时除了考虑具有耐磨、方便、舒适、易打理等方面的特点外,还认为穿着牛仔服装使人显得有活力、具有时尚感。从细分的情况来看,男性消费者在选购牛仔裤时100%会选购牛仔长裤,而女性消费者中,除了100%会选购牛仔长裤以外,对牛仔短裤的选购机率达到了33%;其他的裤品,如九分裤、七分裤、背带裤的选购机率均达到了7%。对于在牛仔裤色彩的选择上面,男性消费者较为单一,100%的消费者认为蓝色系是必不可少的选择,而女性消费者中有7%的消费者表示黑色系的牛仔产品也是不错的选择。

2. 消费者的购物渠道和品牌促销偏好。消费者对于选购牛仔服装的渠道较为分散,但是相对来看,男性消费者在选购牛仔服装的渠道上比女性稍微集中一点。男性牛仔服装消费者在购买牛仔服装时有60%的机率发生在品牌的街边专卖店,在商场品牌专柜、时尚小店、网上这三种渠道购买服装的机率也都达到了13%。女性的牛仔服装消费者选购产品时有40%的机率发生在品牌的街边专卖店,其次是商场品牌专柜和各种时尚小店,两者的机率均为20%。而对于品牌终端促销方式的统计结果来看,100%的男性和女性消费者都表示更加偏爱品牌直接降价、打折的促销方式。另外,有7%的女性消费者愿意接受一些附带赠品的促销方式,而消费者期望的赠品多为腰带类的一些饰品。

3. 消费者广告接触及品牌忠诚度。从消费者了解牛仔服装品牌信息的渠道上显示,卖场内广告是目前牛仔服装品牌针对终端消费者最好的传播品牌信息的方式。在男性和女性消费者中,除了各自有7%的比例不关注牛仔品牌的信息以外,93%的男性消费者通过品牌的卖场了解品牌的相关信息,47%的女性消费者以同样的方式了解品牌的相关信息。女性消费者中还有13%的人表示会通过杂志、品牌的活动了解品牌的相关信息。而关于口碑在传递品牌信息的作用上,在被调查的全部消费者中均有13%的人表示平时会通过朋友接触一些品牌的情况。从牛仔装品牌的消费者忠诚度方面来看,牛仔装品牌的消费者忠诚度并不是很高,而且男性消费者和女性消费者在选购牛仔服装产品时,购买类似于杰克·琼斯、ONLY等产品系列化的休闲服装中的牛仔产品的比例就达到了60%。固定购买同一个牛仔品牌的消费者中,男性消费者的比例为20%,女消费者的比例为40%。

（资料来源:http://www.chinasspp.com/,中国时尚品牌网,2007年12月17日,经作者整理改编）

零售终端是指市场营销过程中最末阶段的空间,是产品到达消费者完成交易的最终端口,是商品与消费者面对面的展示和交易的场所。终端是企业间竞争最激烈的具有决定性的环节,在终端柜台货架上的各种品牌在这里短兵相接,如何吸引消费者的目光和影响消费者的购买心理是终端工作关键所在。如在石狮召开的2011年春夏服装订货会中,相较于七匹狼、爱登堡、九牧王等品牌新品发布会的主题和口号,富贵鸟的主题则显得更为直接——"赢在渠道,速度制胜"。因此,成功的零售终端建设,是基于能够敏锐地把握市场的营销机遇,并围绕零售终端持续建设企业的核心竞争力。零售终端建设的困局在于失去了对市场环境的清醒洞察,未能有效地收集分析产品终端销售、竞争对手、市场发展等情况,放弃对核心竞争力的有效管理。

【项目简介】

零售终端调查与分析项目

1. 项目内容。根据零售终端调查与分析的工作内容和工作流程,我们将该项目划分为制定零售终端调查方案、确定零售终端调查方法、设计零售终端调查观察表、组织实施零售终端观察调查、整理与分析零售终端调查资料和提交零售终端市场调查结果6个子项目。

2. 工作任务。以服装产品生产和经营企业等为载体,基于校外合作企业门店运营的实际情况,采用以走访调研、蹲点观察为主的调查方法,对某一品牌服装连锁专卖店的品牌定位、店铺流、橱窗陈列、店内陈列以及陈列维护进行实地调查,分析品牌设计理念、顾客定位以及价格定位的准确性。具体需要完成以下工作任务:对客流量、进店量、进店率、触摸率、试穿率、成交率、连带销售比以及客流动线等方面进行观测分析;对橱窗商品的时间主题、商品主题、设计主题、目标信息传达、橱窗视觉手法等橱窗陈列进行观测分析;对入口陈列、中岛陈列、板墙陈列以及橱窗或形象主题关联等店内商品陈列进行观测分析;对硬件环境形象、商品形象等店面店内形象维护和器架道具、照明与设备维护以及店员表现等陈列维护进行观测分析。最后撰写调查报告,为服装企业提出相应的对策建议。

3. 学习课时。建议课内教学为20课时,课外学习课时为20课时。

4. 项目成果。在项目学习结束后,学生应递交以下项目学习成果:

(1)零售终端调查方案 1 份;

(2)零售终端调查表 1 份,原始调查表;

(3)零售终端调查报告 1 份,报告内容包括:封面、前言、正文、附录等部分。

任务一 制定零售终端调查方案

零售作为商品流通的一种方式,采用零散的而不是批量的销售方式,向最终消费者提供产品。零售业市场的发展与成熟和消费者的日趋理性,促使连锁零售业的竞争重心转移到了成本、效率和顾客满意度上,竞争重心的转移,推动信息化系统成为了连锁零售企业赢得竞争优势的必要途径。现代零售渠道的拓展带来了以下趋势:光顾现代渠道门店的频率上升,竞争加剧,导致顾客数量和购买量减少,价格下降,造成单店的销量下降。消费者更愿意前往现代销售渠道购物和消费更多的钱,但是对于整个现代销售渠道来说,终端店铺的不断扩张,给消费者提供了更多选择终端店铺的机会。

【能力训练】

由于零售服务对象具有广泛性和不确定性,增加了零售终端满足顾客需求的难度。为了吸引顾客,提高竞争力,确保零售利润,不断扩大销售量,降低存货成本,提高存货周转率,则成为零售商面临的主要问题。现以某一服装企业(校外基地)的品牌服装为例,结合某校外企业品牌服装进行零售终端调查,与企业门店运营管理相关人员沟通,说明制作零售终端调查方案设计的过程及主要内容,最后选择调查的具体方案。

一般而言,制定零售终端调查方案的步骤如下。

1. 设计市场调查方案。设计市场调查方案,重点解决零售终端调查的目的、要求、调查范围和规模,调查力量的组织等问题,在此基础上制定一个切实可行的调查方案和工作计划。调查方案的主题根据零售商的市场策略而定,如研究顾客对品牌的接受程度、价格的制定、价格的定位、结构组织是否充足等。在调查问题明确后,设计市场调查方案包括调查目的、调查对象、调查内容、调查方法、调查费用和时间安排等。有些调查还需要进行问卷设计、确定调查样本等。具体内容包括：

（1）为完成调查的课题需要收集哪些信息资料；

（2）怎样运用数据分析问题；

（3）明确获得调查结果及其证实结果的做法；

（4）信息资料获取的渠道和方法；

（5）评价方案设计的可行性及核算费用的说明；

（6）方案进一步实施的准备工作。

2．编写调查方案内容。以服装终端门店为例，零售商应充分利用其终端店员、VIP顾客、一般的消费者开展有关的调查工作。零售终端调查方法主要有文案调查法，访问调查法、观察调查法和实验调查法。针对零售终端的调查可以从以下方面展开。

（1）消费者对终端门店的态度调查。调查项目一般包括知名度、购买度、忠诚度、购物环境、服务水平、产品形象、价格形象、目标顾客等，将调查项目根据消费者感觉的差别程度，分成若干等级，让消费者作出选择，调查对象可以选择店内顾客，也可采用街头随机调查。

（2）商品组合调查。调查项目可以包括商品包装、商品更新、商品的时尚性、商品宣传、商品陈列、商品宣传、商品上市时间、价格水平、商品花色品种与规格等。

（3）促销调查。促销销售的目的主要是包括增加销售量、宣传商品及树立门店形象等，促销调查项目包括促销前后项目销售量的变化和促销前后顾客对商店形象及商品的认识变化。

（4）竞争调查。服装零售终端成功的要诀之一是知晓竞争对手的情况并作出调整，对竞争对手的调查具体内容包括购物环境、商品组合、价格组合、零售店营业额及消费者购买数量和金额、促销组合、卖场整体布局及客流量分析、消费群体等。

（5）市场及行业环境调查。服装市场需求和流行趋势信息是服装市场调查的主要内容，包括影响流行的环境因素和消费者偏好。同时，收集行业总体发展水平、行业和产品细分程度、地区分布、新技术应用情况、加工能力及相关行业发展情况等信息资料。

一般来说，大型的服装市场调查，需要分别制定调查方案和调查工作计划;对于一些内容不是很复杂,范围较小的服装市场调查,可以把两者结合起来,只拟订一个调查计划,辅以调查提纲即可。

表 3-1 ××调查计划表

项目	调查内容
调查目的	为何要做此调查,需要了解的内容,调查结果有何用途
调查方法	采用询问法、观察法、实验法等
调查地区	被调查者居住地区、居住范围等
调查对象、样本	对象的选定、样本数量和选取等
调查时间、地点	调查所需的起始时间、具体地址等
调查项目	访问项目、问卷项目、问卷表和分类项目等
分析方法	统计的方法与预测等
提交调查报告	报告书的格式、份数、内容等
调查进度表	策划、实施、统计、分析、总结等
调查费用	各项目开支和总开支等
调查人员	策划人员、实施人员、负责人相关信息

3. 审定市场调查方案。审定调查方案是市场调查方案制定阶段一项非常重要的工作,切实可行的调查方案是使得调查能顺利实施和达到调查目的重要保证。对调查时间的审定有严格的要求,在方案中必须明确调查工作开始和结束的时间,资料处理、分析和报告完成时间等。另外,调查费用是方案审核中需要考虑的一项重要因素。调查对象、内容以及范围选择往往受到调查费用的制约。在达到调查目的的前提下,要尽可能控制调查费用。市场调查方案的审核可以从以下几方面入手:调查方案的制定和调查表的设计是否切合实际;调查方式、方法和调查技术的实践结果是否吻合;实地调查中还有哪些问题有待于进一步展开,需要继续组织追踪调查等。

经过市场调查方案的精心设计、编写之后,一份完整的市场调查方案就出现了。为了使调查方案能有条不紊地指导调查活动,还应该对方案进行一系列的讨论和修改,直到获得多方面的认可。在审定调查方案后,要组织调查人员进行相关培训,积极准备实施调查。

【项目成果范例】

××企业品牌女装零售终端市场调查方案

一、调查背景

随着服装市场国际化进程加快,女装行业的竞争将会更加激烈。2008 年女装企业在市场竞争中由过去的降价竞争,变成款式、时尚、销售环境等综合因素的竞争。企业只有提高服装市场的综合竞争能力,才能生存和发展,并在世界服装生产中取得优势。我国女装企业已超过 3 万多家,品牌亦有 3 万多个。从出口贸易到零售商店,中国女装业都展示出强大的活力和雄厚的实力。但同时,中国女装业可谓"才刚刚起步",技术、工艺、设计、管理、营销等方面与国际女装业还存在差距,这也是未来的发展空间和商机。

在市场竞争日益激烈的今天,女装品牌的作用也越来越强,品牌就好比人的名字,在区别同类产品的同时成功打造了自己的品牌以及获得消费者的青睐,提升了自己的知名度。由于时代迅猛发展,人们生活水平的提高,对服饰要求也越来越高。然而如今的人们追求时尚,对女装的购买需求,也不仅仅只限于保暖遮羞了,而更加注重它的时尚性,如今服饰品牌越来越多,竞争也愈激烈,为了得到更多利润,处于不败之地,女装企业必须在服饰中融入时尚流行的元素。

二、调查目的

为了提升企业女装品牌在市场中的影响和地位,希望通过本次调查了解当地女装市场的规模和各主要竞争对手品牌的市场份额,了解消费者女装购买和穿着习惯,根据消费者的不同年龄、职业、收入等偏好对女装市场进行细分,为公司选择目标市场和品牌定位提供依据。

三、调查对象和方法

1. 终端店铺调查。对 3～5 个主要竞争品牌专卖店和专柜进行观察。

2. 经销商访问。对当地市场有代表性的 6～8 家经销商进行个别访问。

3. 消费者小组访谈。组织 5 场消费者座谈会,座谈对象,按照男女分组,每组 6～8 人。

四、调查内容

了解女装休闲服饰的市场状况,了解本行业的市场容量、潜力及未来的发展趋势,为企业决策提供信息依据。全面摸清企业品牌在消费者中的知名度、渗透率、美誉度和忠诚度;了解不同层次消费者消费变化趋势,为调整品牌营销策略及进行品牌延伸提供科学依据。全面了解本品牌及主要竞争品牌的销售现状,消费者消费行为和心理特征的变化趋势,为企业的市场细分、品牌改造、新品牌开发提供信息依据。全面了解本品牌及主要竞争品牌的广告、促销、公关、价格等营销策略,为公司营销策略的合理制订提供支持。具体如下。

1. 终端店铺调查包括:产品结构、花色品种和特色、产品价格、产品陈列方式、店铺面积、布局和装修、促销方式、导购服务水平等。

2. 经销商访问包括:过去半年休闲装销售情况、未来一年休闲装市场趋势预测、经销商对主要竞争品牌评价、经销商对消费者购买行为的评价、进货渠道对供货商的要求、供货方式等。

3. 消费者调查内容包括:女装购买场所和购买习惯、购买女装考虑的因素、女装信息来源、过去半年购买女装数量和金额、对女装的价格承受能力、对主要品牌的认知和偏好、购买过的主要品牌及购买原因、对女装的态度、接触女装广告的情况、背景资料(年龄、性别、文化程度、职业、收入等)。

五、调查范围

××地区

六、调查实施

可以委托当地调查公司或大学实施调查。由市场部调查专员与受委托方共同控制调查质量。

七、组织计划

表 3-2　调查进度表

内容	完成时间
调查方案设计	6 月 20 日
现场调查	7 月 10 日
数据统计与处理	7 月 25 日
调研报告完成	8 月 10 日

八、费用预算

1. 人员工资与补贴共＿＿＿＿＿＿＿元。

2. 调查费_____元。

3. 培训费_____元。

4. 资料费_____元。

5. 礼品费_____元。

6. 杂费_____元。

合计共_____元

九、附录

【知识拓展】

对企业来讲,只有在零售终端完成的销售,才是销售的最终实现。对销售部门来讲,零售终端工作的好坏,影响着商品被顾客接受的程度、销售目标的完成。因此,对零售终端的规范和管理是销售工作中最基础的工作内容,也是销售力最基本的体现。

随着我国服装业的发展和服装消费行为的成熟,服装零售市场逐渐形成了适应不同产品层次和消费层次的服装零售业态。常见的服装零售业态包括百货店服装专柜、大型超市中的服装店中店、专业化的服装商贸城、服装零售店、品牌服装专卖店、流动的服装交易展、流动的服装零售摊档等。在所有的服装零售业态中,服装零售店是最基本的形式,其他的业态均可看作是服装零售店的简化形态或复合形态。

一、零售终端

零售是指向最终消费者个人或社会集团出售生活消费品及相关服务,以供其最终消费之用的全部活动。Baker(1998)将零售企业定义为"任何向个人或家庭消费出售商品并提供售后服务的机构"。

(一)零售贸易的主要特征

零售贸易是指将商品或劳务直接出售给最终消费者的交易活动。在贸易运行中,零售直接面对最终消费者。因此,零售是贸易过程的终点,处于生产与消费之间中介地位的终端。与批发贸易相比,零售贸易的主要特征有以下几点。

1. 交易对象为直接消费而购买商品的最终消费,包括个人消费和团体消费。消费者从零售商处购买商品的目的是为了自己消费,而不是为了用于转卖或生产。交易活动在营业人员与消费者之间单独、分散进行。

2. 零售贸易的标的物不仅包括商品,还包括为顾客提供各种服务,如送货、安装、维修等。随着市场竞争的加剧,零售贸易中提供的售前、售中与售后服务已成为重要的竞争手段或领域。

3. 交易量零星分散,交易次数频繁,每次成交额较小,未成交交易占有较大比重。因为零售贸易本身就是零星的买卖,交易的对象是众多而分散的消费者,这就决定了零售贸易的每笔交易量不会太大,而较少的交易量不可能维持持久消费,与之相适应,零售贸易的频率就特别高。

4. 受消费者购买行为的影响比较大。由于消费者的购买行为类型多样性,而大多数消费者在购买商品时表现为无计划的冲动型或情绪型。面对这种随机性购买行为明显的消费,零售商欲达到扩大销售之目的时,特别要注意激发消费者的购买欲望和需求兴趣。

5. 零售网点规模大小差异大,分布较广。由于消费者的消费具有广泛性、分散性、多样性、复杂性的特点,为了满足广大消费者的需要,在一个地区仅靠少数几个零售点是根本不够的。零售网点无论从规模还是布局上都必须以满足消费者需要为出发点,适应消费者购物、观光、浏览、休闲等多种需要。

(二)零售的主要业态

零售业态是指零售企业为满足不同的消费需求而形成的不同的经营形态,即销售市场向确定的顾客提供确定的商品和服务的具体形态。它是零售企业适应市场经济日趋激烈的竞争产物,是物竞其类、适者生存法则在商品流通领域的表现。

2004 年颁布的新国家标准《零售业态分类》按照零售店铺的结构特点,根据其经营方式、商品结构、服务功能,以及选址、商圈、规模、店堂设施、目标顾客和有无固定营业场所等因素将零售业分为食杂店、便利店、折扣店、超市、大型超市、仓储会员店、百货店、专业店、专卖店、家居建材店、购物中心、厂家直销中心、电视购物、邮购、网上商店、自动售货亭、直销、电话购物等 18 种业态,并规定了相应的条件。从总体上零售业态可以分为有店铺零售业态和无店铺零售业态两类。

1. 有店铺零售。它是有固定的进行商品陈列和销售所需要的场所和空间,并且消费者的购买行为主要在这一场所内完成的零售业态。如食杂店是以香烟、酒、饮料、休闲食品为主,独立、传统的无明显品牌形象的零售业态;便利店是满足顾客便利性需求为主要目的零售业态;折扣店是店铺装修简单,提供有限服务,商品价格低廉的一种小型超市业态,拥有不到 2000 个品种,经营一定数量的自有品牌商品;超市是开价售货,集中收款,满足社区消费者日常生活需要的零售业态,可以分为食品超市和综合超市;大型超市是指实际营业面积 6000m² 以上,品种齐全,满足顾客一次性购齐的零售业态,可以分为以经营食品为主的大型超市和以经营日用品为主的大型超市;仓储会员店是以会员制为基础,实行储销一体、批零兼营,以提供有限服务和低价格商品为主要特征的零售业态;百货店是指在一个建筑内,经营若干大类商品,实行统一管理,分区销售,满足顾客对时尚商品多样化选择需求的零售业态;专业店是指以专门经营某一大类商品为主的零售业态,如办公用品专业店、玩具专业店、家电专业店、药品专业店、服饰店等;专卖店是指以专门经营或被授权经营某一主要品牌商品为主的零售业态;家居建材商店是指以专门销售建材、装饰、家居用品为主的零售业态;购物中心是指多种零售店铺、服务设施集中在由企业有计划地开发、管理、运营的一个建筑物内或一个区域内,向消费者提供综合性服务的商业集合体;社区购物中心是指在城市的区域商业中心建立的,面积在 5 万 m² 以内的购物中心;市区购物中心是在城市的商业中心建立的,面积在 10 万 m² 以内的购物中心;城郊购物中心是在城市的郊区建立的,面积在 10 万 m² 以上的购物中心;厂家直销中心是指由生产商直接设立或委托独立经营者设立,专门经营本企业品牌商品,并且多个企业品牌的营业场所集中在一个区域的零售业态。

2. 无店铺零售。它是指不通过店铺销售,由厂家或商家直接将商品递送给消费者的零售业态。如电视购物是以电视作为向消费者进行商品推介展示的渠道,并取得订单的零售业态;邮购是以邮购商品目录为主向消费者进行商品推介展示的渠道,并通过邮寄的方式将商品送达给消费者的零售业态;网上商店是通过互联网进行买卖活动的零售业态;自动售货亭是通过售货机进行商品售卖活动的零售业态;直销是采用销售人员直接与消费者接触,进行推介,以达到销售其产品或服务目的的零售业态;电话购物是指主要通过电话完成销售或购买活动的一种零售业态。

(三)零售终端选址

行业不同,选址的方法自有差别。现以专卖店和商场专柜的零售终端建设为例,进行科学选址分析。研究人员必须要对百货商场进行考察和分析,主要包括商业类型(百货商场)、商场基本状况、商场竞争、客流量、商场消费群等分析。

1. 商场基本状况研究具体涉及以下内容:地理位置、商场消费定位、产品定位、商场规模和影响力、发展商实力以及目前整体运营状况及发展潜力。

2. 商场竞争分析,即对商场内同行业的竞争状况。通过对竞争对手的位置、规模、营业额情况、品种及价格、客单均价、服务质量、消费特点等进行观察分析。

3. 客流量分析,通过对不同时段客流量的统计,使管理人员可以在客流高峰期增加工作人员,提高服务质量,进而增加销售。可以采取分时段计量客流,如按日常上午、下午、晚上、周末(节假日)分时段对过往目标客流进行基于第一感觉判断的数量记录,初步确定市场结构中消费者的大体轮廓。

4. 商场消费群分析,通过问卷调查法、实地考察法等方法进行消费群年龄构成和职业分布、目标消费群收入水平和消费能力、目标消费群消费时间、消费频率、主动式寻求消费或被动式偶然消费、对品牌的认知等进行分析。对目标消费群的消费特点,提倡采用实地考察法,因为问卷调查工程浩大,样本太大,费时费力;样本太小,完全没有参考价值。实地考察可以跟随目标消费者,随时转换目标。这个方法是很有效的,3天时间,基本可以摸清楚一个商场内,产品的目标消费群的消费特点。

麦当劳和肯德基能够成为全球连锁快餐业的领跑者,除了经营有道之外,在店铺选址的策略上他们更是自有一套标准。

麦当劳成功选址的5项标准。第一,针对目标消费群。麦当劳的目标消费群是年轻人、儿童和家庭成员。所以在布点上,一是选择人潮涌动的地方,如交通集散点周边设点;二是在年轻人和儿童经常光顾的地方布点,比如在游乐场附近设点,方便儿童就餐;在大型卖场边开设店中店,吸引逛商场的年轻人就餐。第二,立足现在,放眼未来。麦当劳布点的一大原则,是二十年不变。所以对每个点的开与否,都通过三个月到六个月的考察,再作决策评估。重点考察是否与城市规划发展相符合,是否会出现市政动迁和周围人口动迁,是否会进入城市规划中的红线范围。进入红线的,坚决不碰;老化的商圈,坚决不设点。有发展前途的商街和商圈、新辟的学院区、住宅区,是布点考虑的地区。纯住宅区则往往不设点,因为纯住宅区居民消费的时间有限。第三,讲究醒目。麦当劳布点都选择在一楼的店堂,透过落地玻璃橱窗,让路人感知麦当劳的餐饮文化氛围,体现其经营宗旨——方便、安全、物有所值。由于布点醒目,便于顾客寻找,也吸引人。第四,不急于求成。黄金地段,业主往往要价很高。当要价超过投资的心理价位时,麦当劳不急于求成,而是先发展其他地方的布点。通过别的网点的成功,让"高价"路段的房产业主感到麦当劳的引进,有助于提高自己的身价,于是再谈价格,重新布点。第五,优势互动。麦当劳开"店中店"选择的"东家",基本上品牌信誉都比较高。因为知名百货店为麦当劳带来客源,麦当劳又吸引年轻人逛商店,起到优势互补的作用。

肯德基的成功选址步骤如下。第一步:划分商圈——用数据说话。肯德基计划进入某城市,就先通过有关部门或专业调查公司收集这个地区的资料,有些资料是免费的,有些资料需要花钱去买。把资料买齐了,就开始规划商圈。商圈规划采取的是记分的方法,例如,这个地区有一个大型商场,商场营业额在1000万元算1分,5000万元算5分,有一条公交线路加多少分,有一条地铁线路加多少分,这些分值标准是多年平均下来的一个较准确经验值。通过打分把商圈分成市级商业型、区级商业型、定点(目标)消费型、社区型商务两用型、旅游型等。第二步:选择地点——在最聚客的地方开店。商圈的成熟度和稳定度也非常重要。肯德基一定要等到商圈成熟稳定后才进入,其原则是努力争取在最聚客的地方和其附近开店。古语说"一步差三市",开店地址差一步就有可能差三成的买卖。这跟人流动线有关,可能有人走到这,该拐弯,则这个地方就是客人到不了的地方,差不了一个小胡同,但生意差很多,这些在选址时都要考虑进去。人流动线是怎么样的,在这个区域里,人从地铁出来后是往哪个方向走等等,这些都派人去掐表,去测量,有一套完整的数据之后才能据此确定地址。选址时一定要考虑人流的主要动线会不会被竞争对手截住。人流是有一个主要动线的,如果竞争对手的聚客点比肯德基选址更好的情况下那就有影响,如果是两个一样,那就无所谓。

二、零售终端调查内容

(一)零售终端财务分析

1. 分析企业的财务状况,了解企业资产的流动性、现金流量、负债水平及企业偿还长短期债务的能力,从而评价企业的财务状况和风险。

2. 分析企业的资产管理水平,了解企业对资产的管理状况,资金周转情况。

3. 分析企业的获利能力。

4. 分析企业的发展趋势,预测企业的经营前景。

同时,系统还应该按照部门、人员、商品、供应商、时间等各个维度综合分析各项财务指标,如:成本、毛利、利润、库存、结算、盈亏平衡点、销售数量、销售金额、市场占有率等。

(二)零售终端销售分析

主要分析各项销售指标,例如毛利、毛利率、坪效、交叉比、销进比、赢利能力、周转率、同比、环比等。而分析维度又可从管理架构、类别品牌、日期、时段等角度观察,这些分析维度又采用多级钻取,从而获得相当透彻的分析思路。同时根据海量数据产生预测信息、报警信息等分析数据。还可根据各种销售指标产生新的透视表,例如最常见的 ABC 分类表、商品敏感分类表、商品赢利分类表等。

(三)零售终端商品分析

商品分析的主要数据来自销售数据和商品基础数据,从而产生以分析结构为主线的分析思路。主要分析数据有商品的类别结构、品牌结构、价格结构、毛利结构、结算方式结构、产地结构等,从而产生商品广度、商品深度、商品淘汰率、商品引进率、商品置换率、重点商品、畅销商品、滞销商品、季节商品等多种指标。通过对这些指标的分析来指导企业商品结构的调整,加强所营商品的竞争能力和合理配置。

据中国行业咨询网统计,2012 年 1 月份,全国重点大型零售企业服装类零售额同比增长 15.19%,相比去年同期大幅度放缓 43.02%,与春节同在 1 月份的 2009 年同期相比,放缓 22.5%。1 月份各类服装零售量实现同比增长

2.56%，表现较为突出的是男西装、男衬衫、夹克衫、女装、牛仔服、运动服和皮革服装，同比增速均在 5% 以上。与去年同期相比，服装零售量同比增速放缓 25.46%，与 2009 年同期相比，放缓 28.73%。

(四)零售终端顾客分析

顾客分析主要是指对顾客群体的购买行为的分析。例如，如果将顾客简单地分成富人和穷人，那么什么人是富人，什么人是穷人呢？实行会员卡制的企业可以通过会员登记的月收入来区分，没有推行会员卡的，可通过小票每单金额来假设。比如大于 100 元的我们认为是富人，小于 100 元的我们认为是穷人。好了，现在老总需要知道很多事情了，比如，富人和穷人各喜欢什么样的商品；富人和穷人的购物时间各是什么时候；自己的商圈里是富人多还是穷人多；富人给商场作出的贡献大还是穷人作出的贡献大；富人和穷人各喜欢用什么方式来支付等等。此外还有商圈的客单量、购物高峰时间和假日经济对企业影响等分析。

以中美两国消费者所购买的各种服装单品种类分析，上装和内衣在中国和美国都占据着服装采购项目中的最大比例，而半身裙、连衣裙和休闲服饰所占的份额也都是大体相同。然而，一个采购偏好上的主要差别表现在裤装：中国消费者将服装采购总额的 15% 都贡献给休闲裤，只有 7% 用于购买牛仔裤；而美国人基本上在这两类裤装之间平均分配购买量。但可以肯定的是，牛仔裤在中国越来越受欢迎，尤其受到年轻消费者的喜爱。在中国，牛仔裤的购买份额在 15~29 岁的消费者中达到 8%，相比之下年龄在 30~54 岁之间的消费者会拿出服装采购总额的 6% 来买牛仔裤。

(五)零售终端供应商分析

通过对供应商在特定时间段内的各项指标，包括订货量、订货额、进货量、进货额、到货时间、库存量、库存额、退换量、退换额、销售量、销售额、所供商品毛利率、周转率、交叉比率等进行分析，为供应商的引进、储备、淘汰（或淘汰其部分品种）及供应商库存商品的处理提供依据。主要分析的主题有供应商的组成结构、送货情况、结款情况，以及所供商品情况，如销售贡献、利润贡献等。通过分析，企业可能会发现有些供应商所提供的商品销售一直不错，它在某个时间段里的结款也非常稳定，而这个供应商的结算方式是代销。分析显示出，这个供应商所供商品销售风险较小，如果资金不紧张，为什么不考虑将他们改为购销呢？这样可以降低成本。

（六）零售终端人员分析

通过对公司的人员指标进行分析，特别是对销售人员指标（销售指标为主，毛利指标为辅）和采购员指标（销售额、毛利、供应商更换、购销商品数、代销商品数、资金占用、资金周转等）的分析，以达到考核员工业绩，提高员工积极性，为人力资源的合理利用提供科学依据的目的。主要分析主题有，员工的人员构成、销售人员的人均销售额、对于开单销售的个人销售业绩、各管理架构的人均销售额、毛利贡献、采购人员分管商品的进货多少、购销代销的比例、引进的商品销量如何等。

除了在服装款式设计和面料水平方面占有优势之外，韩国企业进军中国的一个极大优势就是韩文化的先行铺垫。愈行愈稳的韩流热风，产生了极其重要的积极作用，为韩货的进入铺平了道路。目前，韩国服装厂商主要以三种方式进军中国，即直接进军市场、利用出口许可证和设立生产基地。第一种，即韩商以独资形式进入中国，此类多为技术水平和产品品质较高的品牌；第二种，以开设连锁店、专卖店等形式，从商业流通领域进军中国；第三种，通过在中国寻求合作伙伴，以合资等形式设立生产基地，利用两国优势，如韩国较高水平的服装设计和中国廉价的劳动力和地价，利用开发区的优惠政策等，实现优势互补。这三种方式互为补充，随市场情况的变化和需要而不断进行变化和调整。

三、零售终端管理

（一）零售终端管理流程

终端工作人员对零售终端网络的管理可采取以下三个步骤。

1. 终端分级。根据各终端所处位置、营业面积、社区经济条件、营业额、知名度等情况，把个人所管辖区域内的零售终端进行分级。各方面条件最好的为 A 类终端，至少要占终端总数的 1/5，作为工作重点。条件一般的为 B 类终端，至少要占终端总数的 1/3，作为工作次重点。其余为 C 类终端。

2. 合理确定拜访周期。根据终端类别设置拜访周期，突出重要的少数，提高工作效率。A 类终端每周至少拜访一次，B 类终端每两周至少拜访一次，

C类终端每月至少拜访一次。

3. 明确目标和具体任务。单纯的终端工作不像商业销售工作那样,可以根据销售量和回款额的多少来直观地评价,但这并不说明终端工作就没有标准可循。一个优秀的终端工作人员,应该明确自己的工作目标。例如:每天拜访多少家终端,每家的产品陈列要做到哪种水平,各类终端产品铺货率要达到多少,等等。每日总结自己的工作,评价目标完成情况,不断积累经验,提高工作能力。

(二)零售终端管理任务

终端人员在零售终端所需完成的具体工作大致包括:产品铺市、产品陈列、POP促销、价格控制、通路理顺、客情关系、报表反馈等七项。

1. 产品铺市。无论是批发经销企业还是生产厂家的终端工作人员,都要把产品铺市工作放到首位,因为产品放在仓库永远没有展示在店里所得到的销售机会多。特别是通过中间商向终端铺货的厂家,其终端工作人员在工作中,更要重视产品铺货率,不能因为自己不直接和终端发生商业关系而忽视产品铺货情况。只有保证了较高的终端铺货率,产品销量持续稳定增长才能得到保障。

2. 产品陈列。在固定陈列空间里,使本企业每一种产品都能取得尽可能大的销量和广告效果,这是产品陈列工作的最终目的。零售终端工作人员在每一个零售终端都要合理利用货架空间,在保持店堂整体陈列协调的前提下,向店员提出自己的陈列建议,并尽述其优点和可以给店家带来的利益,得到允许后,要立即帮助终端营业员进行货位调整,用自己认真负责的工作态度和饱满的工作激情感染对方。如果对方有异议,先把他同意的部分加以调整,没有完成的目标可在以后的拜访中逐步达成。

3. POP促销。终端工作人员应充分利用企业设计制作的各种POP工具营造吸引顾客的卖场氛围,让企业的产品成为同类产品中消费者的首选。终端工作人员在放置宣传工具时,应先征得终端同意,并争取他们的全力支持,以避免本企业的宣传工具被其他同行掩盖。如果好的位置已被其他同行占用,并且终端不支持替换,可先找稍次的位置放下,以后加强和终端的沟通,寻找机会调整。能够长期放置的宣传工具,放好之后要定期维护——注意其变动情况并保持整洁,以维护企业形象。终端工作人员要珍惜企业精心设计的

POP 工具,合理利用,亲手张贴或悬挂,放置在醒目的位置,并尽量和货架上的产品陈列相呼应,以达到完美的展示效果。用于阶段性促销的 POP 工具,促销活动结束后必须换掉,以免误导消费者,引起不必要的纠纷。

4. 价格控制。在每次终端拜访过程中,终端工作人员都要注意企业产品售价的变动情况,如果遇到反常的价格变动,要及时追查原因。监督企业产品市场价格的稳定情况,是终端工作不可缺少的一项内容。

5. 通路理顺。维持顺畅、稳定的销售通路,是销售活动顺利进行的一项基本保障。消费品经营便利,中间商数量众多,通路混乱现象经常发生。区域之间窜货、倒货乃至假货横行等问题的出现,不但危及销售通路中各环节的利益,而且直接削弱了企业对市场的控制能力,因此必须理顺各终端的进货渠道。对于没有从经销商处进货的零售终端,要向他们言明利害,使他们充分意识到,从非正规渠道流入的货物,因得不到厂家售后服务、易出现劣质产品等问题而带来的损失。

6. 客情关系。和各零售终端客户之间保持良好的客情关系,是终端工作人员顺利完成各项终端工作的基本保证,长期维持良好的客情关系,能使本企业的产品得到更多的推荐机会,同时可以在客户心目中保持一种良好的企业、产品、个人形象。在零售终端,营业员的推荐对产品的销售起着举足轻重的作用,因此终端人员在和营业员进行交流和沟通时,要对他们的支持表示感谢。寻找机会巧妙运用小礼品,对加深客情关系很有益处。

7. 报表反馈。报表是企业了解员工工作情况和终端市场信息的有效工具,同时,精心准确地填制工作报表,也是销售人员培养良好工作习惯、避免工作杂乱无章、提高工作效率的有效方法。工作日报表、工作周报表、月计划和总结等,要根据实际情况填报,工作中遇到的问题要及时记录并向主管反馈。主管要求定期填报或临时填报的、用于反映终端市场信息的特殊报表,终端工作人员一定要按时、准确填写,不得编造,以防止因信息不实而误导企业决策。

四、服装行业的终端业态

服装行业的终端多种多样,但针对服装企业,主要有三大基础终端。

(一)品牌专卖店

服装品牌连锁专卖模式是当今品牌服装销售的一种主流模式,目前中国市场的服装品牌的连锁店主要是两种营业形态。一是直营店,是厂家直接经营的,一些实力雄厚的大品牌往往喜欢通过直营的方式,直接投资在大商场经营专柜或黄金地段开设专卖店进行零售,一些国际顶级品牌如阿玛尼、杰尼亚等出于品牌维护的需要,一般都采取直营方式;二是加盟店,指以经销商加盟合作的方式开设。

(二)品牌专柜

品牌专柜是指专人销售某一品牌全部产品的柜台。与专卖店不同的是它的开放式,一般位于百货商店或超市等大型终端中。目前来说,大多数高档品牌服装都选用品牌专柜模式,其选择品牌专柜的原因主要是看重大型终端品牌专柜提高知名度、展示产品以及增加销售额这三大作用。品牌专柜大多设置在大型商超,因此与商超有着一定程度上的合作关系,目前来说,品牌专柜与商场有三种合作模式,保底销售、租柜销售和无保底销售。

(三)单体零售店

单体零售店是最常见的服装终端形式,一般由私营店主从批发市场拿货,然后再在自己店铺上进行销售,相对于专卖店而言,经营者有更大的自主性,可自由选择所卖货品及店内摆设。在众多普通零售店中,较为出彩的是一些"特色店",主要面向的人群一般都是白领女士或小资一族,店址一般都回避热闹街市,而是选择在环境优雅的小区或是高级写字楼内,通过与众不同的格调或是优雅的购物环境吸引消费者。

(四)百货商店/购物广场(专卖店＋品牌专柜)

百货公司一般都依附在大型 Mall 上,其经营多为开放式,品牌单独设立场地并独立销售,由市场所在方进行集中式资金管理。品牌商在大型卖场的营销多处于保本经营的思路,更多地是为了通过大卖场消费人群密集、地理位置优越的特点,使品牌声誉度在消费人群中迅速扩张,提高品牌知名度、扩大品牌影响力,满足本地加盟商在市场支持方面的要求,影响和促使消费群在专营店中进行感性购买。

(五)服装商城(专卖店＋单体零售店)

服装商城是场地所有方只提供场地使用权,进行简单的物业管理,产品销售商负责销售及品牌形象维护,并直接在场中设立专卖店。在这种商城,产品销售商有相当大的自主性,可以自由掌控店面的布置及经营方式。

(六)大型超市终端(专卖店＋品牌专柜)

随着超市的蓬勃发展,超市里的服装,一般都以两种形式出现:一是超市的自有品牌,一般在超市的某一楼层或区域以开放式面目示人,且价格一般比较便宜,以吸引对价格较为敏感的消费者;二是一些中低档专卖店或品牌专柜,一般以休闲、大众服饰为主,目的在于提高品牌知名度,扩大品牌影响力。

(七)批发市场(专卖店＋单体店)

服装批发是一种比较特殊的业态,主要依靠区域地理位置,以及一个集约型经济氛围和规范的市场经济秩序。从流通范围看,可分为区域性、全国性和国际性市场。从产品品类来看,可将中国服装批发市场分为综合性、混杂性、分类性三类。

任务二　确定零售终端调查方法

零售终端调查的质量取决于数据的真实性,而数据的真实性在很大程度上取决于数据的取得方式。观察法是收集第一手资料最基本、最常用的方法,也是了解企业市场营销活动以及竞争对手情报的重要途径。因此,企业对某一个特定调查问题,如零售终端项目调查,需要从成本和数据质量等角度考虑出发,选择合适的观察方法获取所需要的资料。

【能力训练】

现以某一服装企业(校外基地)为对象,与企业门店运营管理相关人员沟通,确定调查意图和调查的具体内容,最后选择零售终端调查的基本方法。一般而言,选择和确定最合适观察法类型的步骤如下。

1. 明确调查目的和资料要求。调查人员要了解企业管理者的资讯要求,并考虑以后要如何使用这些资讯。决胜终端成为很多行业比较流行的营销语言,如随着国内经济的发展和消费者整体欣赏品位的提升,零售终端带来的体验也日益受到商家和消费者的重视。那么服装企业应该如何客观评价其品牌产品在零售终端卖场的表现,如分销渠道、服装卖场设计、陈列方式、搭配文化、价格结构、时尚概念、服务手段等方面，能否精准化地传达着品牌的内在魅力。这些都是目前企业可能最关注的方面。因此，调查人员在选择观察法类型前，必须要了解企业管理者的调查目的和具体要求。

2. 确定观察目的。零售终端观察目的是根据研究任务和观察对象的特点而确定的。为了明确观察目的，应作简单的调查和试探性观察，目的不在于系统地收集资料，而是掌握一些基本情况，了解观察对象的特点，以便确定通过观察需要获得什么资料、弄清楚什么问题，然后确定观察范围和重点，具体设计观察的步骤。同时整合调查人员对观察行为的条件和观察方法的特性的知识，用以确定出观察和记录特定行为的客观方法。

3. 选择直接人员观察法。零售终端相关资料以多种途径来获取。按不同的角度可以将观察法划分为参与式观察和非参与式观察、直接观察和间接观察、人员观察和机械观察等多种类型，而不同的观察方法在观察技术相关联的成本、弹性、正确性、效率和客观性因素以及道德问题等方面存在差异，有各自的优点和不足。因此，从观察的便利性、效率、成本等角度考虑，最后选择以直接人员观察为主，有条件的企业以参与式、机械观察法等作为辅助调查方法。

【知识拓展】

观察法是指研究人员根据一定的研究目的、研究提纲或观察表，用自己的感官直接观察和借助各种现代化的仪器和手段，如照相机、录音机、显微摄像机等来辅助观察被研究对象，从而获得资料的一种方法。科学的观察具有目的性、计划性、系统性和可重复性等特点。

一、观察法的类型

在市场调研中，观察法是指由调查员直接或通过仪器在现场观察调查对象的行为动态并加以记录而获取信息的一种方法。从观察目的、观察对象、观察手段、定量调查和定性调查等不同角度对观察法进行分类，如对人、物的数量等进行观察的调查有电话收视率调查、商店评价调查（不同的品牌、商品的陈列数）；在连锁门店收银台实施的有购物顾客特征观察调查和商品购买记录等；对人、物、场所的状态等进行观察的调查有街头时尚观察调查、店面价格调查、零售店布局条件观察等;对人的行动与活动等进行观察的调查有购物顾客的店内步行动作路线观察调查、待客态度的观察调查等。具体可以分为以下几种类型。

(一)按观察者是否直接参与观察对象的活动划分为参与观察与非参与观察

1.参与观察。它是指观察者直接参与被观察者的活动,作为其中一员(局内人身份)进行观察,从而系统地收集资料的方法。根据参与的程度,它又可分为完全参与观察和不完全参与观察两种。完全参与观察是指观察者隐瞒自己的真实身份和研究目的,自然加入到被观察者群体中进行的观察。它能深入地了解到被观察者的真实资料,但如果参与过深,又往往容易失去客观立场。不完全参与观察是指观察者不隐瞒自己的真实身份和研究目的,在被观察者接纳后进行的观察。它避免了被观察者的紧张心理和疑虑,可以进行自然的观察,但是被观察者容易出现不合作行为,如隐瞒和掩饰对自己不利的表现或故意夸大某种表现,使观察结果失真。

采用参与观察方式进行的研究,通常不是要验证某种理论或假设,其目的是对现象发生的过程提供直接的和详细的资料,以便对其有比较深入的理解;参与观察之初,研究者都需要为自己作为一个陌生人出现而进行某种方式的解释;由于参与观察特定方式的要求,参与观察者往往要经历一个"先融进去","再跳出来"的过程。

2.非参与观察。它是指观察者不直接参与被观察者的活动,以旁观者的身份(局外人)对观察对象进行的观察。它的优点是能够不受被观察者的影响,进行比较客观的观察,但是不容易深入了解到被观察者的内部情况。

总体来说,参与观察要比非参与观察效果好。因为观察者参与其中,既有自我体验,又能与被观察者建立融洽的关系,对所观察的活动有较深入的了解,并能够及时发现一些新的研究课题信息。

(二)按对观察对象的直接程度可以划分为直接观察和间接观察

1.直接观察法。指调查人员对所发生的事或人的行为的直接观察和记录。在观察过程中,调查人员对所观察的事件或行为不加以控制或干涉。例如在进行商场调查时,调查人员并不访问任何人,只是观察现场的基本情况,然后记录备案。一般调研的内容有某段时间的客流量、顾客在各柜台的停留时间、各组的销售状况、顾客的基本特征、售货员的服务态度等。

直接观察法又可以分为公开观察法和隐蔽观察法两种方法，它们是直接收集第一手资料的调查方法。例如，服饰专卖店可以通过公开观察来记录顾客流量，统计客流规律和商店购买人次，重新设计商品的陈列和布局。如果被观察人知道自己被观察，其行为可能会有所不同，观察的结果也就不同，调查所获得的数据也会出现偏差。隐蔽观察法就是在不为观察人、物、或者事件所知的情况下监视他们的行为过程，它可以作为直接收集竞争对手资料的调查方法。例如，企业采用派遣市场调查人员作为顾客到竞争对手的商店进行直接观察，将可以获取竞争对手的商品的花色品种、价格，陈设和布局，商店的促销活动、销售人员的服务等方面的资料。

2.间接观察法又称为实物观察法，是指调查人员通过对实物的观察，来追索和了解过去所发生的事情，即聚焦在直接去观察代表过去特定行为或事件的有形证据。调查人员作为"旁观者"（局外人）的身份对被调查对象进行观察。比较常用的间接观察法的类型有"垃圾学"和食品柜调查法。"垃圾学"是指调查人员通过对家庭垃圾的观察与记录，收集家庭消费资料的调查方法。其特点是调查人员并不直接地对住户进行调查，而是通过察看住户所处理的垃圾，进行对家庭食品消费的调查。食品柜调查法是指调查人员通过察看住户的食品柜，记录下住户所购买的食品品牌、数量和品种等，来收集家庭食品的购买和消费的资料。同时，还可以利用记录和计算零售商和中间商的存货水平，对某一品牌的商品在某一地区甚至全国范围内进行市场份额、季节性购买方式等营销活动的市场调研。

（三）按是否设置和控制观察情境划分为自然观察和实验观察

1.自然观察法是指调查人员在一个自然环境中（包括超市、专卖店、展示中心等真实市场环境）观察被调查对象的行为和举止。调查人员进行自然观察活动时，对观察的对象不加以人工的变革，而只是对它们在自然状态下所呈现的情况进行观察。因此，它比较方便易行，所得结果较真实。但也存在一定局限性，如观察者经常处于消极等待的被动地位，只能考察观察对象的心理活动的某些外部表现，不易作定量分析，观察所得的材料可能会具有偶然性、片断性以及不够精确。

2.实验观察法又称为设计观察法，是指调查人员在一个事先已经设计好的并接近自然的市场环境中观察被调查对象的行为和举止。所设置的场景越接近自然，被观察者的行为就越接近真实。实验观察法是调查人员根据调查研究的目的，利用专门的仪器对被观察对象进行积极的干预，人工地变革和控制被观察对象，以便在最有利的条件下对它们进行观察。实验观察和自然观察的显著区别在于对观察情境的改变和控制。

（四）按观察活动的标准化程度划分为结构式观察与非结构式观察

1.结构式观察。也称为结构观察、控制观察或系统观察，是指观察人员根据事先设计好的提纲并严格按照规定的内容和计划所进行的可控性观察。它要求事先对要观察的内容进行分类并加以标准化，明确研究假设，规定要观察的内容和记录方法，并统一制定观察表格或卡片，卡片上明确列出各种观察范畴和分类，观察者只需在相应的格内标记，而不做出自己的评价。

如果研究人员在观察前就明确知道要去观测和记录哪些行为或事件，就适合采用结构式观察。结构式观察具有结构严谨，计划周密，观察过程标准化，类似于问卷调查可以对观测数据进行整理和分析，即可进行定量分析和相关分析等优点。但采用这种方法观察缺乏弹性，比较费时，并且容易影响观察结果的深度与广度。

2.非结构式观察。如果研究人员并未在事前就明确限定观察人员只能观测和记录什么行为或事件，这就是非结构式观察。非结构观察，也称为无结构观察、无控制观察或简单观察，是观察者预先对观察的内容与计划没有严格的规定，并依据观察现场的实际情况所进行的观察。它一般只要求观察者有一个总的观察目的和要求，或一个大致的观察内容和范围，但是并没有很明确的研究假设和具体的观察内容与要求，也不是仅专注于某些特定的行为与现象，而是到观察现场去根据当时环境和条件变化随时进行观察内容和观察角度的调整。非结构式观察具有比较灵活，适应性较强，而且简便易行的优点，因此最为常用，多用于探索性研究。但它所得的材料分散在许多方面，整理难度大，因此，无法进行定量分析和严格的对比研究。

（五）按是否借助仪器设备划分为人员观察和机械观察

1.人员观察。是指利用观察人员的感官进行观察收集资料。人员观察在市场调研中用途很广，比如研究人员可以通过观察消费者的行为来测定品牌偏好和促销的效果。人员观察法可以观察到消费者的真实行为特征，但是只能观察到外部现象,无法观察到调查对象的一些动机、意向及态度等内在因素。

2.机械观察。在许多情况下,机械观察会比人员观察更合适。随着科学技术的发展,各种先进的仪器、仪表等手段被逐渐地应用到市场调查中。调查人员可以借助摄像机、交通计数器、监测器、闭路电视、计算机等来观察或记录被调查对象的行为或所发生的事情,以提高调查的准确性。电视收视自动记录器是用来记录电视收视情形的一种仪器。

美国最大的市场调查公司——A.C.尼尔森曾采用尼尔森电视指数系统评估全国的电视收视情况。尼尔森电视指数系统代替了传统的调查小组日记的方法。尼尔森公司抽样挑出2000户有代表性的家庭为调查对象,并为这2000户家庭各安装上一个收视计数器。当被调查者打开电视时,计数器自动提醒收视者输入收视时间、收视人数、收看频道和节目等数据。所输入的数据通过电话线传到公司的电脑中心,再由尼尔森公司的调查人员对电脑记录的数据进行整理和分析工作。

利用现金扫瞄机对商品条形码作记录又是另一种普遍应用的市场调查法。例如,商店经营者可以借助现金扫瞄机的记录对该商店的促销活动进行调查,了解消费者对某些商品减价的反映,以及这一反映对公司利润的影响。同时,还可以借助于眼睛轨迹测量器、瞳孔测量仪、脉搏、计数器、音调分析器等仪器进行市场调查活动。如广告文案研究利用眼睛轨迹测量器、瞳孔测量仪等仪器观察和测量广告对人体生理的影响以及个体对促销感染力的反应。借助仪器观察人体反应的调查需要取得被调查者的同意和协作,而且必须在调查人员所设计的实验室或其他特定环境中进行。这也是借助机械的观察法不同于其他尽可能保持市场自然状态的观察法的不同之处。

(六)按观察结果的表示形式划分为定量观察调查和定性观察调查

观察调查是通过观察获得信息的调查方法,按照观察结果的表示形式划分为定量观察调查和定性观察调查两种(见表3-3)。定量观察调查以数量表示观察结果,定性观察调查以文章表示结果。前者又可以分为机械观察和人员观察,如电视收视率调查、行动路线和轨迹调查等。后者包括参与观察法和实地考察法。

表 3-3 观察调查种类

种类	方法	观察对象	优点	缺点
定量观察	机械观察	1. 电视收视率 2. 销售量 3. 库存量	1. 能做到避人眼目地观察 2. 不受时间限制 3. 比人员观察更准确	1. 必须设置、管理机械 2. 机械设置、维护费用高
	人员(肉眼)观察	1. 广告单发放页数 2. 店内行动路线 3. 来店顾客的性别、年龄段	1. 与机械相比,不受观察地点的限制 2. 可完成机械难以测定的观察	1. 24 小时的连续性观察有困难 2. 不同的观察者可能产生不同的观察结果
定性观察	参与观察	集体、组织的特性	可以同时进行几项内容的观察	可能得出主观的观察结果
	实地考察	1. 布局条件 2. 销售礼仪		

二、观察法的优缺点

观察法不是直接向被调查者提问,而是从旁观察被调查者的行动、反应和感受。同其他所调查方法一样,观察法有其自身的优缺点。

观察法具有如下优点:资料比较真实、可靠性较高,因为它能通过观察直接获得资料,不需其他中间环节,避免了应答偏倚;在自然状态下的观察,能获得生动的资料;具有及时性的优点,能捕捉到正在发生的现象;能搜集到一些无法言表的材料。

观察法存在着一定的局限性:受时间的限制,某些事件的发生是有一定时间限制的,过了这段时间就不会再发生;受观察对象限制,如研究青少年犯罪问题,有些秘密团伙一般不会让别人观察的;受观察者本身限制;观察者只能观察外表现象和某些物质结构,不能直接观察到事物的本质和人们的思想意识;不适应于大面积调查。

三、观察法应用范围

观察法是开展综合实践活动的一种常用研究方法,其适用范围非常广泛

(见表 3-4),主要表现在以下几个方面。

1. 对实际行动和迹象的观察,如调查人员通过对顾客购物行为的观察,预测某种商品销售情况。

2. 对语言行为的观察,如观察顾客与售货员的谈话。

3. 对表现行为的观察,如观察顾客谈话时的面部表情等身体语言的表现。

4. 对空间关系和地点的观察,如利用交通计数器对来往车流量的记录。

5. 对时间的观察,如观察顾客进出商店以及在商店逗留的时间。

6. 对文字记录的观察,如观察人们对广告文字内容的反映。

表 3-4 观察调查法应用

观察调查实例	分析		观察对象			观察内容			构成程度			场面		手段	
	定量	定性	人·群体	物	场所	个数·人数	状态	动作·行动	结构式	半结构性	非结构式	自然状态	人为状态	人工	机械
来店人数调查	○		○			○			○			○		○	
店内步行轨迹	○		○				○	○	○			○	○		○
购物顾客特征	○		○			○		○	○			○		○	
待客态度	○								○			○		○	
零售店等的布局场所		○			○	○				○		○		○	
店内库存、进货、销量	○			○								○		○	

四、观察法需遵循的基本原则

观察法的运用是观察人员的主观活动过程。因此,为了使观察结果符合客观实际,要求观察人员必须遵循以下原则。

1. 客观性原则。观察者必须持客观的态度对市场现象进行记录,切不可按其主观倾向或个人好恶,歪曲事实或编造情况。

2. 全面性原则。必须从不同层次、不同角度进行全面观察,避免出现对市场片面或错误的认识。

3. 持久性原则。市场现象极为复杂,且随着时间、地点、条件的变化而不断地变化。市场现象的规律性必须在较长时间的观察中才能被发现。

4. 要注意遵守社会公德,不得侵害公民的各种权利,不得强迫被调查者做不愿做的事,不得违背其意愿观察被调查者的某些市场活动,并且还应为其保密。

五、观察法应注意的问题

为了尽可能地避免调查偏差,调查人员在使用观察法收集资料时应注意以下几点。

1. 要努力做到不带有任何看法或偏见进行调查。在实际观察时,调查人员必须实事求是、客观公正,不得带有主观偏见,更不能歪曲事实真相。因此,要对调查人员进行有效的培训,提高调查人员的业务素质。要求调查人员遵守有关法律和道德准则,不能对涉及国家机密和个人隐私的内容进行观察,除非得到允许。

2. 观察的对象和时段的选择应具有代表性。调查人员应注意选择具有代表性的调查对象和最合适的调查时间和地点,应尽量避免只观察表面的现象。

3. 在观察过程中,观察记录用纸和观察项目最好有一定的格式,以便调查人员随时作记录,并尽可能详细记录调查内容。为了观察客观事物的发展变化过程,应需要作长期反复的观察进行动态对比研究。

4. 在实际观察时,最好不要让被调查者察觉。除了在实验室等特定的环境下和在借助各种仪器进行观察时,调查人员应尽量使观察环境保持平常自然的状态,否则,就无法了解到被调查者的自然反应、行为及感受。

任务三 设计零售终端观察表

在市场调查中,为了更有效地收集和分析数据资料,调查前需要设计并制作一些格式化的调查表。零售终端调查采取以现场观察为主,将观察内容事先制成便于汇总的小卡片,这有利于将观察结果快速准确地记录下来。零售终端调查观察表设计的质量,将直接影响调查的内容和调查的最终结果。

【能力训练】

研究人员现从某一服装终端门店角度,设计一份零售终端观察表。结合零售终端调查项目的主要内容,即品牌定位、店铺客流、橱窗陈列、店内陈列以及陈列维护等内容,设计具体项目和内容,并进行合理的编排。

1. 选定观察研究范围。设计零售终端观察表,首先要选定观察研究的范围。观察研究范围是根据观察目的而定的,明确通过观察可以解决什么问题。观察研究的范围可以是物(产品、竞争广告、市场关系等),也可以是人(顾客、行人)。例如,为了调查商场营业员的服务情况,观察对象就为商场的营业员,观察的内容包括该商场对营业员工作时间内各个方面的工作标准和要求,诸如仪容、仪表、言行举止、对顾客的态度等方面。

观察研究范围一般包括以下几类:第一,对实际行动和迹象的观察,例如,调查人员通过对某品牌服装零售终端顾客购买行为的观察,预测该品牌某款式服装的销售情况;第二,对语言行为的观察,如观察顾客与销售员的谈话,分析顾客的观点、态度等;第三,对表现行为的观察,如观察顾客与销售员谈话时的面部表情等;第四,对空间关系和地点的观察,如利用计数器对零售终端门店的客户流量进行记录;第五,对时间的观察,如观察顾客进出商店的时间以及在商店逗留的时间;第六,对文字记录的观察,如观察人们对广告文字内容的反应。

2. 确定观察具体项目。根据观察目的以及选定的观察研究范围,确定观察具体项目。比如消费者对终端门店的态度调查,调查项目一般包括知名度、购买度、忠诚度、购物环境、服务水平、产品形象、价格形象、目标顾客等;如果是商品组合的调查,调查项目可以包括商品包装、商品更新、商品的时尚性、商品宣传、商品陈列、商品宣传、商品上市时间、价格水平、商品花色品种与规格等;如果是品牌终端陈列调查,调查项目就要包括品牌定位、店铺流、橱窗陈列、店内陈列以及陈列维护等内容。

3. 设计观察记录表。观察记录表是利用观察法收集市场信息、进行数据分析处理的基本思路和重要载体,是决定观察法的成功与否的关键要素。设计观察记录表是为了将观察结果快速准确地记录下来,并对观察数据进行有效分类和统计。设计观察记录表时,一般应先列出所有观察项目,经过筛选后保留重要的项目,最后将项目根据可能出现的各种情况进行合理地编排。

【知识拓展】

一、观察调查的主要内容

顾客观察是指通过对顾客购买行为的观察,记录并研究顾客的购买习惯和购买心理,从而更好地满足顾客要求,引导顾客购买的方法。顾客观察的内容很多,如对顾客的流量、顾客购物的偏好、顾客对商品价格的满意程度、顾客购物的路径、顾客留意商品时间的长短、顾客产生冲动的次数、顾客付款是否方便等。

(一)观察顾客行为

了解顾客行为,可促使企业有针对性地采取恰当的促销方式。因此,调查者要经常观察或者摄录顾客在零售场所的活动情况,如顾客在购买商品之前,主要关注的是商品价格、商品质量还是商品款式等,以及顾客对零售终端的服务态度的评价等。

(二)观察顾客流量

观察顾客流量对零售终端改善经营、提高服务质量有很大好处。例如,观察一天内各个时间进出店铺的顾客数量,可以合理地安排营业员工作的时间,更好地为顾客服务;同时对新店铺选址或研究某区域商业网点的布局,首先需要对客流量进行观察研究。

(三)观察产品使用现场

观察人员到产品用户使用地观察调查,了解产品质量、性能及用户反映等情况,实地了解使用产品的条件和技术要求,从中发现产品更新换代的前景和趋势。

(四)观察店铺柜台及橱窗布置

为了提高服务质量,调查者要观察店铺内柜台布局是否合理,顾客选购、付款是否方便,柜台商品是否丰富,顾客到台率与成交率以及营业员的服务态度等。

二、观察记录技术

观察记录技术是指观察人员实施观察时所运用的一些观察记录手段,主要包括卡片、符号、速记、记忆和机械记录等。适当的观察记录技术对提高调查的质量有很大的帮助。观察法的运用,关键在于设计观察记录表。

(一)观察记录表

观察记录表或观察卡片是一种标准化的记录工具,是一种数据收集手段,是调查者运用统一设计的表格收集观察信息的一种小卡片。调查者将所要研究的问题编织成观察项目表格,以人员观察法或仪器观察法观察到的结果填写表格,从而了解调查对象,达到调查目的。制作观察记录表或卡片时,应先列出所有观察项目,经筛选后保留重要项目,再将观察项目根据可能出现的各种情况进行合理地编排。观察记录表内容一般包括:时间、地点、观察人、观察项目等。

[例]某商场为了观察购买者的行为,制作了顾客流量及购物调查卡片(表3-5)。该调查卡片主要包括单位名称、观察时间、观察地点、观察员以及观察到顾客的流量等内容。使用时,在商场的进出口处,由几名调查员配合进行记录,调查卡片每小时使用一张或每半小时使用一张,该时间内出入的顾客及其购买情况可详细记录下来。

表 3-5　顾客流量及购物调查卡片

被观察单位＿＿＿＿＿＿＿＿　　观察时间＿＿＿＿＿年＿＿月＿＿日＿＿时至＿＿时

观察地点＿＿＿＿＿＿＿＿　　　观察员＿＿＿＿＿＿

1. 客流方向	统计数据
(1)入向	
(2)出向	
2. 顾客的购买习惯	
(1)顾客组合人数/人	
(2)顾客在商店内停留时间/分钟	

(3)顾客触摸商品次数/人次	
(4)向销售人员寻求帮助次数/次	
(5)购物金额/元	
(6)付款方式(现金/会员电子消费卡/信用卡)	
3. 顾客购买商品情况	
(1)食品	
(2)服装	
(3)护肤/化妆品	
(4)洗涤用品	
(5)家庭用具	
(6)书籍/办公用品	
(7)其他	

[例]大卖场对客流量进行调查,不同时间段客流量可能有较大区别,所以通常采用分时间段进行抽样调查。在卖场各入口处对进店顾客进行计数,然后汇总,并以此来推断总体客流量。商场客流量的一般调查内容:(1)调查的时间:平日、休息日、节假日各一天;(2)调查地点:商场各出入口。具体商场客流量调查表如表3-6所示:

表3-6 商场客流量调查表

调查日期:_____年____月____日　　　　　　星期_____

人数　　　地点	1号门进店	2号门进店	3号门进店	合计
9:00~11:00				
11:00~13:00				
13:00~15:00				
15:00~17:00				
17:00~19:00				
19:00~22:00				
合计				

(二)符号和速记

符号和速记是为了提高记录工作的效率,而用一套简便易写的线段、圈点等符号系统来代替文字,以便迅速地记录观察中遇到的各种情况。

(三)记忆和机械记录

记忆则是采取事后追忆的方式进行记录的方法,通常用于调查时间紧迫或不宜现场记录的情况。机械记录是指在观察调查中运用录音、录像、照相、各种专用仪器等手段进行的记录,如电视监控、监控网站访问量、测量生理反应等。录音是极好的记录方式,对于高度隐蔽的现场工作,可用微型盒式录音机。在必须具有或希望得到如实的图像记录时,摄影仍然是极佳的方式。在很多情况下,机械观测是观测的基本方法,有时候还是唯一的方法。

三、门店观察表设计

观察表的设计是否合理将受到很多因素影响,所以在观察时要尽可能考虑各种相关因素,建立一套科学的测量方法,减少偏差以及由于计算方法的不合理造成的误差等。因此,对于某品牌服装零售而言,设计观察表时可能受营业时间、门店选址、客户流量、店内陈列等各种因素影响。门店选址既有繁华地段,又有非繁华地段;在一天之中所经过的客流既有高峰期也有非高峰期。所以要科学地划分地段和时段是保证测量准确的关键。

(一)设计门店客流量观察表

流量观察是在选择店铺地址及调研某一街道的商业价值时经常采用的观察法。调查者要观察在该位置上相关店铺的顾客流量、流速,以便分析设店的价值。

1. 地段划分标准(地点)。根据门店选址所在位置不同,可以把所在的商圈划分为一级商圈、二级商圈、三级商圈等。一般市区的繁华地段为一级商圈,市区非繁华地段为二级商圈,而郊区为三级商圈。

在同一商圈,可以根据距离门店的路程距离的长短,来记录人流量。一般情况下,可以按行人每3分钟在不同级别的地段所行走的距离(即单元距离)进行划分:第一级别单元距离为200米以内;第二级别单元距离为200～350米;第三级别单元距离为350米以上。按照以上单元距离划分标准,可以提高门店附近的客流统计的科学性。

2. 每天时段的划分标准(时间)。根据门店时间区的标准划分为:平日(周一至周五)、休息日、节假日。根据门店经营时间,可以把一天的有效测量时间段定为9:00～23:00。

在平时工作日进行观察,把平均每2小时作为一个统计时段,可以将一天的营业时间划分为:第一时段:9:00～11:00;依次类推后面时间段:11:00～13:00;13:00～15:00;15:00～17:00;17:00～19:00;19:00～21:00;21:00～23:00。

在休息日或节假日时间,比如企业店庆,有一些特别的促销活动,考虑到休闲购物的特点,将特别地进行观察。具体时间的划分可以根据企业的促销活动安排,促销活动时间为主要观察时段安排。

3. 人流总量测量。按照以上地段级别划分标准,在每一级别中选中测量点进行随机抽样统计,每一测量点按照以上对每天时段类别划分的标准,在每一类别的时间序列中等距离随即抽取 2 个单元时段进行测量,即一天测量 6次,也可以进行全天测量。

(1)计算某一测量点的日人流量。某一测量点的日人流量则根据单元时段人流量的积分来计算。对某一测量点在一天(工作日/非工作日)的三类时段单元测量的人流量进行拟合,得出某一测量点的日人流量函数:

$$y = f(t)$$

t 表示单元时段,y 表示某一单元时段的人流量。

(2)线路人流总量的计算。按照对一条线路的三种地段级别的划分标准和单元距离的换分标准,采用分段积分计算出整条线路的人流总量。

第一步:确定单元距离数。根据门店所在的不同地段商圈级别不同,确定地段级别的日人流量;

第二步:计算某门店的日人流量。根据各地段级别的测量点所测的日人流量计算某一地段级别的日人流量;

第三步:计算整个企业所有门店的人流总量。以上各地段级别日人流量的积分之和就是人流总量。

(二)设计门店外部经营环境观察表

对门店周围的经营环境进行观察,主要涉及商业氛围、门店周围的交通条件、银行分点、卫生环境、居住环境以及休闲娱乐环境等各个方面,具体如表3-7所示。

表 3-7 静态观察表

商业氛围	商业区域范围大小	商业价值等级		商铺租金（每平方米）
	大□　中□　小□	1 级□　2 级□　3 级□		30 元以下□　30～40 元□
交通条件	是否靠近地铁	公共交通密度	停车条件	交通堵塞情况
	是□　否□	低□　一般□ 高□	差□　一般□ 好□	非常严重□　严重□ 一般□　畅通□
银行分点	银行分点数量是 _____			
卫生环境	周围公厕卫生环境		地面卫生情况	
	非常多□　比较多□　一般□ 比较少□　非常少□		非常多□　比较多□　一般□　比较少□ 非常少□	
居民居住	周围居住人口密度		周围大型楼盘分布情况	
	非常好□　比较好□　一般□ 比较差□　非常差□		非常好□　比较好□　一般□　比较差□ 非常差□	
休闲娱乐	是否有麦当劳或肯德基		有□　否□	
	是否有书城或书店		有□　否□	

（三）设计门店内部观察表

店铺观察，就是对商场购物环境、商品陈列、服务态度等进行观察，也可以针对某一产品或某个要求到各有关店铺进行观察。类似的观察如果在展览会、展销会、看样订货会上进行既方便又可靠。这种方法经常用于调查了解消费者的购买行为、购买动机、购买偏好等方面。如休闲服装的专卖店陈列可以从人模展示、服装的叠装、平铺、正挂、侧挂、悬吊等陈列方式看服装展示效果；从陈列台、橱柜、吊架等分析陈列道具的使用及效果；从人模、场景陈列、色彩陈列、分区陈列、对比陈列等方面来观察陈列技巧的高低等。

表 3-8　店内陈列观察表

服装陈列方式	叠装	是否进行叠装	是□	否□	
		基本规范(包括叠放的服装齐整性、叠放高度、叠装间距、尺码顺序、吊牌放置)	差□	一般□	好□
		色彩组合(色彩进行规律性、节奏性地排列)	差□	一般□	好□
		款式组合(相同或相近款式 紧邻放置)	差□	一般□	好□
		细节展示(将服装图案、印花、花边等细节外露,展示给消费者)	差□	一般□	好□
	平铺	是否进行平铺	是□	否□	
		陈列位置(如便于消费者看到,在较低矮的展台上使用平铺)	差□	一般□	好□
		协调性(展示风格与品牌风格、卖场气氛相协调)	差□	一般□	好□
		动态效果(展示效果具有动态感、活泼、不死板)	差□	一般□	好□
	正挂	基本规范(服装的齐整性、挂装密度、单款服装的数量、尺码顺序、衣架与服装的协调、衣架的正确使用和挂置)	差□	一般□	好□
		色彩组合(色彩进行规律性、节奏性的排列)	差□	一般□	好□
		款式组合(相同或相近款式紧邻放置)	差□	一般□	好□
	侧挂	基本规范(服装的齐整性、挂装密度、单款服装的数量、尺码顺序、衣架与服装)	差□	一般□	好□
		色彩组合(色彩进行规律性、节奏性的排列)	差□	一般□	好□
		款式组合(相同或相近款式紧邻放置)	差□	一般□	好□
服装陈列方式	悬吊	陈列位置(使用悬挂的位置)	差□	一般□	好□
		陈列数量	少□	一般□	多□
		协调性(展示风格与品牌风格、卖场气氛相协调)	差□	一般□	好□
		方便试衣	差□	一般□	好□

续表

陈列道具	陈列台	陈列台/展台设计	差□	一般□	好□
		服装数量	低□	一般□	高□
		取放便利性	差□	一般□	好□
	橱柜	橱柜设计	差□	一般□	好□
		服装数量	低□	一般□	高□
		取放便利性	差□	一般□	好□
	吊架	吊架设计	差□	一般□	好□
		方便试衣	差□	一般□	好□
	橱柜	橱柜的设计	差□	一般□	好□
		服装数量	低□	一般□	高□
		展示的多样性,如正挂、侧挂、分类吊挂等	差□	一般□	好□
		取放便利性	差□	一般□	好□
		方便试衣	差□	一般□	好□
人模展示	店铺人模展示	人模的设计	差□	一般□	好□
		人模的规格	差□	一般□	好□
		是否进行人模展示	是□	否□	
		服装更换频率	低□	一般□	高□
		协调性(着装后效果与品牌风格及卖场氛围相协调)	差□	一般□	好□
		动态效果(如具有动态感、活泼不死板)	差□	一般□	好□
		人模间的位置(同组人模的位置错落、生动、富于变化)	差□	一般□	好□
陈列技巧	场景陈列	气氛营造	差□	一般□	好□
		创新性(服装陈列给人一种眼前一亮的感觉)	差□	一般□	好□
	色彩陈列	卖场色彩协调、有规律	差□	一般□	好□
	分区陈列	分类清晰(让顾客迅速划分不同档次产品,确定自己的购买目标)	差□	一般□	好□
		主次鲜明(能区分开主打产品和次要产品)	差□	一般□	好□
		重点突出(能够突出某一种产品,可以是时尚产品、畅销产品或长销产品等)	差□	一般□	好□
	对比陈列	对比陈列(从款式、颜色、面料等方面做到主次分明,相互衬托,从而实现突出新产品、独特产品的目的)	差□	一般□	好□

任务四　组织实施零售终端观察调查

观察调查的程序是指事先确认观察现场,寻找视认性好、不对周围的人造成不便的地点,并征得场地和设施管理者的许可。一般而言,企业可以采取以走访调研、蹲点观察为主的调查方法来收集相关信息资料。观察调查法的一般程序,首先是选择那些符合调查目的并便于观察的单位作为观察对象;其次是根据观察对象的具体情况,确定最佳的观察时间和地点;再次是正确和灵活地安排观察顺序;随后是尽可能减少观察活动对被观察者的干扰;最后是要认真做好观察记录。

【能力训练】

现以某服装企业为例,根据零售终端调查方案和服装企业终端运营实际,结合零售终端观察表,组织人员对其零售终端开展观察调查。

1. 观察准备工作。观察人员首先要明确本次服装企业零售终端观察目的,在此基础上制定详细的观察计划,包括观察目的、观察内容、观察对象、观察方法、观察重点与范围、通过观察需要获得的资料、观察的时间、观察次数和位置、观察的注意事项等。结合观察内容设计一份观察记录表,便于进行观察记录工作,同时还要准备进入观察现场时所需的工具,如照相机、录音笔、微型摄像机等。

2. 进入观察现场。进入观察现场的决定有时根据研究机会和便利条件来做出。在从一般性的问题发展到选择合适的观察现场的过程中,应该认真评估选择现场的方法,因为现场对所要研究的问题具有限制或促进作用。因此,观察人员可以假扮成服装消费顾客进入某品牌服装的零售终端(如百货商城、专卖店)进行观察。一旦进入现场,观察人员间要迅速分工合作,并要尽快取得被观察者的信任。

3. 进行观察和记录。观察始于参与观察者与潜在的观察现场接触的那一刻。因此,观察人员可以利用随身携带的微型摄像机对零售终端进行隐蔽拍摄,但一定要注意不要让被观察者发现,也可以主动和现场人员说明情况后,征得他们的同意后方可进行观察和记录,主要包括对客流量、进店量、进店率、触摸率、试穿率、成交率、连带销售比以及客流动线等方面进行观测分析。

【知识拓展】

观察方法和观察地点大致可以依据观察对象来决定,但如果是为了将调查结果作为定量数据来进行具有统计学意义的分析而进行观察调查的场合,则须进行抽样以使得观察对象具有代表性。如当进行库存调查或销售动向调查等的时候,自身企业销售点的场合可以将所有分店作为调查对象,但是以加盟店等作为对象的场合,有时可能会因为只得到特定店铺的配合而缺乏代表性,用其观察结果来分析广泛地区的动向和可能会存在问题。

一、观察调查的程序

(一)待客态度观察调查

待客态度观察调查一般经历以下几个阶段。

首先,制定观察计划书,包括观察目的、观察对象、观察手段、观察项目、观察场所、观察期间、日期、观察费用等方面。

其次,观察人员训练,如假扮成购物顾客和对店员接待的评价方法的培训。

第三,抽取观察对象设施,实施定量调查时先获取设施名单然后随机抽出。

第四,评价设施外观、观察如何接待顾客、扮成顾客与工作人员对话。

第五,在设施外填写观察记录表。

(二)步行动作路线观察调查

步行动作路线是指将人走过的脚迹用线连接起来的轨迹。步行动作路线观察调查是指调查顾客的步行轨迹,可作为大型零售店的店铺配置和商品陈列摆放的基础资料。根据步行动作路线观察调查方法,可以用以下这个公式来估算一个店铺销售额:

销售额=顾客人数×顾客人均购买额

   =步行动作路线的长度×过路率×视认率×购买率×购买频数×

商品单价

从上述公式可以看出,对于零售终端来说步行动作路线越长,销售额的增长越大。

步行动作路线观察调查从策划到实施要经过以下几个步骤。

第一,设定调查课题。

第二,事先查看调查课题的观察场所。

第三,制定策划书。具体包括观察目的、观察对象(如顾客、到场者、行人)、观察对象的特征条件、观察对象人数、观察对象抽样方法(时间抽样,如每20分钟抽取1人)、观察手段、观察项目、观察场所、观察期间/日期(节假日、平时等)。

第四,观察场所的使用许可申请。

第五,观察人员的募集。所需观察人员的最低人数为观察对象人数/1小时内可观察的人数/1天的观察时间/实施调查的日数×每一个对象所对应的观察人员人数 X_2(预备观察人员)。

第六,记录用表格的制作。

第七,向访问员做调查说明。

第八,进行观察和填写表格。

(三)神秘购物

神秘购物是一种针对待客态度的观察调查,又称为购物调查,被作为顾客满意度调查的一环来实施。神秘购物调查使接受过相关培训或指导的个人以潜在消费者或真实消费者的身份对任意一种顾客服务过程进行体验与评价,然后通过某种方式详细客观地反馈其消费体验。

大部分神秘购物项目的基本目标是衡量和改进客户服务,企业可以通过改善基础设施、改进产品或服务的辐射面、改进员工的服务等方面来改进客户服务。以服装店铺调查项目为例,关于评价被观察店铺整体情况的项目有店内外的美观程度、清洁程度、氛围、整齐程度、摆放状况、通道的宽窄等(见表3-9);关于评价营业员姿态的项目有是否有新产品展示、是否明码标价等;关于评价店员待客态度的项目有讲价时的态度、商品知识、是否有礼貌、应对是否迅速等。

表 3-9 观察记录表

观察人员姓名				观察时间		月 日 时 分		
被观察店铺名称				接待服务员姓名				
评价项目	指 标	非常好	比较好	一般	不太好	非常不好	备注（评价的理由等）	
店铺外观	美观度（对店铺外观的印象）	5	4	3	2	1		
	清洁度（垃圾、污渍等）	5	4	3	2	1		
	进出方便度（台阶、障碍物等）	5	4	3	2	1		

（四）基于 POS 数据的销售状况观察

基于 POS 数据的销售状况观察是指商品销售信息通过收银机自动输送，并获得统计处理，实时地掌握销售状况。通过各地的店铺收集到的 POS 数据，可以按商品代码来划分，计算出该商品的销售店铺数、表示销售店比例的覆盖率（铺货率）、每个销售店的销售额和销售量、每个销售店的评价销售价格和销售量、在竞争产品中销售额和销售量所占份额等。通过 POS 数据掌握销售信息一般经历以下几个步骤：与 POS 数据进行交叉，统计 2 个以上店铺的数据，按时序统计数据，推移数据。

二、进入观察现场的策略

（一）观察现场的特征

进入观察现场的方法取决于人类活动场所的特征。从普通公众的角度来看，实际环境有显性的和隐性的；在局外人看来，环境有开放的和封闭的。调查者研究现场的特征具有程度上的差异，现实中它们也往往以不同的组合形式出现。

1. 从显性到隐性。消费者生活一些具体方面的可见性取决于你所处的位置以及你已有的知识和经验。当公众都能得到关于现场的信息时，它就是显性的，如门店的橱窗陈列。有些消费者活动场所从局外人的角度看几乎完全是隐性的,它们神秘、隐蔽、模糊不清,有关信息甚至被局内人保护起来成了秘密。因此,只有通过与局内人交谈才有可能获取所需信息。

2. 从开放到封闭。无需多少协商即可进入的研究现场是比较开放的,需要大量协商方可进入的现场是比较封闭的。判断某个场所对于参与观察是开放还是封闭,只是部分取决于其显性因素。

(二)进入观察现场的策略

1. 公开式进入。观察人员公开地要求准许观察的策略称为公开式进入。这种直接进入现场的方式很受欢迎,因为它不涉及太多伦理问题,只要得到许可,就可以有足够的机会接近所感兴趣的现象。在争取得到参与观察许可的过程中,观察人员应该向有关主管领导呈递一份参与观察计划书,具体包含研究计划的纲要、基本目标和目的、陈列充分的理由等。

2. 隐蔽式进入。隐蔽式进入策略是指观察人员扮演某个参与角色,而不是向现场中的顾客和员工透露正在进行的研究。运用隐蔽式策略是获得可靠信息必不可少的手段。但隐蔽式观察存在伦理上的争议,并且调查者的调查目的一旦被发现,现场的参与观察就极有可能被迫终止。

(三)参与观察现场的选择

参与观察现场的选择要依据下列条件:是否能够进入现场、参与者有可能充当的角色范围、该角色能否较深入地接触所要研究的现象。因此,对于研究现场了解得越多,就越可能做出明智的选择。

任务五　整理与分析零售终端调查资料

零售终端调查主要采用的是观察法,对于收回的观察表,研究人员要进行数据资料的确认和整理,这是保证市场调查工作质量的关键。观察所收集的资料,其中包括了大量的数字资料,因此,需要对这些资料进行数据分组调整、合并才能用于资料分析。

【能力训练】

对零售终端观察所收集的数据资料处理一般需要经过整理和分析两个阶

段来完成。

1. 整理观察数据。当实地观察调查工作全部结束后，调查人员已搜集到了大量的资料，包括有关谈话记录、统计数字、复印图片、文章剪辑等，这些资料都要进行加工整理，以便为下一步的资料分析工作做好必要的准备。整理观察数据一般需要实地编辑，其主要任务是发现资料中非常明显的遗漏和错误，帮助控制和管理实地调查队伍，及时调整调研方向和程序，消除误解及有关特殊问题的处理。它应在观察记录表或其他的资料收集形式实施后尽快执行，以便观察记录表能在资料收集人员解散前得到校正。这种初步审核可由现场主管执行。实地编辑对资料检查的原则为：完整性、清楚性、一致性、明确性。为了节省时间、减少差错、提高效率，调查人员可以自行设计和印刷一些专门用作汇总数字资料的"统计工作表"，以供使用。

2. 分析观察数据。经过对服装店铺的观察数据的整理后，研究人员可以从以下几个方面对门店进行分析，其中包括品牌定位分析；店铺流量分析；店铺布局规划分析；橱窗陈列分析；店内商品陈列分析；陈列维护分析等。如某品牌服饰连锁专卖店对门店进行调研分析，使用观察法进行调查。在调查结束之后，对调研的数据进行了整理和分析：

第一，通过门店服装品牌和款式的陈列，对该零售终端的品牌定位和客户群定位进行分析：商品品牌分析；商品品类分析；商品价格分析，顾客定位分析。

第二，分析客流。根据客流的统计数据，对数据进行汇总整理，从而可以对客流量中的顾客性别比例以及性别、年龄对进店率和成交率等的影响进行分析。

第三，分析客流动线路。根据流动线路的统计结果，分析门店的布局是否合理、优缺点并给出改进建议等。

第四，进行店内外陈列布局分析。通过对所观察门店的各个位置的商品的品类、价格、陈列方式、容量、陈列手法等方面，来整理汇总入口陈列、中岛陈列、板墙陈列、主题关联区域陈列等方面的信息，还有橱窗陈列材料汇总和分析，门店形象维护情况数据分析。根据这些信息数据，对目前陈列所体现的优势和劣势进行分析，并提出合理化改进建议，为形成调研报告提供数据基础。

【知识拓展】

一、数据分组

(一)数据分组的概念

数据分组是指根据总体内在的特征与项目研究的任务需要,将总体按照一定的标志划分为若干组成部分的一种统计方法。数据分组的目的,就在于把同质总体中的具有不同性质的单位分开,把性质相同的单位合并在一起,保持各组内数据的一致性和各组之间数据的差异性,以便进一步研究调查对象的数量表现与数量关系,进而正确认识调查对象的本质及其规律性。例如,在我国人口普查中,作为个体的每个人,在年龄、性别、民族、文化程度以及居住地等诸多调查标志上不完全相同。为了反映我国人口总体内部的差异、就需要按照不同的标志对全国人口进行分组,如按性别可分为男、女两组;按年龄、民族可划分为若干组。

(二)数据分组的作用

数据分组所起的作用主要体现在以下三个方面。

1. 区分总体类型。现象的类型是多种多样的,不同类型的现象存在本质差别,通过统计资料的分组就可以把不同类型的现象区别开来。

2. 反映总体内部结构。通过分组,总体被划分为若干组成部分,计算各组成部分的总量在总体中所占的比重,即可反映总体结构特征与总体结构类型。

3. 分析总体在数量现象之间的依存关系。现象之间总是相互联系、相互依存、相互制约的,分组就是要在各种错综复杂的现象中,找出内在的联系和数量关系。因此,可将一个可变标志(自变量)作为分组标志,来观察另一个标志(因变量)相应的变动状况,如居民家庭收入与消费水平有密切的联系。通过分组就可以反映这两个标志之间相互联系的程度和方向。

(三)数据分组的原则

要保证分组的科学性,研究人员就要遵循"穷尽原则"和"互斥原则"。

1. 穷尽原则。穷尽原则是指各分组的空间必须容纳所有个体单位,即总体中的每一个个体都必须有组的归属。如消费者按文化程度分组,如果只分为小学、中学、和大学三组,那么,未上过小学的以及大学以上文化程度的消费者就无组可归。这种分组未做到"穷尽"。

2. 互斥原则。互斥原则是指在特定的分组标志下,总体中的任何一个单位不能同时归属于几个组,而只能归属于某一组。如把服装分为男装、女装、童装三类,就不符合互斥原则,因为童装也有男装与女装之分。

(四)数据分组的种类

对数据的分组是按照不同的标志进行的。分组标志则是进行分组的标准和依据。因此,分组标志能否正确地选择,则关系到分组的科学性。为此,研究人员必须根据研究的目的和任务,在若干个可以选择的标志中,选择最能反映事物本质特征的标志作为分组标志。

1. 按分组标志的多少分为简单分组与复合分组。简单分组是按照一个分组标志对所研究的对象进行分组。如人口按性别分为男、女两组。复合分组是按照两个或两个以上的分组标志对所研究的对象进行分组(如表 3-10)。这种分组,先按一个分组标志对所研究对象进行分组,然后再按第二个分组标志进一步分组,再次按第三个分组标志分成更小的组。

表 3-10 高校教师的复合分组

第一标志(职务)	第二标志(年龄)	第三标志(性别)
高级职称 (教授、副教授)	45 岁以上	男
		女
	45 岁以下	男
		女
非高级职称 (讲师、助教)	45 岁以上	男
		女
	45 岁以下	男
		女

2. 按分组标志性质不同分为品质分组和数量分组。品质分组就是选择反映事物属性差异的品质标志进行分组,并在品质标志变异的范围内,划分各

组的性质界限,把总体分为若干性质不同的组成部分。数量分组就是选择反映事物数量差异的数量标志进行分组,并在数量标志的变异范围内划定各组的数量界限,把总体划分为若干性质不同的组成部分。

二、次数分布数列

进行分组后,研究人员需要统计每组所拥有的次数,再将其列成表格,就形成了次数分布。

(一)次数分布数列的概念

次数分布是统计分组的重要形式。在统计分组的基础上,把总体全部单位按组归类整理,将其按一定顺序加以排列,形成总体中每一个单位在各组间的分布,称为次数分布。其中分布在各组中的总体单位数叫做次数,亦称频数;次数与总次数的比值叫做比率,亦称频率。把各组的频数或频率按照一定的顺序排列而成的数列称为次数分布数列,简称分布数列。次数分布数列是统计整理的结果,是进行统计描述和统计分析的重要方法。

(二)次数分布数列的种类

由于分组标志不同,次数分布数列可分为两种。

1. 品质数列。按照品质标志进行分组形成品质数列,它用来反映不同属性的各组次数在总体中的分布状况,它由各组名称、各组频数或频率组成。

2. 变量数列。按照数量标志进行分组形成变量数列,它用来反映不同变量值的各组次数在总体中的分布状况,它由各组变量值和各组次数组成。按照数列中每组变量值的多少以及取值范围不同,变量分布数列可分为单项数列和组距数列两种。

(1)单项数列就是每一个组只有一个变量值的数列,它是按变量值大小顺序排列的。单项数列在变量值不多以及变量值变动幅度不大时运用,一般是有多少个不同的变量值就分为多少个组。

(2)组距数列是把变量的取值范围划分成若干区间,以一段变动区间为一个组的数列。即组距数列中的每一个组是由一个变量值的区间表示。组距数列是在变量个数较多、变量值变动幅度较大的离散型变量时运用,它又分为等距数例和异距数列。

三、变量数列的编制

变量数列的编制主要是组距数列的编制。在编制过程中,一定要处理好以下几个问题。

(一)组数与组距

在组距数列中,变量值变动的一定范围代表一个组,每个组的最大值为组的上限,最小值为组的下限。每个组的上限与下限间的距离称为组距。

1. 编制变量数列的程序。(1)计算全距(R)。即全部变量的最大值与最小值的距离。(2)确定组数(m)。在实际工作中,研究人员主要凭经验确定,也可按不同的组数进行试验,比较其次数分布表,看哪一个能够更好地显示出分组数据的特征。另外有一个经验公式——"斯透奇斯规则"(Sturges'rule),$m=1+3.322\lg N$(N 为总次数),可以帮助确定组数。

(3)组数与组距(i)的关系。$i=R/m$,两者成反比变化。

2. 等距数列和异距数列

组距数列可根据各组距是否相等分成等距数列和异距数列,编制何种类型数列应根据研究的目的来确定。采用等距分组目的是为了直接比较各组次数分布或分析对比各组的指标;采用异距分组目的是为了从数量上区分性质不同的总体。

组距数列还可以区分为闭口数列与开口数列两种:闭口数列是指首末两组的上、下限齐全的数列;开口数列是指首组组距缺下限或末组组距缺上限的数列。

(二)组限和组中值

1. 组限。组限是指分组的数量界限,包括上限和下限。上限是各组的最大变量值,下限是指各组的最小变量值。若一组内只有上限没有下限或只有下限没有上限称为开口组;上限与下限都齐全的组称为闭口组。

组限的表示方法应根据所研究现象的性质而定,并要注意以下几点:

(1)第一组(最小组)的下限不能大于最小变量值;最末一组(最大组)的上限不得小于最大变量值。这就能够使同质的总体单位在同一组内,使标志值在各组的变动能够反映事物质的变化。

（2）组限应是引起事物质变的数量界限，并有利于表现总体分布的规律性。

（3）分组变量可分为离散变量与连续变量，它们的组限表示方法也是不同的。在划分离散变量的组限时，相邻组的组限可以间断；在划分连续变量的组限时，相邻组的组限必须重叠，并在统计次数时，一般应遵循"上组限不在内"的原则。因为在对连续变量分组时，每一组的上限同时又是下一组的下限，即相邻两组的上限与下限是用同一数值表示的。为了避免计算的混乱，一般是把达到上限数值的单位数计入下一组内。

2. 组中值。在组数、组距、组限确定后，把全部的变量值归类列各组，并按顺序排列编制变量数列。在统计分析中，通常会以组中值来代表各组标志值的平均水平。组中值就是组的上下限之间的中点数值，当各组标志值均匀分布时，组中值的代表性就高。计算公式：

闭口组的组中值＝（上限＋下限）/2

缺下限的开口组组中值＝上限—邻组组距/2

缺上限的开口组组中值＝下限＋邻组组距/2

［例］对某品牌服装某款式产品在 110 个销售网点的价格进行调查（单位：元）的数据如下，请编制次数分布表。

154	133	116	128	85	100	105	150	118	97	110	131	119
103	93	108	100	111	130	104	135	113	122	115	103	90
108	114	127	87	127	108	112	100	117	121	105	136	123
108	89	94	139	82	113	110	109	118	115	126	106	108
115	133	114	119	104	147	134	117	119	91	137	101	107
112	121	125	103	89	110	122	123	124	125	115	113	128
85	113	143	80	102	132	96	129	83	142	112	120	107
108	111	100	97	111	131	109	145	93	135	98	142	127
106	110	101	116	123								

解：

第一步，先将 110 个数据排序，找出最大值 154 和最小值 80，得出这个数列的全距：$R＝154－80＝74$（元）

第二步，根据斯透奇斯规则确定组数：$m＝1＋3.322×(lg110)＝7.78$，$i＝R/m＝74/7.78＝9.51$（元）。根据以上的计算结果，组数定为 8 组，组距定为

10元。

在使用经验公式计算 m 和 i 时,计算结果的取舍,不采用四舍五入法,而采用舍去进一法,即只要有小数,就把小数舍去,并在整数位上加1。这种做法能保证次数分布表有足够宽的覆盖区间。一般说来,组距宜于取整百整十,起始组的下限也宜于取整百整十,这样看起来比较舒服。有些数据本身是有特殊或固定的分组要求的,如学生成绩如果出现"54～62"这样一组,则将不同性质的学生混在了一起,在这组里有成绩不合格的学生,又有成绩合格的学生,这样的分组肯定是错误的。

第三步,根据所定组数和组距确定组限。第一组下组限定为80,第一组上组限则为90(即80+10);第二组下组限就是第一组上组限,第二组上组限为100;……;依此类推,第八组下组限是150,其上组限则为160。这样共有8个下组限和8个上组限。由于有重合值,故只有9个组限值。

第四步,进行归组,即将各个变量值归入相应的组中。比如154归入第八组(150～160);133归入第六组(130～140)……依此类推。最后的结果用次数分布表显示,见表3-11。

表 3-11　某品牌服装 110 个销售网点的价格的次数分布表

服装价格 x(元)	销售网点数 f
80～90	8
90～100	9
100～110	26
110～120	30
120～130	18
130～140	12
140～150	5
150～160	2
合计	110

(三)次数分布表

表3-11是一个最简单的次数分布表,研究人员可以对简单表中的数据进行计算汇总,得到一个内容更加丰富的次数分布表,见表3-12。

表 3-12　某品牌服装 110 个销售网点的价格的次数分布表

服装价格 x （元）	频数 f （家）	频率 （%）	向上累积		向下累积	
			频数（家）	频率（%）	频数（家）	频率（%）
80～90	8	7.3	8	7.3	110	100.0
90～100	9	8.2	17	15.5	102	92.7
100～110	26	23.6	43	39.1	93	84.5
110～120	30	27.3	73	66.4	67	60.9
120～130	18	16.4	91	82.7	37	33.6
130～140	12	10.9	103	93.6	19	17.3
140～150	5	4.5	108	98.2	7	6.4
150～160	2	1.8	110	100.0	2	1.8
合计	110	100	—	—	—	—

　　研究人员可以将各组的频数除以总次数，得到频率，用以代表各组占总次数的比率。如服装零售价在 120～130 元之间的网点的频数为 30 家，因此，频率＝30/110＝27.3%，则表示服装零售价在 120～130 元之间的网点占所有网点的 27.3%。

　　向上累积有时又称"较小制累计"，它表示的是低于某分组上限的频数与频率，如服装零售价在 120 元以下的网点有 73 家，占总数的 66.4%；向下累积有时又称"较大制累计"，它表示的是高于某分组下限的频数与频率，如服装零售价在 110 以上的网点有 67 家，占总数的 60.9%。

任务六　提交零售终端市场调查结果

　　零售终端市场调查是运用科学的方法，有目的、有计划地对零售终端店铺客流、陈列现状等进行全面或局部地信息搜集、整理、分析和研究，得出恰当的结论，提供采取行动的合理建议，为企业决策者制定经营政策提供重要依据，以促进市场营销活动。零售终端市场调查报告是整个市场调查活动的最终成果体现。

【能力训练】

零售终端市场调查与分析主要是基于品牌服装门店终端陈列的研究,利用二手资料调查法来了解品牌的定位,通过观察法来了解店铺流量等相关信息,为品牌店铺终端陈列提供一定的意见和建议。一般而言,提交零售终端市场调查结果需要经过以下三个步骤:确定报告框架、编写调查报告和审定提交报告。

1. 确定报告框架。通过前面项目训练,研究人员已清楚一份完整的市场调查报告一般包括介绍、主体及附录三大部分。介绍又包括报告封面、信件、目录及摘要;主体部分是整份市场调查报告的核心,一般包括引言、调查概况、数据分析、调查结果、结论和建议等几个部分;附录一般包括市场调查方案及调查问卷等。零售终端市场调查主要是采用二手资料调查法和观察法,调查报告的主体部分一般包括引言、调查概况、品牌定位分析、店铺客流分析、橱窗陈列分析、店内陈列分析和陈列维护分析等。

2. 编写调查报告。一份高质量的调查报告,除了符合调查报告的一般格式外,还应该注意以下问题。

(1)实事求是。市场调查研究是为了揭示事情的真相,为决策者提供一些意见与建议。观察法只能观察到人的外部行为,不能说明其内在动机,而且受到时间和空间的限制,使得观察者有时难免受到一定程度的干扰而不完全处于自然状态等,所以使用观察法得到的数据资料来撰写调查报告一定要扬长避短,尽量减少观察误差,克服个人偏见和主观影响,要以实事求是的科学态度,准确而全面地总结和反映市场调查结果。

(2)重点突出。市场调查报告的内容编排应该密切结合调查目的,对信息资料进行严格分类和筛选,剔除一切无关资料,重点突出调查目标完成和实现情况。一份高质量的调查报告既要具备全面性、系统性,又要具备针对性和适用性。

(3)篇幅适当。市场调查报告篇幅长度及内容取舍、详略都应该根据需要而定。调查报告的价值需要以质量来衡量,而不是篇幅的长短,所以在市场调查阶段积累的大量信息资料虽然非常珍贵,但如果全部纳入调查报告中必然会使得报告内容冗长繁杂,因此要懂得取舍。

（4）便于阅读。为了提高调查报告的可阅读性，应该做到版面设计合理、语言简洁。同时，市场调查报告的阅读和使用都有其特定的对象，要结合不同对象的工作性质、文化程度等因素来决定调查报告的写作风格。

3. 审定和提交报告。市场调查报告初稿完成后，调查团队要针对内容、结构、用词等方面进行多次审核和修改，最后予以定稿并提交。市场调查报告一般都是以书面方式提交（包括电子稿和纸质稿），并辅以口头报告。因为零售终端调查主要采用观察法，要求辅以零售终端的照片进行有针对性地分析，所以一般零售终端调查报告以 PPT 的形式提交，这样能使得报告针对性更强，更加生动，更富有吸引力，能提高报告效果。

【项目成果范例】

××品牌终端陈列调查报告

摘要（略）

引言（略）

一、调查概况

（一）调查目的

通过对××品牌终端陈列的市场调查，寻找现阶段存在的问题，提升该公司业绩，了解影响消费者购买的相关因素。

（二）调查地点、时间和工具

1. 调研地点：某城市某街道

2. 调研时间：11：00—17：00

3. 调研工具：零售终端观察表、笔、拍照工具

二、品牌定位分析

（一）品牌理念

1. 品牌历史。××品牌是欧洲最大的服饰零售商，在世界多个国家和地区（包括欧洲及美国）设有分店，2007 年在上海开设中国第一家专卖店。拥有将近 100 名设计师，他们与一个由 60 名打版师、约 100 名采购员以及一些预算控制员组成的团队合作开发的男女、婴幼儿及青少年系列产品。

2. 品牌理念。××品牌的设计理念是"只有被大多数人所接受，才是真

正的时尚"，它希望能以最好的价格提供流行与品质。平价才能让消费者负担得起每一年、甚至每一季都去店中购买新推出的产品。这种策略最能吸引 15～30 岁讲求曾经拥有而不是天长地久、希望随时都能追上流行的女性消费者。

××采购活动与市场导向相一致，并根据分布在世界各地的销售店提供的数据，比如什么好卖、气候差异以及顾客购物喜好等不断做出调整，使时尚流行的准确性得到最大优化。商品筹备时间从 2—3 周到 6 个月不等，主要由商品的属性决定。筹备时间短并不一定最好，正确的筹备时间是在价格、时间与品质方面保持平衡。

（二）商品品类

根据调查显示，××品牌店铺商品品类主要包括服装类和配饰类，其中服装类主要包括男装、女装、童装和青少年装。各商品品类所占的比例情况如下图 3-1 所示，其中女装和男装各占了 30%，青年装 20%，童装占了 10%，配饰占了 10%。其中男装包括 T 恤、外套、牛仔裤、衬衣、毛衫、内衣、羽绒服和棉衣类；女装包括 T 恤、外套、裙子、牛仔裤、衬衣、毛衫、内衣、羽绒服和棉衣类；配饰类主要包括鞋、首饰类、包、围巾、帽子和手套等。

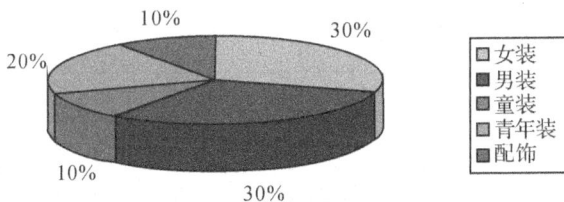

图 3-1　商品品类

（三）价格体系

根据观察调查数据统计，××品牌服装商品价格体系可以分为高中低三条价格线，其价格范围从 30～499 元不等（表 3-13）。30～100 元为最低价格线，主要涉及吊带、抹胸、T 恤、七分裤、衬衫、牛仔裤、打底裤、内衣裤、裙子等，占目标店铺服装产品的比例为 20%；129～299 元为中等价格线，主要涉及牛仔裤、外套、毛衫、衬衫、吊带、T 恤等，占目标店铺服装产品的比例为 70%；349～499元为高等价格线，主要涉及棉衣、风衣、外套、鞋子等，占目标店铺服装产品的比例为 10%，因此，该品牌主要以中等价格线的商品为主。

表 3-13　价格体系

服装价格线	最低价格线	中档价格线	最高价格线
价格范围	30～100 元	129～299 元	349～499 元
服装品类	吊带、抹胸、T 恤、七分裤、衬衫、牛仔裤、打底裤、内衣裤、裙子	牛仔裤、外套、毛衫、衬衫、吊带、T 恤	棉衣、风衣、外套、呢子大衣
目标店铺服装产品占比	20%	70%	10%

(四)顾客定位

通过对门店观察发现,顾客定位在 15～30 岁的收入水平处于中等的学生、年轻时尚的打工族、白领等一族。该品牌的顾客喜欢自由,充满活力,讲求曾经拥有而不是天长地久,希望随时都能追上流行。具体观察统计结果如下表 3-14 所示。

表 3-14　顾客定位

顾客分类	特征
顾客性别定位	女、男
顾客年龄定位	15～30 岁
顾客阶层定位	中产阶级
顾客职业定位	学生、年轻时尚的打工一族、白领
顾客消费能力定位	中等

三、店铺客流分析

根据表 3-15 店铺客流以及图 3-2 和图 3-3 客流动线分析,可以得出该品牌门店销售的主要优点和存在的问题:

(一)优点

1. 客流量高,进店量大,进店率高,包括试穿、连带销售都很高;

2. 卖场基本没死角,客流动线多样,并且密集。

(二)存在的问题

1. 触摸率高,损坏商品的几率就相对增大;

2. 卖场内部十分拥挤,店员相对较少,容易丢失货品。

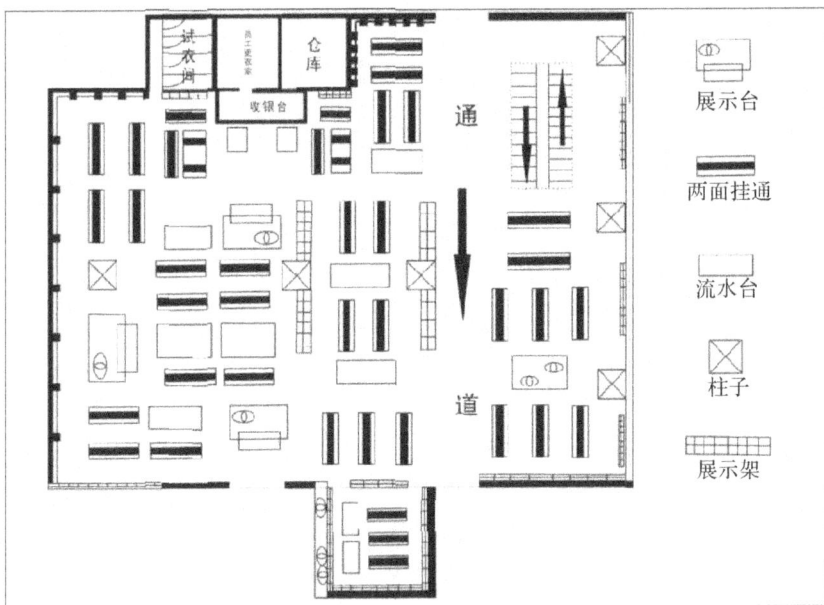

图 3-2 店铺平面图

因此,建议公司可以合理有效地分布卖场空间,多增加店员。

表 3-15 店铺客流分析

统计项目	统计结果	抽样时间	备注
客流量	315 人	11:50～12:20	男 41%,女 59%
进店量	265 人	11:50～12:20	男 38%,女 62%
进店率	84%	11:50～12:20	
触摸率	91%	11:50～12:20	衣裤 42%,配件 58%
试穿率	73%	13:35～14:05	衣裤 44%,配件 56%
成交率	30.6%	15:40～16:15	衣裤 65%,配件 35%
连带销售比	1.71	16:15～16:35	28 人销售 48 件

五、橱窗陈列分析

××品牌店铺橱窗陈列方式多种多样,有不同的橱窗主题,视觉表现手法也各不相同。现选择其中两个橱窗进行具体分析。

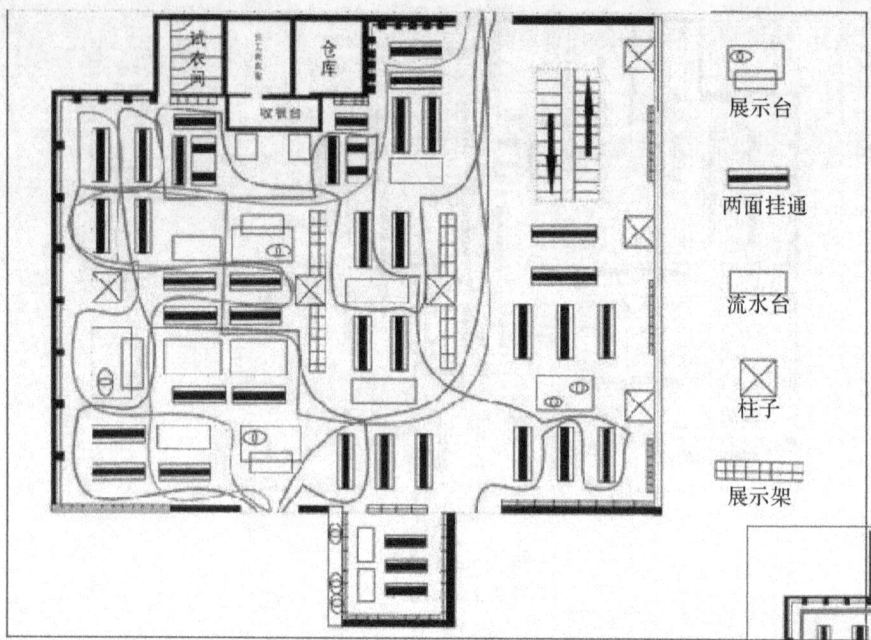

图 3-3 客流动线

（一）橱窗 1 陈列分析

1. 橱窗主题。

（1）橱窗时间主题：春冬季节/花色图案主题活动。

（2）橱窗商品主题：针织上衣，连衣裙，价格 199～299 元。

（3）橱窗设计主题：以南美洲和非洲部落的民族花色图案为大的背景墙图案，设计元素不再本土化而是本土世界化。模特搭配围巾、项链等与图案背景系列化的民族化配饰，表达出一种由寒冬到暖春的过渡，相符的色彩呼应出春的暖意。

（4）橱窗目标信息传达：××品牌的橱窗以大的民族图案为背景，模特组合系列服饰搭配提取背景色和图案花形元素，更有系列感，让顾客感到服装的品牌化与专业化，从而信赖选择××品牌。××品牌销售连锁化更加生活化，品牌经营多元化。中档消费使得顾客比较容易选择购买。橱窗色彩视觉效果突出让顾客远距离也能被吸引注意力。传达春的气息，融化顾客寒冬的心理也是与顾客拉近距离的方法，促进销售。

2. 橱窗视觉手法。

(1)平面构成手法:封闭式橱窗,采用了均衡法摆放。

(2)立体构成手法:封闭式橱窗,在空间上使模特横向距离变化具有节奏感,而且前后位置有变化,朝向也各有不同,增加了橱窗的生动性。

(3)橱窗演绎手法:陈列设计师把服装上颜色和细节的图案放大化,采用了花纹图案的形式展现给顾客。把配饰类也单独摆放,让顾客可以一目了然。

(二)橱窗 2 陈列分析

1. 橱窗主题。

(1)橱窗时间主题:春季。

(2)橱窗商品主题:外套、T恤、裤子、鞋,50～100 元。

(3)橱窗设计主题:将打折特价商品以正挂、侧挂的形式摆放在橱窗,展现给顾客,主要是以价格战吸引顾客眼球,增加进店率,促进销售。

(4)橱窗目标信息传达:××品牌的半封闭橱窗以特价商品为主,通过橱窗向消费者传递店内正在火热打折中的信息,吸引消费者进店,促进销售。

2. 橱窗视觉手法。

(1)平面构成手法:半封闭式橱窗,采用了轴对称的方法摆放,有正挂和侧挂。整体平衡,左右呼应,商品大小穿插,在画面上产生上下跳跃的节奏感。

(2)立体构成手法:半封闭式橱窗,有通透感。

(3)橱窗演绎手法:把货架做成错落有致的立体空间隔断,将服装以正挂、侧挂相结合的形式淋漓尽致的展现给顾客的同时,还增加了卖场的通透感,吸引顾客进入卖场。

六、店内陈列分析

(一)区域陈列

卖场陈列的基本形式是组成卖场规划的重要元素。卖场的陈列方式根据品牌定位和风格的不同,陈列方式也各有不同。但常规的主要是人模陈列、正挂陈列、侧挂陈列、叠装陈列等四种陈列方式。该品牌卖场区域划分平面图如3-4 所示。

(二)入口陈列

××品牌的店铺入口商品品类主要包括 T恤、针织衫、裙子、包、围巾和鞋等,商品价格线主要在 99～249 元之间,货架陈列方式主要是侧挂、叠装和半身模,总共有 9 款衣服,每款8件共72叠,侧挂30件,3双鞋子,5条围巾和5个包,

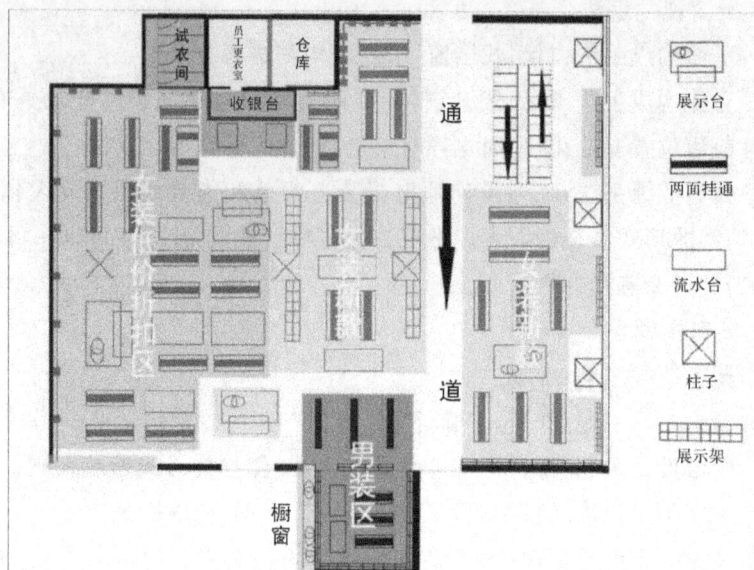

图 3-4　区域陈列

这么多商品主要是采用间隔和重复的陈列手法,配件主要是与衣服搭配销售。

(三)中岛陈列

××品牌男装区的中岛陈列商品品类主要有外套、T恤、围巾、牛仔裤、鞋和包,价格线主要在149~249元,整个中岛展示台主要有T恤两个款17件,牛仔裤两个款12件,鞋三个款9双,围巾单款单色6条。商品陈列方式主要是采用半身模特、叠装、围巾挂装,鞋摆放在展示台上。半身模特属于售点陈列,注重搭配;叠装属于单品陈列,以商品摆放为主(图3-5)。

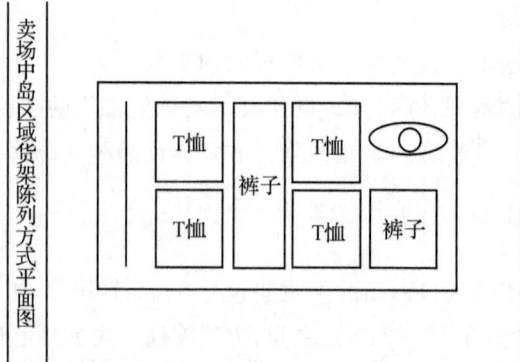

图 3-5　中岛陈列

(四)板墙陈列

××品牌女装区的板墙陈列也是其店内的一大陈列要点,主要的商品品类是外套、T恤、毛衫、牛仔裤和裙子,商品价格线主要是100～150元,商品陈列方式主要是正挂和侧挂,正挂属于PP重点陈列,侧挂属于IP单款陈列。板墙陈列商品容量比较大,正挂12款,春夏商品每款10件,秋冬装商品每款5件,侧挂14个款,每款35件。

综上分析,××品牌的店铺商品陈列的主要优点体现在以下两个方面:半封闭橱窗比较通透,让顾客对店铺一目了然;形象的封闭橱窗创意很好,有季节的过渡,把服装细节图案放大的花纹图案板非常醒目。同时也存在半封闭橱窗的货品全部是打折货品,摆放很凌乱的问题,因此需要在对半封闭橱窗摆放,服装的吊牌位置等方面进行改进(图3-6)。

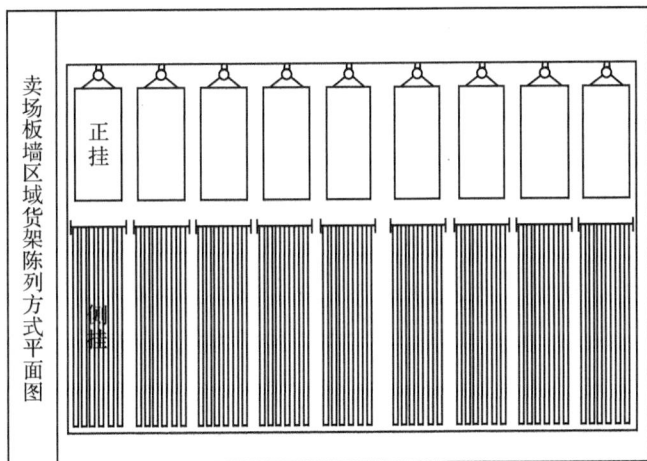

图3-6 板墙陈列

七、陈列维护分析

(一)店面形象维护

从店铺外立面以及门头,大面积透明的玻璃窗开放式展示,结合白色墙体上用线条勾勒出来的型男型女,很吸引人。但是,店面感应门是坏的,感应门上的"安全入口"标识牌的一头的挂链是坏的,并且感应门下的地面时没有经过打扫,伴有杂物和烟头。

（二）店内形象维护

店内墙面在醒目位置摆放警示牌、灭火器，以减少隐患发生，但是店内的墙顶局部有灰尘杂质，地面上有商品、价格标签等；试衣间内的墙壁有明显的裂痕，顾客不小心的情况下蹭过去会划伤；收银区域比较凌乱，总体情况令人担忧。在调查中发现，和强大的客流量相比，店内人员显得很少以至于部分PP、IP点（VP为视觉主题，通常为静态展示橱窗等位置；PP为立体展示，通常为模特展示或正挂展示；IP为单品展示）的商品显得很凌乱，地上、流水台上、高架上随处可见凌乱的商品，还有损坏的商品。

（三）器架道具维护

商品陈列的器架整体形象还不错，就是局部有灰尘，10:30—11:00还有空着的流水台，随后店员才来维护陈列，陈列器架插槽内插着不明宣传册，没有人整理。

（四）照明与设备

店铺灯光设备基础照明功能维护有偏光的、有不亮的，损坏情况比较普遍，重点照明功能维护较好，没有装饰照明。

（五）店员形象

店内除了安保人员和站在收银区工作的收银员能明显辨认出来，其他的均不好被辨认，没有统一着装，胸牌小而且不明显。店员大多数都在陈列并维护，但是效果不明显，并且部分被顾客随手放置的商品无法摆好并放回原处。

综上分析，该品牌陈列维护的的主要优点有准点开门，店员积极盘货、理货；橱窗形象维护到位等。同时也存在急需解决的问题，如尽管店员一直在忙，但是陈列维护效果不明显；灯光维护欠缺，基础照明有偏光、不亮现象；店内商品形象欠精心维护。因此，可以建议企业对店员进行统一着装，单位面积内增加店员，并加强店面、店内硬件形象、商品形象、陈列、灯光等维护。

【知识拓展】

一、零售终端调查报告写作框架

零售终端调查报告一般没有固定的写作框架，根据不同的调查目的可以有不同的内容。因此,零售终端调查报告有综合的终端店铺诊断报告,也有终端陈列分析报告、终端 CIS 分析报告、终端选址分析报告以及终端布局分析报告等。尽管各种类型的报告因为调查侧重点不同,但一份完整的零售终端调查报告应包括以下几部分内容。

(一)品牌定位分析

品牌定位分析包括品牌理念、商品品类、价格体系、顾客定位和目标顾客生活方式分析等。品牌理念主要包括品牌历史以及品牌设计理念,主要是对品牌公司成立时间、商标注册时间、注册地及发展变迁等进行分析。品牌设计理念一般是品牌公司对于公司目标及其达成方式的定义性描述。

商品大类划分可以有多种不同的分类标准。按照商品产品线可以划分为服装和配件;按照商品性别类别可以分为男装和女装;按照年龄类别可以分为男成衣、女成衣和童装;按照商品季节类别可以分为四季、两季和单季服装;按照商品系列类别可分为功能分类和设计分类。

(二)店铺客流分析

店铺客流分析主要是对客流量、进店量、进店率、触摸率、试穿率、成交率、连带销售比以及客流动线等方面进行观测分析。

1. 客流量:单位时间内,经过店铺主门面的客流总数。

2. 进店量:单位时间内,进入店铺的顾客总数。

3. 进店率:进店量/客流量。

4. 触摸率:单位时间内,触摸产品的顾客总数与进店量的比值。

5. 试穿率:单位时间内,试穿产品的顾客总数与进店量的比值。

6. 成交率:单位时间内,购买产品的顾客总数与进店量的比值。

7. 连带销售:单位时间内,销售总件数/销售总单数。

8. 客流动线:单位时间内,在图上画出可以识别的线条,记录 10 名顾客的行走路线。

(三)陈列分析

橱窗陈列分析主要是对橱窗商品的时间主题、商品主题、设计主题、目标信息传达、橱窗视觉手法等橱窗陈列进行观测分析。店内陈列分析主要是对卖场区域划分平面图进行分析,对入口陈列、中岛陈列、板墙陈列以及橱窗或形象主题关联等店内商品陈列进行观测分析。店面形象及陈列维护分析主要是对硬件环境形象、商品形象等店面店内形象维护和器架道具、照明与设备维护以及店员表现等陈列维护进行观测分析。

二、客流规律分析

客流量大小是一个零售店铺成功的关键因素。客流包括现有客流和潜在客流。商店选择开设地点总是力求处在潜在客流最多、最集中的地点,以便多数人就近购买商品,但客流规模大,并不总是带来相应的优势,应做具体分析。

(一)分析客流类型

一般商店客流分为三种类型。

1. 自身的客流,是指那些专门为购买某商品的来店顾客所形成的客流,这是商店客流的基础,是商店销售收入的主要来源。因此,新设商店在选址时,应着眼评估本身客流的大小及发展规模。

2. 分享客流,是指一家商店从邻近商店形成的客流中获得,这种分享客流往往产生于经营相互补充商品种类的商店之间,或大商店与小商店之间。如经营某类商品的补充商品的商店,在顾客购买了这类主商品后,就会附带到邻近补充商品商店去购买供日后进一步消费的补充商品。不少小商店依大店而设,就是利用这种分享客流。

3. 派生客流,是指那些顺路进店的顾客所形成的客流,这些顾客并非专门来店购物。在一些旅游点、交通枢纽、公共场所附近设立的商店主要利用的就是派生客流。

(二)分析客流目的、速度和滞留时间

不同地区客流规模虽可能相同,但其目的、速度、滞留时间各不相同,要做具体分析,再做最佳地址选择。如在一些公共场所附近,车辆通行干道,客流规模很大,虽然也顺便或临时购买一些商品。但客流目的不是为了购物,同时客流速度快,滞留时间较短。

(三)分析街道两侧的客流规模

同样一条街道,两侧的客流规模在很多情况下,由于交通条件、光照条件、公共场所设施等影响而有所差异。由于国内骑车、步行或驾驶汽车都是靠右行,消费者往往习惯光顾行驶方向右侧的商店。因此,开设地点应尽可能选择

在客流较多的街道一侧。

(四)分析街道特点

选择商店开设地点还要分析街道特点与客流规模的关系。交叉路口客流集中,能见度高,是最佳开设地点。有些街道由于两端的交通条件不同或通向地区不同,客流主要来自街道一端,表现为一端客流集中,纵深处逐渐减少的特征,这时候店址宜设在客流集中的一端。还有些街道,中间地段客流规模大于两端,相应地,店址放置中间地段就更能吸引潜在顾客。

三、服饰陈列技巧

服饰陈列技术是服饰店长与店员都应该熟练掌握的一项业务操作技能。合理的陈列商品可以起到展示商品、刺激销售、方便购买、节约空间、美化购物环境的重要作用。据统计显示,店面如果能正确运用商品的配置和陈列技术,销售额可以在原有基础上提高 10% 以上。

(一)主题陈列和整体陈列

主题陈列是给服饰陈列设置一个主题的陈列方法。主题应经常变换,以适应季节或特殊事件的需要。它能使专卖店创造独特的气氛,吸引顾客的注意力,进而起到促销商品的作用。

整体陈列是将整套商品完整地向顾客展示,比如将全套服饰作为一个整体,用人体模特型从头至脚完整地进行陈列。整体陈列形式能为顾客作整体设想,便利顾客的购买。

(二)整齐陈列和随机陈列

整齐陈列是指按货架的尺寸,确定商品长、宽、高的数值,将商品整齐地排列,突出商品的量感,从而给顾客一种刺激。整齐陈列的商品通常是店铺想大量推销给顾客的商品,或因季节性因素导致顾客购买量大、购买频率高的商品等。

随机陈列就是将商品随机堆积的方法。它主要是适用于陈列特价商品,是为了给顾客一种"特卖品即为便宜品"的印象。采用随机陈列法所使用的陈列用具,一般是圆形或四角形的网状筐,另外还要挂上带有表示特价销售的提示牌。

(三)盘式陈列和定位陈列

盘式陈列实际上是整齐陈列的变化,表现的也是商品的量感,一般为单款式多件排列有序地堆积,将装有商品的纸箱底部作盘状切开后留下来,然后以盘为单位堆积上去,这样可以加快服饰陈列速度,也在一定程度提示顾客可以成批购买。

定位陈列是指某些商品一经确定了陈列位置后,一般不再作变动。需定位陈列的商品通常是知名度高的名牌商品,顾客购买这些商品频率高、购买量大,所以需要对这些商品给予固定的位置来陈列,以方便顾客,尤其是老顾客。

(四)关联陈列和比较陈列

关联陈列是指将不同种类但相互补充的服饰陈列在一起。运用商品之间的互补性,可以使顾客在购买某商品后,也顺便购买旁边的商品。它可以使得专卖店的整体陈列多样化,也增加了顾客购买商品的概率。它的运用原则是商品必须互补,要打破商品各类间的区别,表现消费者生活实际需求。

比较陈列是将相同商品按不同规格和数量予以分类,然后陈列在一起。它的目的是利用不同规格包装的商品之间价格上的差异来刺激他们的购买欲望,促使其因廉价而做出购买决策。

(五)分类陈列和岛式陈列

分类陈列是指根据商品质量、性能、特点和使用对象进行分类,向顾客展示的陈列方法。它可以方便顾客在不同的花色、质量、价格之间挑选比较。

岛式陈列是指在店铺入口处、中部或者底部不设置中央陈列架,而配置特殊陈列用的展台。它可以使顾客从四个方向观看到陈列的商品。岛式陈列的用具较多,常用的有平台或大型的网状货筐。岛式陈列的用具不能过高,太高的话,会影响整个店铺的空间视野,也会影响顾客从四个方向对岛式陈列的商品透视度。

项目四　竞品调查与分析

【学习目标】

☆　**知识目标**

通过本项目学习,你应该:

1.理解市场竞争的层次及形式,掌握正确寻找竞品的方法;

2.理解竞品调查方案的内容及框架;

3.理解二手数据的优缺点、来源及评价二手数据的标准;

4.理解"神秘顾客"调查法的具体实施步骤;

5.理解实验与测试法,确定竞争对手的反应;

6.掌握暗访调查的操作流程以及竞争情报的获取方法;

7.掌握竞品调查分析报告的结构;

8.掌握竞品分析的表现方法以及常用分析方法。

☆　**技能目标**

通过本项目学习,你应该:

1.能根据竞品调查的目的,制定竞品调查方案;

2.能根据竞品分析的需要,组织人员进行二手资料搜集以及暗访调查;

3.能对搜集到的二手数据进行检验及评价;

4.能根据前期资料准备情况,撰写竞品调查分析报告。

【案例导入】

四两拨竞品　快鱼吃慢鱼

在激烈的市场竞争中,产品区域经理作为区域市场作战的一线指挥者,不仅要掌握区域营销管理的"指挥艺术",还要具备"以小取胜"的财务意识和"经营艺术","四两拨竞品、快鱼吃慢鱼"的实战方法,会有助于区域经理以较小的代价撬倒竞争对手。

例如 A 牌大众白酒企业在某区域推出"占仓计划",通过大力度促销方式向二批铺货,旨在通过占领二批的仓库和资金,让二批无精力和财力销售竞品。其竞争对手 B 牌大众白酒的区域经理得知后,迅速让辖区内所有业务人员执行两项工作:第一,在铺货过程中,针对二批采取"小批限量"的做法,规定二批每次接货量不得超过 20 箱;第二,在各市场筛选出数量不等的"核心销售终端店",在这些终端店加大导购和消费者促销活动。B 牌业务人员执行上述两项措施后,虽然每次给二批的货少了,但二批的出货快了。于是,二批对 B 牌的销售积极性大大提高。A 牌白酒大力度推出的"占仓计划"对 B 牌白酒的销售不仅没有构成任何威胁,反而将原本对自己忠诚的一些二批推向了 B 牌白酒。

从该案例中我们可以得到以下启发:产品流速越快,市场越活跃,就越能够战胜对手。而产品流速快,是企业现金流周转速度快的先决条件,是提高企业和区域赢利能力的重要方面。

因此,现金流来自产品流。要加速现金流就必须加速产品流,而产品流的大小取决于流点数量、流点结构、单点流量和单点流速 4 个方面。

1. 流点数量是产品销售网点的数量,它体现着产品的铺货率。同等条件下,流点数量越大,产品流量越大。

2. 流点结构是产品不同销售网点的种类,体现着产品销售渠道与消费者购买需要的对接程度。对接程度越高,流点结构越好。同等条件下,流点结构越好,产品流量越大。

3. 单点流量是不同网点每次接货数量。在没有促销或特殊政策刺激的情况下,每个网点的接货数量体现着该网点的"胃容量"。同等条件下,单点流量越大,产品流量越大。

4. 单点流速是不同网点每次正常接货后每批次产品的销售周期,它体现着该网点的"消化能力"。销售周期越短意味着"消化能力"越强。同等条件下,单点流速越快,产品流量越大。

但是,在实战中业务人员往往重视流点数量和单点流量而忽视流点结构和单点流速,常常出现流点数量增加了而流点结构并没有得到提升;或者单点流量提高了单点流速却下降了。因此,当竞争对手向二批网点加大单次铺货量时,只是在扩充单点的"胃容量",为单点流量的提高提供了必要条件,却不是充分条件。如果此时你采取"小批量、高频次"的方法提升单点的"消化能力"在单点的流速上下工夫就会在总量上超越对手形成"快鱼吃慢鱼"的局面。因此,区域业务人员只有整体提升这4个方面,才能良性加速产品流。

(资料来源:田怡,《四两拨竞品　快鱼吃慢鱼》,《中国商贸》,2006 年第 3 期,经作者整理改编)

竞品分析是指企业对现有的或潜在的竞争产品的优势和劣势进行评价,为企业制定产品战略提供依据,即企业对竞争对手的同类型产品进行分析讨论,并得出类比归纳的分析结果,用以了解现有产品的发展优势,可以将分析获得的相关竞品特征整合到有效的产品战略制定、实施、监控和调整的框架当中来。做竞品调查与分析时,通常观察非传统竞争对手和那些直接和自己竞争市场份额的对手。而在用户体验行业,竞品分析已经不仅仅局限于竞争产品的分析,而是更加倾向于同类产品的分析,特别是当具体到进行产品交互界面、视觉表现方面分析的时候。

【项目简介】

竞品调查与分析项目

1. 项目内容。企业进行竞品调查与分析是为企业寻找市场空白和解决问题并设计可以提供竞争优势的新产品。因此,根据竞品调查与分析的工作内容和流程,我们将该项目划分为制定竞品调查方案、确定竞品调查方法、组织实施竞品调查和提交竞品调查结果 4 个子项目。

2. 工作任务。竞品分析就是竞争对手产品与企业自身产品的一个比较分析过程。以日化用品生产和经营企业等为载体,基于校外合作企业经营的实际情况,采用以暗访和二手数据收集为主的调查方法,开展对某一品牌日化用品的竞争对手的产品、品牌、价格、销售渠道、促销等方面进行调查,分析产品定位、品牌形象、价格策略、渠道策略以及促销策略等方面的差异性,分析企业自身产品的优劣势。具体需要完成以下工作任务:第一,设定分析目标,选择竞品;第二,确定分析维度和分析准则;第三,分析评价,罗列各维度下竞品的特性;第四,撰写调查分析报告,为日化用品企业提出相应的对策建议。

3. 学习课时。建议课内教学为 20 课时,课外学习课时为 20 课时。

4. 项目成果。在项目学习结束后,学生应递交以下项目学习成果:

(1)竞品调查方案 1 份;

(2)竞品调查分析报告 1 份,报告内容包括:封面、前言、正文、附录等部分。

任务一　制定竞品调查方案

随着企业的不断发展,必然需要进入新的区域市场或打开新产品市场。但市场环境总是处于不断变化当中,而相关市场信息的不对称流通,导致企业的市场进入决策很难在充满变数的市场中取得成功。如何把握市场行情的变化规律,充分了解竞争产品的状况及发展前景,是企业进入新市场要解决的首要问题。竞争产品调查的关键是搜集到准确的竞争情报,而竞争情报是关于竞争环境、竞争对手和竞争策略的调查研究。竞争产品调查是市场竞争的客观需要,是信息作为一种战略资源的重要体现。

【能力训练】

竞争产品调查首先要明确调查对象,并确定谁是竞争对手。确定竞争对手似乎看起来很简单,但事实并非如此,需要调查的竞争产品往往与调查者的目的联系在一起,需要充分调查后确定,而不是简单地根据产品替代的概念来区分和判定。现以某一企业(校外基地)的日用品为例,结合某校外企业某一日用品进行竞争产品调查,要求与企业门店运营管理相关人员沟通,说明制作竞争产品调查方案设计的过程及主要内容,最后选择调查的具体方案。

一般而言,制定产品调查方案的步骤如下:

1. 设计市场调查方案。竞品调查包括市场进入调研、投资收购调研、市场动态调研、标杆学习调研、人力资源调研、营销体系调研、生产研发调研、专利情报调研、仓储物流调研等。设计市场调查方案,重点解决竞品调查的目的、要求、调查范围和规模,调查力量的组织等问题,在此基础上制定一个切实可行的调查方案。竞品调查的主要目的是透过表面现象,研究分析每一个竞争对手的产品,并经进一步分析对企业构成威胁的最主要的竞争对手,做到知己知彼。在这个过程中,建立一个竞品调查方案的分析框架非常重要,竞争产品只是竞争者市场分析的一部分,还包括行业的竞争环境分析、供应商分析、经销商的分析、潜在进入者的分析以及替代产品分析。例如,面对一大堆的财务数据、市场信息以及其他各种信息,如何理顺和筛选这些信息是摆在企业面前的一个重要课题,将杂乱的信息按照建立好的框架进行分类,这样就可以避免调查工作的盲目性,做到有的放矢地收集竞争产品的信息。

2. 编写调查方案内容。一般来说,一个企业最直接的竞争对手是那些在相同的目标市场进行相同战略的同业者。针对竞争产品的调查可以从以下方面展开。

(1)竞争产品关键数据调查。调查项目一般包括销量、产量、产能、市场份额、毛利、投资收益率、现金流量、新增投资等。

(2)竞争产品经营策略调查。调查项目可以包括竞争产品的未来目标、业务组合、产品特色和组合、广告和促销方案及计划、研发能力与研发计划、顾客服务、定价方针、分销渠道、业务覆盖的地区范围等。

(3)竞争产品的能力调查。调查项目包括领导能力、增长能力、应变能力、持久能力等。

(4)竞争产品的主要供应商调查。

(5)竞争产品的主要顾客调查。

(6)竞争对手财务状况调查,需分析连续三年的财务收支状况。

3. 审定市场调查方案。审定调查方案是市场调查方案制定阶段一项非常重要的工作,切实可行的调查方案是使得调查能顺利实施和达到调查目的重要保证。经过市场调查方案精心设计、编写之后,一份完整的市场调查方案就出现了。为了使调查方案能有条不紊地指导调查活动,还应该对方案进行一系列的讨论和修改,直到获得多方面的认可。在审定调查方案后,要组织调查人员进行相关培训,积极准备实施调查。

【项目成果范例】

××日化企业洗涤用品竞品调查方案

一、调查背景

作为人们日常生活的一种消费品,洗涤用品目前无疑已有巨大的市场,众多品牌逐鹿其间,展开激烈的市场竞争。品牌知名度是评价品牌竞争实力的一个重要指标。由于洗涤产品的媒体广告策略多采用电视广告常年不间断轰炸的方式进行,因而主要品牌几乎家喻户晓。

二、调查目的和内容

××日化企业为了了解其产品市场状况、品牌竞争等方面的问题,对其竞争对手进行系统、全面的调查,以了解竞争对手的状况、产品市场发展前景、品牌知名度之间存在的差距等信息,为企业制定营销策略决策提供依据。具体调查的内容和目的为:

1. 通过调查掌握市场竞争状况和基本特征;

2. 通过调查掌握直接或间接竞争对手的层次以及主要产品、品牌等;

3. 通过调查掌握竞争对手的市场定位、市场战略和运作方法;

4. 通过调查掌握竞争对手的产品销售渠道、价格策略、促销策略、包装等营销策略以及广告投入和效果;

5. 通过调查掌握品牌的影响力和市场占有率,以及消费者对产品和品牌的评价。

三、调查对象和方法

1. 调查对象:经销商、零售商、投放媒体、企业网站、内部员工等。

2. 调查方法:以暗访和二手资料收集为主。

3. 调查范围:杭州××区各类超市、便利店等。

四、调查进度安排

表 4-1　调查进度表

序　号	内　容	完成时间
1	调研方案设计	5 月 10 日

序　号	内　容	完成时间
2	二手资料收集和实地暗访	5 月 15 日
3	资料审核和数据处理	5 月 20 日
4	调研报告撰写	5 月 25 日
5	提交调研报告	5 月 30 日

五、费用预算

表 4-2　市场调查经费预算

项目序号	项目名称	项目费用(元)	备　注
1	调查方案设计	1000	
2	二手资料收集和印刷	2000	
3	暗访人员培训和劳务	4000	10 人×400 元
4	调研差旅费	3000	
5	数据资料处理和分析	5000	
6	调研报告撰写	4000	
7	报告打印与装订	1000	文字排版,5 份装订
8	项目利润	3000	税金与利润
合　计		23000	

六、调查结果的表达形式

1. 调研报告(纸质版)

2. 调研报告(PPT)

七、附录

【知识拓展】

竞争产品调查主要包括对竞争企业的调查和分析,了解同类企业的产品、价格等方面的情况,他们采取了什么竞争手段和策略,要做到知己知彼,通过调查帮助企业确定竞争策略。

一、竞品调查项目准备

根据经验,做好竞品调查项目,需要平时做好对行业排名靠前的企业动态信息的长期跟踪积累。

1. 要明确勾勒出各种跟踪信息的业务管理模式,并在此基础上对其动态信息进行有效的归类。信息收集包括"硬信息"和"软信息"的收集。

2. 收集企业行为和市场表现的有关资料。每个公司在企业行为和市场表现方面都有自己的经营特点,并以非常微妙的方式影响着企业的政策形成(从调研者的角度看,这些经营特点有时对企业有利,有时则对企业不利,不能一概而论)。

3. 在收集信息时需要考虑信息能否进行分析,原始信息只有经过分析处理才会产生价值。

4. 选择合适的信息收集渠道,仔细考察信息来源。收集竞争产品信息有多种途径,常见的信息渠道包括:政府统计、银行、投资银行、专利机构、终端零售商、供货商、客户、公关代理公司、广告代理公司、研讨会、业界专家、专业协会、证券商、行业监察机构、管理机构、执法机构、专业调查机构以及企业?需要指出的是应慎用行业分析文章、行业年度报告。至于在商业杂志、报纸等媒体上发表的企业公关性文章则往往夸大其词,目的是提升企业在公众心目中的形象,这些材料应慎用。另外,相对不够成熟的行业,统计资料的可靠性也会比较差。所以,需要仔细考察信息的来源,并从中发现事实。

二、竞争的层次和形式

市场竞争是市场经济中同类经济行为主体为着自身利益的考虑,以增强自己的经济实力,排斥同类经济行为主体的相同行为的表现。

(一)竞争的层次

企业从各自的利益出发,为取得较好的产销条件、获得更多的市场资源而竞争。因此,市场竞争是有层次的,可以通过品牌来区别和界定不同竞争层次的竞争对手。不同层次的竞争对手构成了以企业品牌为圆心的同心圆(图 4-1)。

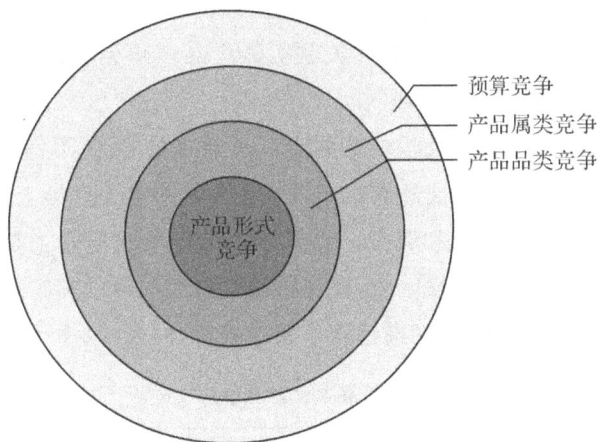

图 4-1　竞争层次

1. 第一层次是产品形式竞争,是最狭义的竞争,它反映了企业竞争主要是产品品牌竞争的观点。这些品牌属同类产品,具有相同的产品特征。如宝洁、联合利华的洗涤用品之间的相互竞争是追求同一个细分市场,因而它们的特色属性有相似的取值。但是,产品形式的竞争是一种相当狭隘的竞争模式,这种模式确定的竞争者是对公司日常业务威胁最大的企业。它只关注竞争对手当前提供了什么,而不考虑未来可能会发生什么变化,无法正确反映行业中的动态竞争机制。

2. 第二个层次是产品品类竞争,是基于相似特色的产品或服务之间的竞争,这是产品经理平时理解的行业竞争或确定竞争集合的构成情况的传统方式。如日化用品之类的竞争,就是较狭义的产品形式竞争者的集合或者总和。但是,这种观点仍然是市场竞争的短期视角。

3. 第三层次是产品属类竞争,又称为一般竞争。属类竞争以更长的时间跨度为导向,主要关注替代品的产品品类,是满足同一顾客需求的产品或服务之间的竞争。如快餐外卖和冷冻食品在"方便"食品市场的竞争,软饮料与橙汁在"解渴"上竞争。

产品属类竞争和产品形式或产品品类竞争之间的最大区别在于,前者是以外部为导向,而后两个是以内部为导向。产品形式和产品品类竞争者是指正在生产与本企业类似产品的对手,而属类竞争者是面向消费者或由顾客决定的。那么,到底由谁来界定竞争对手呢?只有顾客才是决定选择何种产品和服务来解决手头问题的裁判。尽管有些情况下能解决相同问题或提供相同利益的产品或服务很有限,但单纯关注实体产品多半会忽视生存下来的竞争对手。

4. 第四层次是预算竞争,它是更为广泛意义的竞争,认为组成市场的任何产品和服务都在争夺相同顾客的开支,也就是考虑了市场上争夺同一个消费者钱包份额的所有产品和服务。预算层次的竞争在概念上是行得通的,但由于它暗含的竞争对手数量庞大,往往很难策略性地得以实施。

以极品冰激淋为例,对其进行竞争层次分析,如表 4-3 所示。

表 4-3 极品冰激淋竞争层次分析

竞争层次	界定	竞争对手
产品形式竞争	极品冰激淋	哈根达斯(Haagen-Dazs)、冰雪皇后(Dairy Queen)、酷圣石(COLD STONE)、八喜(BAXY)
产品品类竞争	冰激淋	蒙牛、和路雪、伊利、明治、五丰
产品属类竞争	甜食、点心	雀巢公司、顶益国际食品
预算竞争	超市、便利店的其他产品	各种产品生产企业

(二)竞争的主要形式

市场竞争表现形式主要可以分为价格竞争和非价格竞争两大类。价格竞争指是生产经营同种商品的企业为获得超额利润而进行的竞争。非价格竞争指是通过产品差异化进行的竞争。随着市场经济的快速发展和消费趋于理性化,单一的竞争手段既难以获取和保持竞争优势,也无法满足顾客多样性复杂化的服务需求。因此,产品的竞争永远是市场竞争的主要表现形式。有发展潜力的企业,不管在什么样的情况下,都会不断地研发新产品。

三、竞争对手分析流程

菲利普·科特勒在 1996 年提出了竞争对手分析链,认为企业做好竞争对手分析需要经过识别企业的主要竞争对手、了解和确定竞争对手的目标、识别竞争对手的战略、评估竞争对手的强弱、估计竞争对手所作出的反应和选择对竞争对手采取攻击或规避的策略等阶段(图 4-2)。

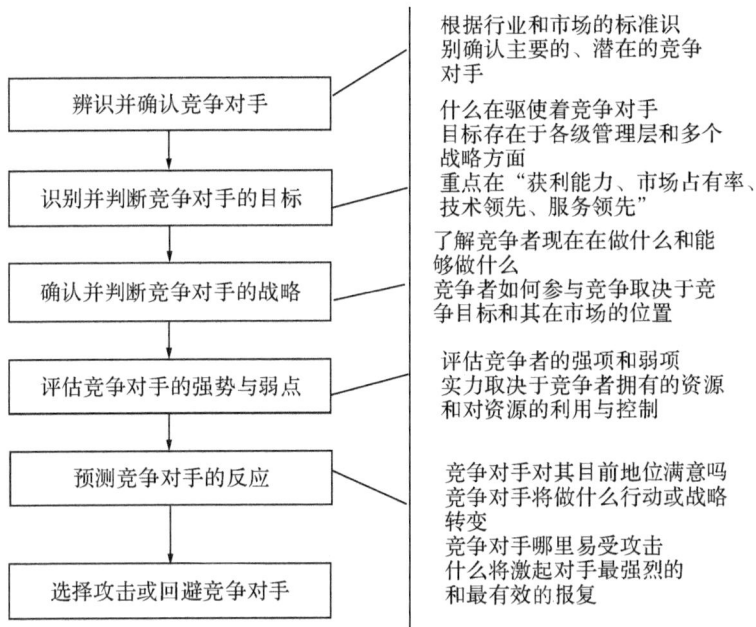

图 4-2 竞争对手分析流程内容如下：

流程步骤	说明
辨识并确认竞争对手	根据行业和市场的标准识别确认主要的、潜在的竞争对手
识别并判断竞争对手的目标	什么在驱使着竞争对手 目标存在于各级管理层和多个战略方面 重点在"获利能力、市场占有率、技术领先、服务领先"
确认并判断竞争对手的战略	了解竞争者现在在做什么和能够做什么 竞争者如何参与竞争取决于竞争目标和其在市场的位置
评估竞争对手的强势与弱点	评估竞争者的强项和弱项 实力取决于竞争者拥有的资源和对资源的利用与控制
预测竞争对手的反应	竞争对手对其目前地位满意吗 竞争对手将做什么行动或战略转变 竞争对手哪里易受攻击 什么将激起对手最强烈的和最有效的报复
选择攻击或回避竞争对手	

图 4-2　竞争对手分析流程

(一)确认本企业的竞争对手

广义而言,企业可将制造相同产品或同级产品的企业视为竞争对手,如生产碧浪、汰渍、奥妙、蓝月亮、白猫等品牌洗衣液的企业互为竞争对手。

(二)确认竞争对手的目标

确认竞争对手的市场定位、竞争对手行为的驱动力、竞争对手的利润目标以及注意竞争对手用于攻击不同产品/市场细分区域的目标。

(三)确定竞争对手的战略

要评价主要竞争对手的相对优势和劣势,必须对它们的战略进行分析和评价。大多数大企业都是多元化经营,因此需要在营销战略、生产作业战略、研究和开发战略、业务单位战略等多个层次上对竞争对手的战略进行评价。本企业战略与其他企业的战略越相似,企业之间的竞争越激烈。在多数行业里,竞争对手可以分成追求不同战略的群体。确认竞争对手所属的战略群体将影响企业某些重要决策。

(四)确认竞争对手的优势和弱势

对竞争对手进行持续地跟踪了解,搜集对手的信息,尽可能掌握对手的经营动向及其可能对本企业产生的影响。一般而言,企业可以通过二手资料、个人经历等掌握竞争对手的强弱,也可以进行顾客价值分析来获取信息。

(五)确定竞争对手的反应模式

了解竞争对手的目标、战略和强弱是为了解释竞争对手可能的竞争行动及其对本企业的产品营销、市场定位及兼并收购等战略的反应,即确定竞争对手的反应模式。此外,竞争对手特殊的经营哲学、内部文化等也会影响其反应模式。

(六)确定企业的竞争战略

企业的竞争战略要根据企业所处环境与企业本身的具体情况而定。结合前面分析的结果,本企业应从了解顾客、产品和服务的革新、产品和服务的质量保证、销售推广与促进、员工素质的培养和提升、发展并巩固与合作伙伴良好的关系等方面去确定企业的竞争战略。

四、竞争对手分析的维度

在竞争激烈的市场环境下,企业进行竞争对手分析时,首先应确定实施竞争对手分析的层级、类型和时间等维度,从而确定从哪里入手进行竞争对手分析最为有效并对企业的决策更有帮助。

(一)决策层级维度

进行竞争对手分析前应该确定的第一个维度是决策层级维度,即由企业的哪个经营决策层确定实施竞争对手分析任务。不同层级的经营管理者所作的竞争对手分析涉及的内容应有所区别。例如,企业产品销售代理的竞争对手分析的主要目的是为了在代理竞标中取胜;销售部经理的竞争对手分析主要会涉及对手产品的价格并预测和评估其新的价格策略;事业部或战略经营部门的经理做竞争对手分析是为了该部门确立其在市场上的位置;公司的CEO可能是为了企业的兼并收购或扩张等战略目的。因此,只有确定了是哪个决策层级进行竞争对手分析之后,才能确保竞争对手分析的针对性和实用性。

(二)决策类型维度

在确定竞争对手分析的决策层级维度的同时,企业还可以将其以决策类型维度分为操作类型、战术类型和战略类型等三种。高层管理者关注的是战略类型的竞争对手分析,中层职能部门经理更关心战术类型的竞争对手分析,而一线管理者则最关注操作类型的竞争对手分析。

(三)市场/顾客范围维度

顾客和市场范围维度,即对顾客和市场作详细的定义和描述。顾客和市场范围的确定对于分析成果的使用价值至关重要。例如,一家跨国日化用品制造企业对某地区的顾客群及市场范围内的竞争对手进行分析,与对整个中国的顾客群体及市场范围内的竞争对手作分析是不同的,在亚洲范围内乃至全球范围内的竞争对手分析也迥然有别。企业的竞争对手分析在不同的地域范围内进行,其涵盖内容和涉及行业范围的差别非常大,因此分析的复杂程度差别也会相去甚远。

(四)时间跨度维度

竞争对手分析的时间跨度的确定是指对竞争对手及其行业的历史分析追溯期以及对其未来发展的分析。例如对传化日用品在国内市场竞争对手的分析,是否从 20 世纪 80 年末开始追溯;是对竞争对手近几年的销售价格动态进行分析,还是仅对今年价格走向作分析,以确定明年或今后几年的竞争策略。这些都是竞争对手分析中要首先定义的内容。

五、竞争对手分析工具

竞争对手分析工具是一个系统性地对竞争对手进行思考和分析的工具,主要目的在于估计竞争对手对本企业的竞争性行动可能采取的战略和反应,从而有效地制定客户自己的战略方向及战略措施。研究者从不同的视角对竞争对手分析方法进行了归纳和整合,提出了不同的分析模型和工具。

(一)波特模型

迈克尔·波特(Michacl Porter)在 1980 年出版的《竞争战略》一书中提出

了竞争对手分析模型,从企业的现行战略、未来目标、竞争实力和自我假设四个方面分析竞争对手的行为和反应模式(图 4-3)。通过对未来目标的分析,可以得出是什么驱使竞争对手在向前发展。在企业常用的目标体系中,分析竞争对手的目标多是财务目标,但同时要了解其他方面的目标,比如对社会的责任、对环境的保护、对技术的研发等。对现行战略的分析能表明竞争对手目前正在做什么和将来能做什么。列出竞争对手所采取的战略,对其进行分析,以便本企业做出有效及时的回应。竞争实力的分析,可以找出本企业与竞争对手的差距、企业在市场竞争中的优势和劣势,从而更好地改进自身的工作。分析竞争对手对自身和产业的假设,可以很清楚地看到竞争对手对自身的战略定位以及它对行业未来发展前景的预测。

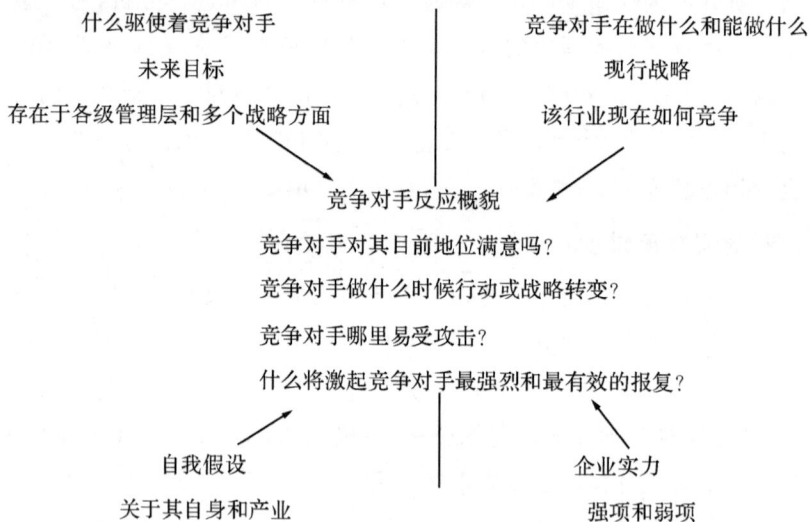

什么驱使着竞争对手
未来目标
存在于各级管理层和多个战略方面

竞争对手在做什么和能做什么
现行战略
该行业现在如何竞争

竞争对手反应概貌

竞争对手对其目前地位满意吗?

竞争对手做什么时候行动或战略转变?

竞争对手哪里易受攻击?

什么将激起竞争对手最强烈和最有效的报复?

自我假设
关于其自身和产业

企业实力
强项和弱项

图 4-3　竞争对手分析模型

(二)金字塔模型

1999 年,约翰·E. 普赖斯科特(John E. Prescott)提出了竞争对手跟踪的金字塔模型,建构了竞争对手和竞争环境的预警系统框架(图 4-4 所示)。模型的底层是竞争对手基础数据库,存放竞争对手关键性的历史数据和企业在过去形成的关于该对手的分析结果,是企业掌握的竞争对手的基础知识。中层的更新数据库记录的是企业持续跟踪竞争对手的每一个新动作,定期取得的对手近期动向和当前状况,还有初步的分析判断,形成了关于对手的新知识。上层的分析和预测,是在综合了基础认识和最新动态后,得到的竞争对手状况评估和行动预测,它是企业决策的依据,由此实现了由竞争信息形成竞争决策的提炼和升华。图中分散在金字塔外部的"点的竞争信息",是企业获得的零散的、突发性的竞争对手信息。由于这些点信息出现的非常规性,企业更有必要对之进行去伪存真、由表及里的深入分析。点的竞争信息经过处理之后,常常作为激发因子直接和上层的评估预测即时联系起来,激活上层的分析行为,同时亦作为最新知识加入到已有的竞争对手知识中去。

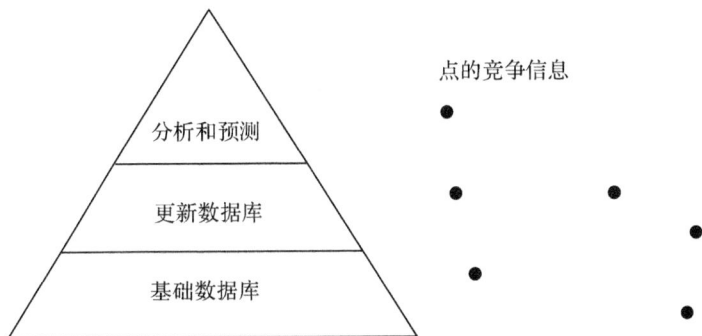

图 4-4 金字塔模型

(三)三角分析法

三角分析法是进行竞争分析和战略研究的最基本的研究方法,是指在进行企业整体发展研究的时候,主要着眼于对大环境、企业自身和关键对象三大要素的研究(见图 4-5):对"系统"(企业)所处的"大环境"的研究,对"系统"(企业)自身整体前景的研究,对环境中各类"关键对象"的行为研究。从企业竞争情报研究着眼,即研究竞争环境、竞争对手和企业自身 3 个方面的情报,综合形成"系统"(企业)总体发展的战略思路。企业在进行营销竞争战略研究时,要重点研究顾客、竞争对手和企业自身 3 个方面,即着眼于顾客、竞争对手和企业自身。

(四)三维分析法

三维分析法由能力(Capability)、市场(Market)和时间(Time)三大关键因素构成,简称为 CMT 三维分析法(图 4-6)。三维分析法的理论基础是市场结构理论和资源理论。如果把企业所处的市场环境看作是空间因素,那么 CMT 三维分析就是分析某一特定竞争对手在一定时空条件下的状态。这正是竞争

竞争环境

定标比超、PIMS数据分析、多点竞争分析、关键成功因素分析、优势及劣势分析、共同利益分析、财务报表分析、管理人员跟踪、反求工程、竞争对手跟踪、核心竞争力分析、兼并与收购分析、专利情报分析

政治及国家风险分析、产业情景预测、五种力量产业模型、BCG产业矩阵、产业细分化、技术评价、战略联盟、衡量工业吸引力的《经济学家》模型、SWOT分析、事件

竞争对手

企业自身

价值链分析和现场图、经验曲线、利益相关者分析及基本假设评测、基于价值的规划、业务流程重整、客户满意度调查、多元化业务分析、战略地位和行动评价模型——SPACE分析

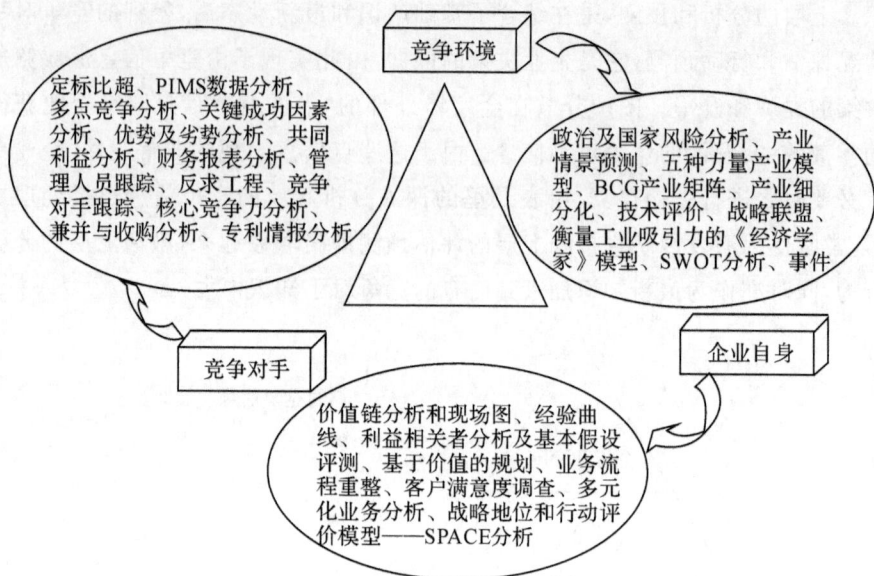

图 4-5　三角分析法

对手分析的真谛所在。CMT 三维分析法为竞争对手分析提供了分析框架,同时也可用于分类现有的几十种竞争对手分析方法。在实际运用时,这些方法可分别用于企业不同层次的分析过程,如环境分析、战略分析、客户分析、财务分析、产品分析等。

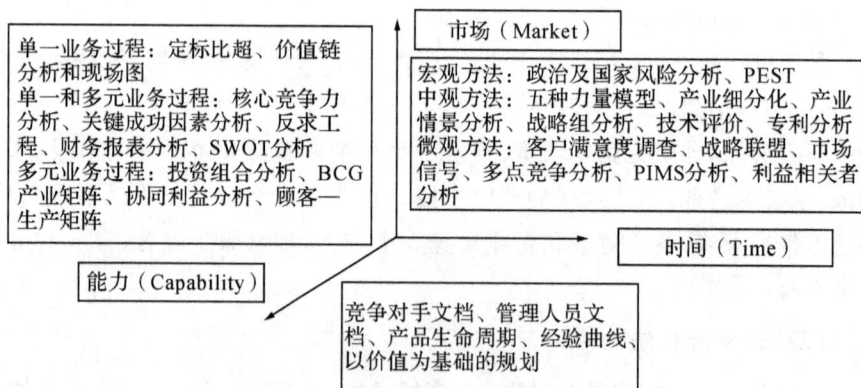

单一业务过程:定标比超、价值链分析和现场图
单一和多元业务过程:核心竞争力分析、关键成功因素分析、反求工程、财务报表分析、SWOT分析
多元业务过程:投资组合分析、BCG产业矩阵、协同利益分析、顾客—生产矩阵

市场（Market）

宏观方法:政治及国家风险分析、PEST
中观方法:五种力量模型、产业细分化、产业情景分析、战略组分析、技术评价、专利分析
微观方法:客户满意度调查、战略联盟、市场信号、多点竞争分析、PIMS分析、利益相关者分析

时间（Time）

能力（Capability）

竞争对手文档、管理人员文档、产品生命周期、经验曲线、以价值为基础的规划

图 4-6　CMT 三维分析分类

（五）竞争对手分析数据库

对调查研究人员收集到的大量竞争对手资料应建立完善的竞争对手分析数据库，以便充分、及时地使用。而应当收集的竞争对手数据具体包括以下内容：竞争对手或潜在竞争对手的名字；作业场所的数量和位置；每个单位的人员数量和特征；竞争对手组织和业务单位结构的详细情况；产品和服务范围情况，包括相对质量和价格；按顾客和地区细分的市场详情；沟通策略、开支水平、时间安排、媒体选择、促销活动和广告支持等详情；销售和服务组织的详情，包括数量、组织、责任、重要客户需求的特殊程序、小组销售能力和销售人员划分方法；市场（包括重要客户需求的确认与服务）的详情，顾客忠诚度估计和市场形象；有关研发费用、设备、开发主题、特殊技能和特征的详情及地理覆盖区域；有关作业和系统设备的详情，包括能力、规模、范围、新旧程度、利用情况、产出效率评价、资本密集度和重置政策；重要顾客和供应商的详情；职员数量，生产力，工资水平，奖惩政策；在竞争对手组织内部关键人员的详情；控制、信息和计划系统的详情。

研究人员利用这个数据库，可以分析和评价竞争对手未来的战略行动，并提出指导客户获得和保持竞争优势的建议。一般企业收集竞争对手的资料是通过填写《企业竞争对手分析表》，如表 4-4 所示。企业要不间断地收集竞争对手的资料，实时监控，这个数据库才能发挥最大的效用。

表 4-4　竞争对手分析表

竞争对手名称		联系方式	
		公司网站	
地址		员工数	
内容项目	具体内容	优　势	不　足
产品情况	核心产品		
	生产方式		
	产品价位		
	质量状况		
	服务水平		
	产品附加价值		

续表

宣传推广情况	广告投放		
	促销情况		
经营情况	上年营业额		
	过去2～3年内该公司的发展情况		
	声誉		
	整体财务状况		
	面对竞争的策略		
	主要人物及特点		
客户关系管理	主要目标客户		
	解决客户问题能力		
	关系最好的客户		
	建立客户关系的特别方法		
必须要回答的几个问题	我们的客户中有没有既用我们产品也用竞争对手产品的,这家客户是如何评价我们和竞争对手的?		
	我们的客户群中,有没有非常了解这家公司的? 他们愿意提供这家公司的相关信息吗?		
	我们和他们的竞争中,胜负如何,胜负原因何在?		
	与该公司相比,我们的优势是什么? 我们需要提高哪些方面?		
客户建议			

美国成功企业竞争情报案例分析

在20世纪80年代,世界500强中有10％建立了竞争情报系统;90年代已有80％以上的公司建立了竞争情报系统;现阶段,500强中已经有90％以上的公司建立了竞争情报系统,竞争情报在企业中的应用表现出了强劲的生命力和蓬勃发展的势头。我国的企业也正逐渐认识到竞争情报的重要性,并开始关注它的发展。伴随信息技术的发展,竞争情报无论是在收集手段上,还是在分析处理手段上都有了质的提高,今天国内企业也认识到了竞争情报的重要,竞争情报在国内也越来越受到重视。因此,借鉴跨国企业的先进经验,利用竞争情报在市场竞争中把握主动,是中国企业必须掌握的一门功课。

美国作为竞争情报实践和理论的发源地之一,其企业开展竞争情报活动是源于经济全球化的发展和日本等国外企业的激烈竞争。20世纪50—60年代期间,随着日本企业在全球范围内的迅速崛起,美国公司在很多传统优势产业的全球霸主地位受到强大的挑战,通用汽车、IBM、摩托罗拉、柯达、施乐等美国王牌企业在强劲的竞争对手面前纷纷败北,有的甚至被竞争对手彻底打垮。后来美国企业界和经济学家经过认真研究,惊奇地发现日本企业在激烈的商战竞争中取得成功的关键,在于从政府到企业都对竞争情报高度重视,而美国企业则把竞争的失败归结于政府没有采取行政干预措施,未对国外企业设置相应的关贸壁垒,以保护美国企业的利益,从根本上违背了市场经济"优胜劣汰"的基本规律。通过认真的反思和总结经验教训,20世纪70年代以来,美国一些公司如IBM、施乐、惠普、摩托罗拉、柯达等先后认识到竞争情报在市场竞争中的重要性,纷纷建立了企业自己的竞争情报研究部门,有效地搜集、分析和利用竞争情报,使得企业在与竞争对手进行的市场争夺战中重新占有先机,陆续夺回了竞争的主动权。

摩托罗拉:根据竞争情报果断确立发展新领域

摩托罗拉公司创建于1928年,最初生产汽车收音机,1965年进入彩色电视机市场,并于1967年开发推出美国第一台全晶体管彩色电视机,很快成为美国著名的电视机制造商。但是到了20世纪70年代,美国彩色电视机市场需求已向高质量便携式和台式机型发展,但由于该企业忽视市场竞争环境的变化和新的竞争对手已迅速崛起,仍然集中力量生产落地式电视机,而索尼、松下等日本企业在认真研究国际市场彩电竞争态势及其发展趋势,以及美国顾客需求新变化的基础上,准确把握顾客消费心理,迅速研制开发高质量的便携式彩电,并不断增加产品品种和功能,以满足美国用户的要求,与摩托罗拉公司在彩电市场上展开了激烈竞争。由于摩托罗拉公司拒绝改变自己的经营发展模式以迎接索尼、松下等竞争对手的挑战,最终在竞争中失败了。摩托罗拉公司于1974年退出电视机市场,被迫将国内电视机业务卖给了日本的Matsushita公司。

进入20世纪80年代后,摩托罗拉公司开始认识到竞争情报研究与系统建设在企业经营发展中的重要作用,将精力从单纯指责日本企业,寻求政府保护方面转移到通过研究竞争情报,来深层次了解日本企业是如何获得全球领先地位的。

首先摩托罗拉公司成立了专门的竞争情报研究部门,设立企业信息主管

(CIO)，专门聘请了曾担任过美国联邦政府科技情报执行官的简·赫林先生任公司竞争情报部主任，加强了以竞争情报为核心的信息管理，先后通过运用竞争者动态分析、Benchmarking 等竞争情报分析技术将自己的运行方式与日本业内最好的公司进行对比，重新审视自己产品的质量和生产程序，同时针对日本索尼、松下等竞争对手企业的优势、运营状况及其销售态势进行情报研究。研究发现尽管摩托罗拉等美国企业在彩电产品生产核心技术方面仍然拥有较大竞争优势，但日本竞争对手企业在生产规模、经营管理和产品价格及售后服务等方面都具有很强的竞争优势，已经能够以很有竞争力的生产成本生产出很高品质的产品，并且迅速推向世界市场，其企业总体水平已在全球同业中占据领先地位，美国企业在彩色电视机方面继续与日本企业在彩电产品领域进行竞争已不可能取胜。因而果断地决定充分发挥摩托罗拉公司半导体集成电路芯片制造核心技术的特长，迅速将主要产品开发重点转移到移动通讯领域方面，并且与一些美国公司和政府合作成立了一个名为 Sematech 的机构，专门从事针对日本企业的竞争情报研究工作，为制定竞争策略提供依据。同时，摩托罗拉公司还集中力量重点跟踪诺基亚、爱立信和西门子等新的竞争对手的发展动向，加强新产品研制、开发和营销环节等的信息集成管理，通过 20 多年的不懈努力，确立了摩托罗拉公司作为世界顶级移动通讯产品生产商的地位。

正是由于摩托罗拉公司依靠居全美第 2 位竞争情报投入，从而保障了公司能够及时准确地了解到全球竞争环境的变化和竞争对手的实力，果断地重新确定新的发展重点，使其电子通讯主要产品，如寻呼机、移动电话等产品在世界范围的市场上有了杰出的表现。目前摩托罗拉公司已进入世界电子信息技术 100 强企业之列，年销售收入超过 300 亿美元，其中竞争情报对销售收入增长的贡献高达 12%。

IBM：通过建立竞争情报体系，实现企业扭亏为盈

在 20 世纪 80 年代末期，由于 IBM 公司对市场竞争趋势的判断出现重大失误，忽视了当时迅速发展的个人电脑革命，仍然认为大型主机硬件设备的研制开发会给公司带来持续的繁荣。面对瞬息万变的市场，IBM 集权化的组织结构和官僚化的管理体制，加快了公司经营危机的来临。到 20 世纪 90 年代，公司终于陷于严重的困境中，在 1991 年至 1993 年，IBM 公司的亏损超过 147 亿美元，成为美国公司历史上最大的净亏损户，其在全球电脑市场上的销售排

名 1994 年下降到第三位,股票价格下跌了 50％,公司发展和生存面临严峻的挑战。1993 年 1 月,IBM 董事会决定辞退公司总裁,并由曾任职于麦肯锡管理咨询公司的原美国 RJR 食品烟草公司总裁路易斯·郭士纳先生临危受命,担任 IBM 新的董事长兼首席执行官。

郭士纳先生一上台就发现该公司的竞争地位已受到实质性侵害,立刻决定对公司的最高决策层和管理层进行改组,以完善具备战略性的领导体制,成立了 IBM 中、长期战略决策组织,即政策委员会和事业运营委员会。他认识到建立一个公司层面统一和正式的竞争情报体制的重要性,提出要"立即加强对竞争对手的研究","建立一个协调统一的竞争情报运行机制","将可操作的竞争情报运用于公司战略、市场计划及销售策略中"。在郭士纳先生的大力支持下,IBM 公司启动了一个建设和完善竞争情报体系的计划,并建立了一个遍及全公司的竞争情报专家管理其全部运作的核心站点。IBM 公司的决策层希望通过该计划,能够及时准确地判断企业的竞争对手拉拢 IBM 公司客户的企图。为了对付这些竞争对手,公司组织实施了"竞争者导航行动"竞争情报项目,重点针对 IBM 在市场中的 12 个竞争对手,派出若干名高级经理作为监视每个竞争对手的常驻"专家",责任是确保 IBM 公司掌握其竞争者的情报和经营策略,并在市场上采取相应的行动,在此基础上建立公司的竞争情报体系。该竞争情报体系包括完善的管理信息网络和监视竞争对手的常驻"专家"和与之协同工作的 IBM 公司的竞争情报人员,以及生产、开发、经营和销售等职能部门的代表,由这些人员构成一个个专门的竞争情报工作小组,负责管理整个计划中相关方面的竞争情报工作。分布在整个公司的各个竞争情报工作组每天对竞争对手进行分析,基于 Lotus 公司 Nores 软件的系统为工作组提供在线讨论数据库,能够使 IBM 公司全球各地的经理们和分析家通过网络进入竞争情报数据库,并作出新的竞争分析。竞争情报小组还使用 IBM 公司的全球互联网技术获取外界信息,利用 IBM 公司的内部互联网技术更新企业内部的信息。随着这一体系的不断完善,竞争情报开始融入到 IBM 公司的企业文化中,在经营过程中发挥越来越重要的作用。

通过调整竞争情报工作重点及建立新的竞争情报体系,使 IBM 公司各部门的竞争情报力量能够有效地集中对付主要的竞争对手和主要威胁,并使用各种办法提高各竞争情报小组的协作水平,优化了原有的情报资源,增强了公司适应市场变化和对抗竞争的能力,最大限度地满足了全球市场上客户们的需求,公司销售收入持续增长。竞争情报在 IBM 公司经营改善中的作用也逐步显现出来。据调查,在 1998～2000 年期间,竞争情报对整个公司业绩增长的贡献率分别为 6％、8％和 9％。自此 IBM 公司在信息技术行业中又重新获得了领先地位,到 2001 年公司利润总额达 80.93 亿美元,股东权益为 194.33 亿元,IBM 高速增长的商业利润再次受到公众的关注。

（资料来源:中国 MBA 网,http://www.mba.org.cn/anliku/4715_2.html,2011 年 8 月 16 日。）

任务二　确定竞品调查方法

竞争本身是残酷的,只顾埋头做好自己、不看他人的动作就想赢得市场在现阶段已经不可能。如当全国性强势品牌与区域性强势品牌在某区域发生"激战"时,零售商一般会采取坐山观虎斗、借力打力、不让供应商推动等三种应对策略,因此他们的策略选择对制造商的渠道竞争策略有直接的影响。因此,企业可以通过自己的营销人员,对竞争对手的渠道成员进行跟踪调查以获取对手的渠道客户资料信息,也可以通过一些隐蔽渠道获得竞争对手的客户信息。同时需要根据企业的实际需要,建立自己的情报体系,除了精确搜集和记录竞争对手的客户信息外,还需要搜集竞争对手的一般统计数据、趋势图、市场总体规模统计数据、竞争对手相关新闻以及竞争对手简介等,整理入库以备之后的研究。

【能力训练】

从某一日化用品企业角度出发,结合企业竞品分析的目的,以及考虑竞争对手的特点、调查活动的经费预算及所需的时间等因素,选择恰当的市场调查方法获取所需要的竞争对手和产品信息。现以某一日化用品企业(校外基地)为依托,与该企业相关人员充分沟通,掌握该企业的产品的销售现状,以及圈定主要竞争对手和竞争产品,最后选择和确定竞品调查的基本方法。一般而言,选择和确定竞品调查方法需要经过以下三个步骤。

1. 甄别已知和未知资料。对于企业而言,数据挖掘有助于发现业务的趋势,揭示已知的事实、预测未知的结果,提高市场决策能力。企业在对竞争对手及产品调查时,首先要结合本次调查目的和目标,对企业已有信息资料进行整理,并确定哪些资料是已知的,哪些资料还是需要进一步调查收集的。对未知的资料列出详细的清单,这有助于判断选择哪些方式来收集相关资料。

2. 依据不同项目确定资料来源。企业在竞品分析时收集的数据多种多样,因此获取竞争资料的途径也是多样化,如可以通过企业名录、产品样本、报刊、专利文献等方式获取公开资料,可以通过数据库、企业网站等方式获取电子信息资源,可以通过询问竞争对手的员工、供应商等获取竞争对手企业内部的竞争情报源,以及可以通过技术交流会、产品鉴定会、专题讨论会、展览会和展销会、技术贸易会、招标会、信息发布会、洽谈会、科技集市、各类交易会等各种经济类会议搜集信息。因此,需要结合竞品分析的目的、竞品分析的角度以及项目的侧重点不同等多方面因素来确定项目需要的资料来源。

3. 确定资料收集的具体方法。一般而言,初期的竞品分析大多倾向于关注竞争对手战略层的问题,而在项目后期的竞品分析大多是为某些具体的问题而寻求更好的解决思路或制定更有效的竞争策略。如对日化用品行业进行竞品分析,必须收集和掌握市场的整体发展趋势如何、行业领袖正在做什么、什么产品畅销或流行(为什么)、最新技术是什么。目前国内主要有宝洁、联合利华、立白、纳爱斯等四大日化巨头,在洗衣粉、洗衣液、洗洁精、沐浴露等洗涤类日化用品竞争非常激烈,2011 年 3 月市场上曾出现"宝洁等日化用品被曝下月将集体涨价涨幅超 5%"等消息。因此,竞争对手及产品的信息资料可以分为公开性、隐蔽性以及保密性资料。据研究资料表明,情报的 95% 来自公开资料,4% 来自半公开资料,仅 1% 或更少来自机密资料。我们可以通过暗访市场、竞争对手的经销商、零售商来获取竞争对手的相关情报信息,也可以通过实地暗访了解竞争对手的厂房大小,观察竞争对手的发货情况、访问竞争对手企业内部的相关人员等,获得很多有价值的一手情报信息。为了快速有效地收集日化用品竞争对手及产品的相关资料,我们可以采用以二手资料调查和暗访的形式进行。

【知识拓展】

一、二手数据

（一）二手数据的内涵

正如项目二中所提到的，市场营销管理决策所需要的数据可分为两大类：原始数据和二手数据。原始数据是指调研人员针对正在进行的研究方案而专门收集的数据。而二手数据是之前由他人而非调研者本身，或者出于其他目的而非当前的调研项目所收集的资料，而不是研究人员为了现在的研究方案而专门收集的资料。

二手数据包括商业和政府机构、营销研究公司和计算机数据库提供的信息，其用途广泛，很少有不包含二手数据的市场调研项目。有些项目甚至完全以二手数据为基础。二手数据可以提供经济、快捷的背景信息。

（二）二手数据的优缺点

二手数据不仅具有容易获得、方便使用和节省时间费用的优点，还有助于直接完成调研任务。作为一手数据的补充，尽管二手数据对调研是很有帮助的，但调研者在使用二手数据时应当谨慎，因为二手数据有一定局限性。由于二手数据是为其他目的不是为当前手头上的问题而收集的，因此，存在着报告单位不一致、度量标准不统一、对数据分类所使用的定义不同、数据过时以及缺乏对数据可信度评估的相关信息等缺陷。收集二手数据的目的、性质和方法不一定适合当前的情况，而且二手数据也可能缺乏准确性或者有些过时。在使用二手数据之前，有必要先对二手数据进行评价。

（三）二手数据的来源

1. 内部二手数据。内部来源应该是二手数据研究的起点，因为大多数组织拥有良好的内部信息系统，所以有些数据可随时获得。内部二手数据来源通常是成本最低的营销研究信息来源，但这些数据却往往没有被充分利用。

数据库营销是用计算机去捕捉和跟踪消费者特征和购买详情。它是企业通过收集和积累用户或消费者信息，经过分析筛选后有针对性地使用电子邮件、短信、电话、信件等方式进行客户深度挖掘与关系维护的营销方式。数据库营销的核心是数据挖掘,它是唯一一种可测度的广告形式,可以使企业能够集中精力于更少的人身上,最终目标集中在最小消费单位到个人身上,实现准确定位。而客户关系管理是数据库营销的一种特殊类型。

一般来讲,数据库营销经历数据采集、数据存储、数据处理、寻找理想消费者、使用数据、完善数据等六个基本过程。数据库营销最核心的两部分内容是数据库资源及数据库营销的执行方式。

2. 公开的外部二手数据来源。事实上,可获得的数据多得足以让研究人员无所适从,因此将公开的来源进行分类很重要。公开的外部来源大致可分为普通商业数据和政府数据,见图 4-7。

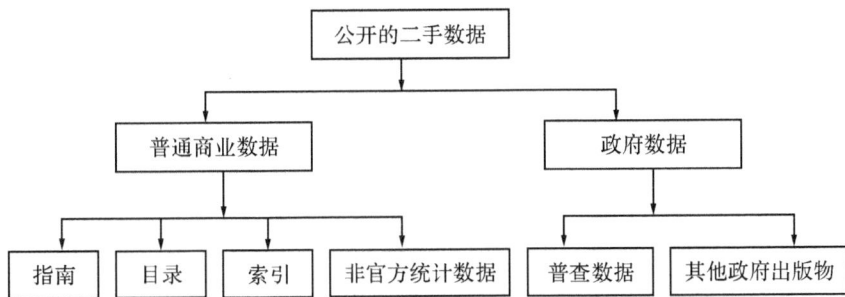

图 4-7　公开的二手数据的分类

3. 计算机数据库。计算机数据库包含已经被处理成可以机读并可以电子传送的信息,分为在线数据库、互联网数据库和脱机数据库。又可以进一步分为文献摘要、数字、全文、目录和专门数据库。

4. 二手数据的辛迪加来源。除了出版的数据或计算机数据库中的有关数据之外,辛迪加来源是二手数据的另一个主要来源。辛迪加服务是收集和出售共用的数据,以满足许多客户的信息需求的公司。这些数据并不是为了某个特定的营销研究问题而收集的,但可以定制提供给客户公司的数据和报告以满足特定需求。如家庭或消费者数据可以通过调查、购买和媒体固定样本组或者电子扫描仪服务来获得。

(四)二手数据收集程序

在实际竞品调查中,如何选择二手数据来源呢?我们建议遵循以下步骤。

第 1 步:确定你希望知道主题的哪些内容及已经知道的内容。清晰地定义你的主题、相关的事实、研究人员的姓名或与主题相联系的组织名称、关键文章及你已熟悉的其他出版物等,将会对查找与主题相关的信息有所帮助。

第2步:列出关键术语和姓名。

第3步:通过一些图书馆信息源来开始你的搜寻。

第4步:对你已找到的文献进行编辑,并评价你的发现。

第5步:如果你对所发现的信息感到不满意或者有困难,而且图书管理员也不能确定合适的信息源,请用权威机构提供的信息。确定某些可能知道与主题相关事物的人或组织,他们可能会帮助你确定信息源。

成功的查询存在着一些关键要素。首先,要熟悉查询过程。其次,你必须专注于查询,不要指望信息从天上掉下来。最后,一个好的具有专业水准的图书管理员不可替代,不要害怕向他们寻求建议。

(五)评价二手数据的标准

为了正确地使用二手数据,一定要对这些信息进行评估,以便做出正确的决策。评价二手数据的可信度涉及5个方面的问题:研究目的、谁来收集、收集什么、如何获得以及该信息与其他信息的一致性如何。一般情况,企业可用表4-5中的标准对二手数据的质量进行常规评价。

表 4-5　评价二手资料的标准

标准	要　点	说　明
规格和方法	数据收集方法 回答率 数据的质量 抽样技术 样本规模 问卷设计 现场工作 数据分析	数据应该可靠、有效,能够用于分析现在的问题
误差和精确度	检查存在于方法、研究设计、抽样、数据收集、数据分析和报告中的误差	通过比较不同来源的数据评价精确度
及时性	收集数据和公开数据之间的时滞 更新的频率	辛迪加服务公司定期更新普查数据
目的	为什么要收集这些数据	目的将决定数据的相关性

续表

标准	要　　　点	说　　　明
性质	定义关键变量 测量单位 所用分类方法 所检验的关系	如果可能的话,重组数据以增强其有用性
可靠性	信息来源的专业水平、可信度和声誉	应该从原始处而非间接的渠道获得数据

二、暗访调查

暗访调查是指暗中调查寻求有效信息,是企业、媒体以及个人常用的一种调查手段。它分为介入式暗访(假冒某种身份)和非介入式暗访(作为旁观者)。暗访调查可以通过秘密或隐蔽手段获得竞争对手的一手资料,具有较强的真实性和客观性。

据新浪科技报道,苹果营销高管潜入 CES 展会现场刺探竞争对手。苹果产品营销主管 Greg Joswiak 出现在正在举办的 2012 年 CES 展会现场。他表示,苹果公司目前不会参加任何产品的展览会,但苹果对其他公司如何参与这些展会,以及他们的展台布置和产品展示美学非常有兴趣。Greg Joswiak 似乎对索尼公司的展台印象深刻,但不愿就此深入讨论。Greg Joswiak 的胸卡是特殊制作的,上面抹去了他的名字和公司名称。除了观看竞争对手的展台外,他还对品种繁多的 Mac 和 iOS 设备配件非常感兴趣。苹果从来没有登录 CES 展会,而微软去年已经宣布退出 CES。

(资料来源:iPhone 中文网,http://www.apple.com.cn/iphone/,2012 年 1 月 11 日)

(一)暗访调查的前提

企业要进行暗访调查必须具备以下三个前提:(1)必须是不危害社会公共利益的行为;(2)不得触碰法律底线;(3)其他正常途径都无法获知真相。2012年 2 月 15 日,为了解目前网络零售行业整体服务水平,中国服务贸易协会客户服务委员会(中国客服委)对 12 家知名 B2C 网站服务进行了暗访调查,分别对它们的电话服务、配送服务、退换货、投诉处理等方面进行了全面测评,涉及评价指标超过 30 项。

```
┌─────────────────────────────┐
│      达到调查地点              │
│  (观察周边和外部展示)          │
└─────────────────────────────┘
            │
┌─────────────────────────────┐
│      进门店浏览               │
│ (营业员的礼仪、购物环境、商品质量) │
└─────────────────────────────┘
       │              │
┌──────────────────┐  ┌──────────────────┐
│ 选择某一货架停留并挑选货品 │  │ 找个营业员询问某商品摆放位置 │
│  (营业员的推销技巧)     │  │   (营业员的推销技巧)    │
└──────────────────┘  └──────────────────┘
       │
    ◇─────────────────────◇
  是 │  营业员是否主动过来招呼   │ 否
    │     (促销策略)       │
    ◇─────────────────────◇
       │                    │
┌──────────────┐      ┌──────────────┐
│ 告诉店员只想看看 │      │ 主动招呼店员过来 │
│  (态度热情)   │      │  (推销技巧)   │
└──────────────┘      └──────────────┘
       │
┌──────────────┐
│ 换一货架(附近有店 │
│ 员)停留言并挑选货品 │
└──────────────┘         否
       │            ◇─────────────────◇
       └────────────│ 营业员是否过来招呼 │
                    ◇─────────────────◇
                         │ 是
┌──────────────────────────────────┐
│ 继续选另一款允许试穿的货品，穿后对营业员说： │
│ "这件衣服不错，但我没有合适的其他衣服搭配"  │
│      (店员反应、营销技巧)            │
└──────────────────────────────────┘
                │
       ◇─────────────────────◇
     是│  营业员是否为顾客配搭    │否
       │    (营销技巧)        │
       ◇─────────────────────◇
       │                      │
┌──────────────┐      ┌──────────────┐
│ 留意营业员的配搭水平 │      │ 提出配搭要求，并留意营 │
│                │      │ 业员的配搭水平     │
└──────────────┘      └──────────────┘
       │
┌──────────────┐
│ 以适当理由拒绝购买 │
│  (营业员的反应)  │
└──────────────┘
       │
┌──────────────┐
│ 留意顾客付款情况  │
│ (营业员的态度、礼仪) │
└──────────────┘
       │
┌──────────────┐
│    离店       │
│ (营业员的礼仪)   │
└──────────────┘
       │
┌──────────────┐
│ 统计客流量(5分钟) │
└──────────────┘
       │
┌──────────────┐
│   填写暗访表    │
└──────────────┘
```

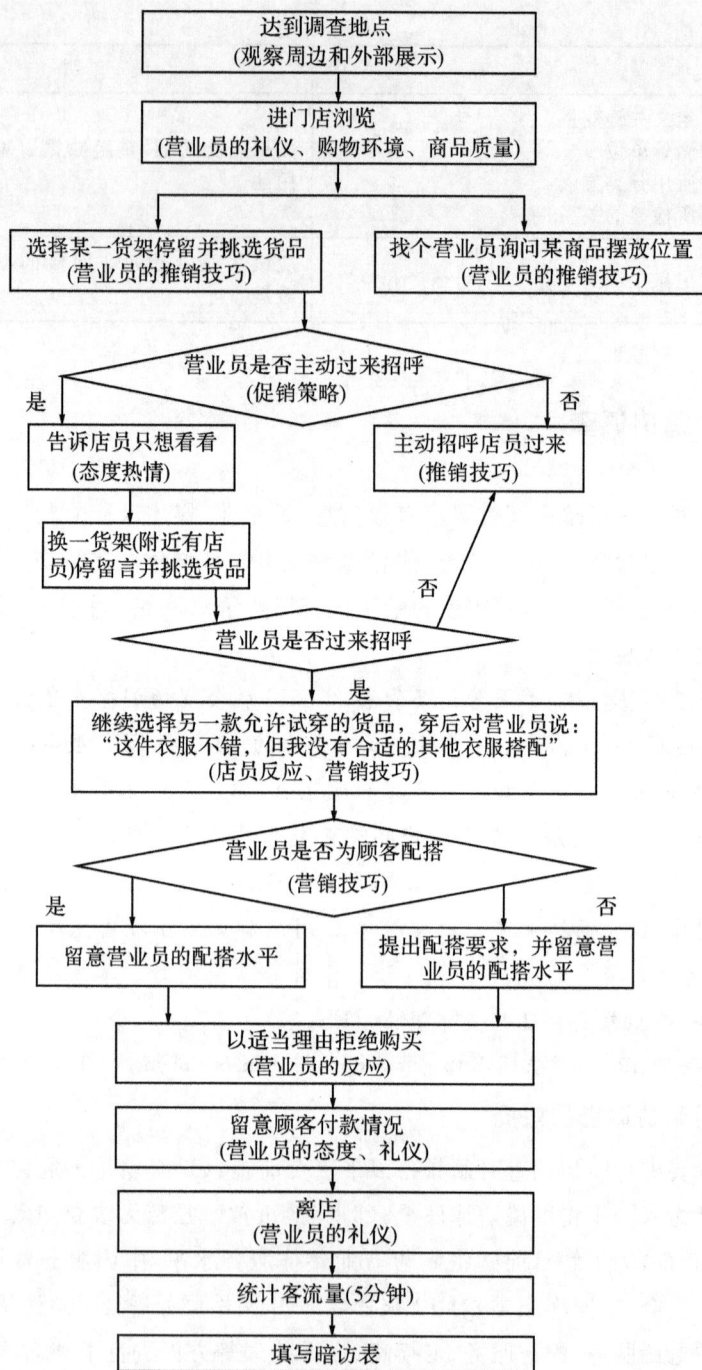

图 4-8　暗访调查操作流程

(二)暗访调查的流程

企业对竞争对手的产品、销售渠道等方面进行暗访调查时,需要遵循一定的操作程序。以服装门店暗访调查为例,具体流程见图4-8。

三、实验与测试方法

在现代市场竞争中,实验法在营销研究中得到越来越多的应用。企业如何从多种促销对策中选择最佳方案,广告宣传活动对销售额产生怎样的影响,如果改变产品设计或包装会对购买欲望产生怎样的效果等,为了更好评估各项营销计划或策略的好坏,采用实验与测试方法最为合适。

(一)实验法定义

实验法是指研究人员操纵和控制一个或多个自变量,并且观察它们对一个或者多个因变量的影响的一种研究方法。其中最重要的应用领域之一是市场测试,即试销,就是在小规模的市场上预测特定营销行动所导致的销售结果。如图4-9香水包装的设计风格测试是在很多情况下,市场测试是针对新产品或改良产品或服务的试销。

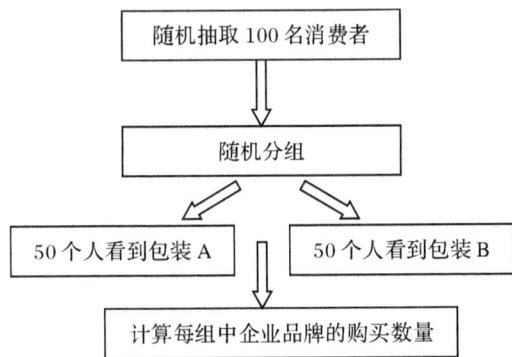

```
┌─────────────────────────┐
│   随机抽取 100 名消费者    │
└─────────────────────────┘
            │
            ▼
┌─────────────────────────┐
│        随机分组          │
└─────────────────────────┘
       ↙          ↘
┌──────────────┐  ┌──────────────┐
│ 50 个人看到包装 A │  │ 50 个人看到包装 B │
└──────────────┘  └──────────────┘
            │
            ▼
┌─────────────────────────┐
│  计算每组中企业品牌的购买数量  │
└─────────────────────────┘
```

图 4-9　营销研究实验实例

(二)实验与测试的种类

1. 市场测试。市场测试包括在特定区域进行新产品试卖,从销售量来判断是否进行全国范围的销售并对销售量进行预测;通过实体店铺和网络虚拟店铺等来研究试卖产品的销售方法和产品的改进;调查广告前后的商品品牌知名度和销售量的变化从而确认广告效果等。

2. 促销效果的实验。在有关促销活动效果的实验里,调查是否广告投放得多或以特卖价格销售,产品的销售量就会增加;广告与价格之间是否存在交互作用。

3. 产品评价实验。产品评价实验是指在当有 2 个以上的候补新产品时,必须在考虑因素效果的基础上从中选出一个。只有单纯调查选择哪个产品时,可使用家庭试用测试。

(三)实验与测试的设计方案

考虑使用实验还是测试方法时的要点之一就是要看调查实施者一次可以操作的因素是 1 个还是 2 个以上。如有关销售额的特定广告效果,当调查 1 个因素(如广告)只产生 1 种(投放广告)效果时,无需使用实验法。但对于销售额来说,涉及价格如何设定等 2 个以上的因素和种类时,使用实验法更有效(图 4-10)。

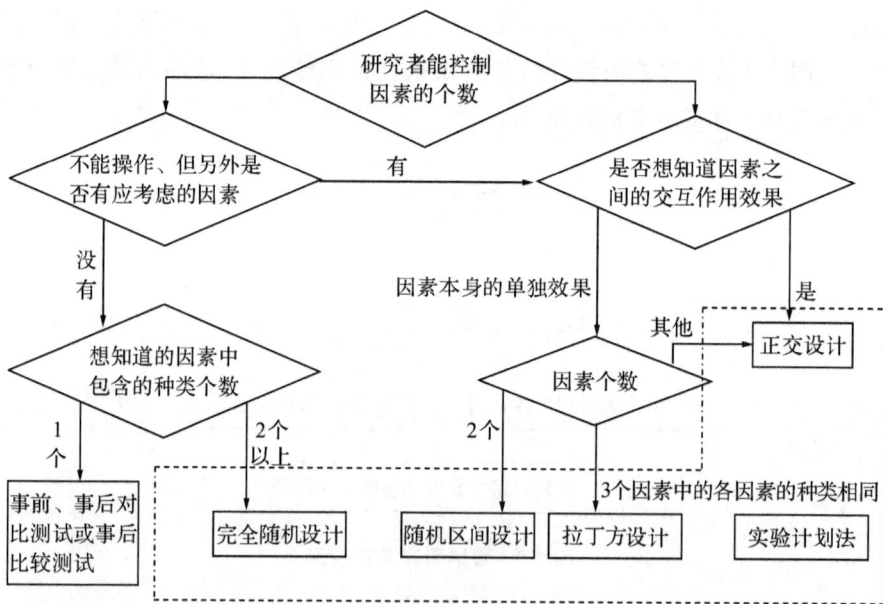

图 4-10 实验法选定流程

1. 事前事后测试。事前事后测试适合在测定市场营销行动或措施的效果时使用。对测定行动效果的指标进行研究,通过比较行动实施前和实施后的指标进行效果的测定。如为测定广告宣传活动的效果,可将商品的知名度、销售量定为效果指标等,而把宣传活动前后的效果指标的差值作为效果。

(1)在活动实施区域的事前事后测试。它是指选择若干测试对象作为测试组,将测试对象在测试活动前后的情况进行对比,得出测试结论。其公式为:

测试效果=活动实施后的指标值-活动实施前的指标值

$E = X_2 - X_1$

相对测试效果:$RE = (X_2 - X_1)/X_1 \times 100\%$

[例]企业改进某个销售条件(如广告等投入)对企业销量的影响。前后销售统计量如表4-6所示。

表 4-6 事前事后销售额变动情况

	销售网点 1	销售网点 2	销售网点 3	销售网点 4
事前销售额	21	28	22	21
事后销售额	31	39	35	32
事前事后变动	10	11	13	11

根据以上统计数据可以得出:测试效果=10+11+13+11=45

(2)在活动实施区域及非实施区域的事前事后测试。它是对实施区域组和非实施区域组都进行测试前后对比,再将实施区域组和非实施区域组进行对比的一种双重对比的测试法。其计算公式为:

测试效果=活动实施区域的实施后的指标值-活动实施区域的实施前的指标值-变动因素

$E = (X_2 - X_1) - (X_1/Y_1) \times (Y_2 - Y_1)$

相对测试效果:$RE = [(X_2 - X_1)/X_1 - (Y_2 - Y_1)/Y_1] \times 100\%$

非测试因素(变动因素)为$(X_1/Y_1) \times (Y_2 - Y_1)$

[例]某公司测量其新产品包装效果的实验资料如表4-7所示。

表 4-7 事前事后销售量

	实施区域组	非实施区域组
测试前销量	95	115
测试后销量	130	120
变动量	35	5

根据以上统计数据可以得出：

$$E = (X_2 - X_1) - (X_1/Y_1) \times (Y_2 - Y_1)$$

$$= 35 - 95/115 \times 5$$

$$\approx 30$$

2. 单纯事后测试

它是指选择若干实施区域对象为实施区域组，同时选择若干与实施区域对象相同或相似的调查对象为非实施区域组，并使实施区域组与非实施区域组处于相同的测试环境之中。其计算公式为：

测试效果＝活动实施区域的实施后的指标值－活动非实施区域的同时期指标值

$$E = X_2 - Y_2$$

相对实验效果：$RE = [(X_2 - Y_2)/Y_2] \times 100\% = (E/Y_2) \times 100\%$

[例]某企业测量其新产品包装对实施区域的效果资料如表 4-8 所示。

表 4-8 事后销售量

	网点 1	网点 2	网点 3	网点 4	网点 5	网点 6
非实施区域组销售额	23	21	24			
实施区域组销售额				35	32	34

根据以上统计数据可以得出：

$$E = Y_2 - X_2$$

$$= (35 + 32 + 34) - (23 + 21 + 24)$$

$$= 33$$

3. 完全随机设计。实验计划法是阐明影响到销售额和评价的因素的因果关系，测量因素的效果及因素的相乘效果。它是以效果的加法性为前提的。应用实验计划法，可通过少样本的问卷调查，如街头测试，来调查怎样组合新产品的功能。问卷调查的对象也可以减少回答大量的提问。例如假设塑料瓶的平均销售量为 30 个，改变条件的场合的销售量具体见表 4-9。

表 4-9　基于实验结果和因素组合的销售量估计

	广告		价格		颜色		销售量	备注
	多	少	标准	特卖	透明	蓝色		
销售量	35	25	20	40	33	27	30	平均
因素效果（按因素划分的平均销售量）	5	−5	−10	10	3	−3		
组合效果预测	○		○		○		28	30＋5−10＋3
	○		○			○	22	30＋5−10−3
	○			○	○		48	30＋5＋10＋3
	○			○		○	42	30＋5＋10−3
		○	○		○		18	30−5−10＋3
		○	○			○	12	30−5−10−3
		○		○	○		38	30−5＋10＋3
		○		○		○	32	30−5＋10−3

完全随机设计是指以最单纯的实验设计，对实验对象的处理进行随机分配。它用于邮寄调查的问卷颜色是否与回信率有关（改变直邮的信件颜色，回信率会有何变化）；基于广告分刊法的比较（在同一期报纸或杂志的同一页上登载同一商品或服务的 2 种广告，以问卷、问答题、礼品等方式巧妙地征求读者的反应，求得读者的回信）；以及不同内容的广告 E-mail 的效果比较等。对于完全随机设计的实验数据，以方差分析检验是否存在差异；遇到回复率以"已回复"、"未回复"等选择肢来表示的场合，最好使用卡方检验。

任务三　组织实施竞品调查

研究人员在制定详细的竞品调查方案和选定竞品调查方法的基础上，接下来的任务就是开展竞品相关资料的收集工作。竞品调查主要以二手资料调查和暗访调查为主，因此，研究人员首先必须确定具体的调查对象，其次要掌握竞争对手情报来源途径以及二手资料的收集、评价检验标准，最后培训调查人员并实施实地调查。

【能力训练】

通过前期任务的学习,已经掌握了竞品调查的相关方法。现在某一日化用品企业(校外基地)为依托,根据前期制定的竞品调查方案的具体内容,从某一日化企业角度对其相关的竞争对手和产品进行调查。

1. 确定收集对象。二手资料内容很多,尤其在信息时代,如何从众多的信息中筛选出与调查主题相关度较高的信息是二手资料收集的重点。而要收集二手资料,首先必须确定收集对象。二手资料的检索方法一般都是先公司内部,后公司外部;外部资料先互联网上检索,借助百度等搜索引擎进行搜索,并分析搜索到的文件和材料,筛选出与本次调查内容相关度较高的材料,后网下检索;图书馆中先从查阅图书馆电子资源库入手,再从文献索引和统计资料中搜索所需要的资料(图 4-11)。暗访是一种秘密行为,所以在暗访之前一定要先明确暗访对象,即确定企业主要竞品。如通过二手资料调查得知,某一年度品牌牙膏市场占有率排名前 3 位为:高露洁 28%、佳洁士 21%、黑人 9%,其中高露洁和佳洁士大约占有一半的市场份额,因此,纳爱斯牙膏可以确定在浙江市场的直接竞争对手为佳洁士和高露洁,一级竞争对手为黑人。

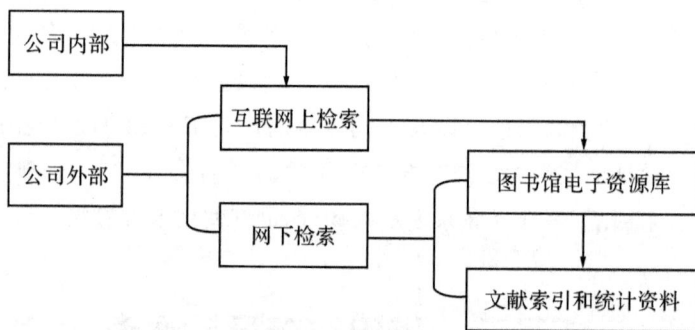

图 4-11 二手资料收集顺序

2. 培训调查人员。暗访人员在暗访之前首先要核实是否能够得到重要的信息以及得到信息的难度;其次,要摸清情况,了解将要暗访的对象的基本情况及与暗访内容相关的情况,如暗访一家企业,就要了解其基本情况(公司名称、公司总经理、规模、生产量)、该企业所在的地点、该企业有何背景、市场占有率如何等情况;再次,研究如何进入现场暗访,以什么角色进入,确认了暗访的角色后,就要想好出现各种状况的应对策略,如果在暗访过程中暴露了身份,千万不能害怕,要沉着镇定,见机行事,寻找时机撤退。所以在暗访之前一定要做好应急准备,以防不测,对一些即将暗访的地方,可以先踩点,看好地形,探好进入的路线和撤退的路线,以备暴露时迅速撤退;最后,要做好暗访的安全工作,包括暗访中和暗访后的人身安全以及暗访者要经得起金钱或其他诱惑,不利用暗访调查收受贿赂或者出卖公司机密,甚至敲诈勒索。

3. 实施实地调查。通过暗访得到的信息,大多是属于企业的商业机密,所以暗访对象有拒绝接受调查的权利,而且,一旦暗访人员被对方企业识破,还会涉及到商业机密盗窃罪或受到人身伤害。所以暗访人员要突破暗访调查的障碍,收集到我们所需要的材料,就全靠暗访人员的调查技巧了。暗访调查的障碍,包括如何进入暗访对象内部,如何撬开暗访对象的嘴巴等,这些都是暗访成功的关键因素。

能进入暗访对象内部开展秘密调查是突破暗访障碍的第一步。我们要进入暗访对象内部,不外乎乔装打扮,变换身份,进入该公司打工等,要想方设法取得暗访对象的信任。在暗访中,我们要注意自己的言行要和所扮演的角色相符,不要因为急于获得材料而问了不符合自己身份的问题,说了不该说的话,引起对方怀疑;我们在套取材料时,也应该从问一些与自己扮演的角色相关的事情入手,再引到自己所需要的材料上来,在聊天中不经意地从对方口中套取自己需要的材料,而一旦发现对方有所警觉,就立马打住,换个话题。切记在暗访中,最好是少问少说,多听多观察。

4. 监控管理调查。二手资料调查中的监控管理调查很重要的一个环节就是要学会判断资料的准确性,一般是从以下六个方面来判断:第一,判断资料是谁收集的;第二,资料收集目的是什么;第三,资料是何时收集的;第四,资料是如何收集的;第五,关键的变量如何定义;第六,该资料与其他有关资料的一致性如何。

因为暗访过程很多时候都是涉及竞争对手的商业机密,而目前因为网络上信息错综复杂,真假难辨,所以在组织实施竞品调查过程中要注意分清信息的真伪,也要注意在暗访过程中不要触及法律问题。

【知识拓展】

一、准确寻找竞品

许多企业,特别是中小型企业,对竞争者的确定很模糊。那么,如何才能准确寻找竞品呢?从"市场侵略论"角度,可以把市场主体用精确的市场份额界定为四种类型,即市场领导者——捍卫型企业;市场挑战者——攻击型企业;市场追随者——追击型企业;市场补充者——游击型企业。只要一个企业在下列七项条件对比中达到"三近四同",那么,它就是本企业的竞争对手。

(一)生产规模接近

经济规模是一项十分重要的基础竞争力量。生产规模越接近者,意味着竞争企业的基础竞争力量接近,就越有可能成为最主要的竞争对手。双方因生产能力接近,为寻求市场吸纳而进行市场份额的争夺程度也会更激烈。因此,当一个投资者的投资规模接近自己的时候,企业就当特别警惕。

(二)产品形式接近

产品形式接近的企业,才会成为竞争的企业。但这并不是说双方的产品必须一模一样。它们可能在功能上有区别,设计上各有特色,甚至品质上也略有优势,但它们的使用价值基本相同,产品的性能也基本相同,并由产品性能转化而来统一的产品名字,如洗发水。

(三)价格接近

市场零售价格接近的产品,才会成为竞争性产品。不管对中间商如何让利,市场零售价将决定胜败。市场零售价格,一般是市场的终端价格,总是直接面向消费者的价格。它不但反映着产品的价值,也反映着顾客的接受程度。所以不难发现,零售价才是竞争的前沿价格。

(四)销售界面相同

销售界面是企业在销售过程中产品流通的分界面,即企业将产品转交出去的分销地点。销售界面相同的企业,才会成为竞争者。销售界面相同,就仿佛是在同一战场上作战。产品从生产出厂到顾客消费是一个整体过程。企业把产品交给中间商,中间商就成为企业的销售界面;中间商把产品交给零售商,零售商就成为中间商的销售界面。一般企业面对的销售界面有三种:中间商、零售商和消费者。市场主体的销售界面越多、销售面就越大。但只要是在一个界面里销售,双方的竞争就不会停息。

(五)定位档次相同

产品的定位,在顾客心目中通常是档次的定位。一般的产品定位分为三种,即高档产品、中档产品、低档产品,也可分为豪华型产品和普通型产品。但总的来说,产品的定位档次由以下四个要素来确定:产品的品质、使用价值或功能、产品包装和价格。定位档次相同的产品,才会成为名副其实的竞争性产品。不在同一档次的产品,是没有竞争理由的。低档的产品缺乏与高档产品竞争的地位。尽管低档产品有可能带来的使用价值同高档产品差不了多少,但它给消费者带来的满足感和满意度却相去甚远。如果产品的档次相同,往往也意味着它们的目标市场基本相同,其竞争方向具有一致性。

(六)目标顾客相同

产品使用价值的满足对象,就是产品的目标顾客。只有目标顾客相同,才能引起竞争。目标顾客相同,企业双方竞争的市场就一样。如果企业双方生产的同一种产品销售给了两种不同对象,事实上他们两者根本就不是竞争对手。只有目标顾客相同,才能引起竞争。

(七)拓市努力程度相同

拓市努力程度是指企业开拓市场的努力程度。在营销实践中,有为数不少的企业具有相近,甚至大于对方的生产规模,但这并不等于它们占有同样比例的市场规模。这种生产规模与市场规模不相称的市场畸形的产生,是因为企业决策者没有积极的营销意识和积极的市场行为。生产成本大于销售成本的企业属于加工型企业,销售成本大于生产成本的企业属于营销型企业。但在目前的现实中,销售成本能占生产制造成本的40%已经称得上是营销型企业。营销型企业的经营行为,是属于市场拓展式。它们在广告、促销、市场推广以及市场竞争上都表现出惊人的勇气和不懈的努力。企业间拓市的努力程度越大,市场竞争就越激烈。

二、竞争情报的获取

竞争情报就是有关企业自身、竞争对手、竞争环境以及由此引出的相应竞争策略的情报研究,是企业为获得和维持竞争优势而采取决策行动所必需的信息。竞争情报的来源很多,而要获取有价值的竞争对手情报,必须要对信息进行大量搜集和整理。

(一)公开资料

1. 企业名录。企业名录中的企业规模、产品、产量、销量、销售额等信息,不仅有助于初步确定竞争对手、了解其产品等一般情况,还可以借助统计年鉴等其他资料加工出所需的新信息,如产品的市场占有率、市场覆盖率、市场销售增长率、竞争产品分布、竞争结构、同类企业实力比较等。

2. 产品样本。产品样本是对定型产品的型号、技术规格、原理性能、技术参数所作的具体介绍,也附有结构图和照片;产品说明书的内容更详尽,往往还列出产品的工作原理、用途、效率、结构特点、操作规程、使用、保养和维修方法等。产品说明书和单项产品样本直观性强、数据多,是从事计划、开发、销售、外贸等专业人员了解产品、掌握市场情况的重要信息源。通过产品样本汇编,还可以知道产品生产厂家的情况、该产品与同类产品相比的优缺点,从而推测该企业的技术实力、产品开发能力和水平、销售状况。

3. 报纸和剪报。报纸,尤其是行业报纸、经济信息类报纸和地方性报纸,是了解行业竞争态势的重要窗口。刊登有上市公司股票交易情况、上市公司年度报告、工业企业规模/实力排序(有关"50 强"或"百强"销售额或营业收入的排序)、竞争产品名单(按类排列的、市场占有率较高的"名牌产品");专家对某行业或产品竞争状况的分析,如价格战、商战的报道是许多报纸的热点,通过"点评""现象透视""热点追踪""访谈"等专栏分析文章可以了解许多极有用的竞争性信息。

4. 专利文献。专利文献是新产品开发的重要信息源,也是市场竞争的重要手段。它能监视竞争对手的专利申请活动,目的是阻止对手专利申请成功,或抢先于对手申请同类专利。

5. 上市公司年报。上市公司的年度报告是极为有用的竞争情报信息源,几乎囊括了所有作为商业秘密的工业普查资料上的企业财务信息,如营业收入、净利润、总资产、股东权益、每股收益、每股净资产、股东户数、持股数、股本变化及股本结构、资金运用、会计政策、原材料、投资、负债、债券、库存等,以及客户情况、内部管理、人事等信息,不仅有数量指标,还有质量指标供分析时参考。

6. 非上市公司财务信息。统计局、主管厅局部委的出版物等和政府机构、行业协会、信用调查机构、行业和地方报纸、行业性期刊,这些集中了行业方面的企业动态、竞争态势、市场状况、各种消息、人员情况。

(二)电子信息源中的竞争情报

1. 数据库。数据库可以提供更多的检索入口,情报人员可以用任何一个反映竞争对手特征的有检索意义的词作为检索入口,也可以通过把多个字段结合起来检索出一系列满足特定需要的企业。数据库更新速度快,联机数据已达到按小时更新的程度,且更新量大。数据库的储存容量大,检索效率高,一个有经验的情报人员一次为时 4 小时的联机数据库检索,相当于他花 4 个星期在图书馆里查到的信息。

2. 企业网站。由于互联网发布信息容易,许多企业在网上公布大量信息,因此,竞争情报工作常从监测竞争对手的网页开始。通过监测对手的网页,可了解其产品种类的增减;查询其新闻发布内容,知道他们是否在进行新的促销活动,是否得到了新的顾客或新的联盟;点击“招聘专栏”,可以了解正在招聘什么人。定期监测有时可得到意外的收获。但企业网站上许多信息是暗示性的和零散的,不能指望点击一下就得到所需的一切,但经分析后有些信息可能很有意义。

(三)本企业内部的竞争情报源

大量竞争情报来自本企业内部。不少本企业职工通过各种渠道有意或无意地掌握了这些信息,且具有分析信息的知识和能力。他们的专业知识、实践经验、业务和社会关系本身就是宝贵的信息源。

(四)人际关系网(第三方)信息源

询问是最直接的方法,大部分重要的情报来源于交谈、询问、采访等人际关系。具体对象包括客户、供应商、对手的现雇员和前雇员,甚至是竞争对手。

1. 询问关键客户。许多企业的客户既购买本企业的产品,也购买竞争对手的产品,这些客户直接关系到企业的销售业绩。因为他们是同行的争夺对象,他们对同行展示的新产品非常了解,是企业的重要信息源。有时客户愿意如实告诉你竞争对手的产品、服务及定价,是因为这有利于他处于更好的侃价地位。向客户了解情况另一有效的方法是密切参与客户的活动而从中获取有价值的信息。

2. 询问供应商。供应商可以提供的信息包括竞争对手的生产产量或生产计划安排,供应商向对手供货的数量等信息。也可以根据供应商的生产效率和能力以及本企业的需求数量,间接推算竞争对手的需求量和生产规模。

3. 询问竞争对手。打电话索要竞争对手的销售宣传资料;把自己的名称登入邮寄品名单中,以便定期得到销售手册和直接邮寄的东西来监测竞争对手;利用招聘会询问竞争对手的前雇员或为对手工作过的求职大学生;参加学术交流,派工程师参加竞争对手的学术会议可以从交谈中听出弦外之音,分析出新产品开发情况和总体战略定位。

(五)会议信息的搜集

各种经济类会议已成为企业搜集市场信息的主要来源之一。如技术交流会、产品鉴定会、专题讨论会、展览会和展销会、技术贸易会、招标会、信息发布会、洽谈会、科技集市、各类交易会等。会议除了可以得到论文、产品说明书、产品目录这类文献外,还可以获取各展台的文字图片介绍、有参考价值较高的科技或市场信息手册,在技术招标、咨询服务和人才交流活动中产生的大量文件以及更多的洽谈、经验交流、录音录像等非文字信息。这种产品密集、商家密集、同行密集的场合是获取技术信息、市场信息和人才信息的最好机会。

三、神秘顾客调查实施

(一)神秘顾客调查的内涵

神秘顾客是由经过严格培训的调查员,在规定或指定的时间里扮演成顾客,对事先设计的一系列问题逐一进行评估或评定的一种调查方式。由于被检查或需要被评定的对象,事先无法识别或确认"神秘顾客"的身份,因此,这种调查方式能真实、准确地反映客观存在的实际问题。通过神秘顾客调查,可以详细了解竞争对手销售商品的种类、品牌、价格、商品陈列等信息,对企业的营销战略提供一定的参考意义。

(二)神秘顾客调查内容

1. 现场销售人员的产品知识

由于现场销售人员在某种程度上扮演着"产品专家"的角色,所以神秘顾客调查的第一重点是考察现场销售人员的产品知识。产品知识不仅包括产品技术参数、基本性能,更重要的是现场销售人员应该能够阐明产品性能对于消费者使用的利益点,产品主要卖点与竞争对手相比较的优劣势。

2. 竞争对手促销活动

由于近年来日化用品行业竞争异常激烈,主要表现在价格竞争上。随着日化用品行业各种形式的促销活动层出不穷,所以企业销售人员应该能够清楚明了地解释企业的促销活动内容,同时了解竞争对手的卖场活动。

3. 销售人员的职业素养和服务状况

销售人员的态度、仪容仪表也会给消费者留下印象分,这也是调查的内容之一。同时还可以收集相关的卖场信息,对于企业掌握零售卖场的情况非常有帮助。神秘顾客调查的结果对于了解市场上主要竞争对手在零售终端的软硬件投入,为企业提供合理的分配卖场资源提供一定决策依据。例如,如果发现卖场中竞争品牌的位置和陈列面积占绝对优势,那么适当调整进场费、专柜制作等预算要被列入日程。

(三)神秘顾客调查步骤

神秘顾客调查过程一般包括选取神秘顾客、培训神秘顾客、实施和反馈四个阶段(图 4-12)。

1. 选取神秘顾客。一般而言,神秘顾客应具有较高的综合素质和理解能力、良好的心理状态、端正的工作态度、敏锐的观察和分辨能力。企业通常做法是请专业的市场调查公司扮演神秘顾客,或者在 VIP 客户中进行筛选。

2. 培训神秘顾客。神秘顾客培训的主要内容包括服务质量知识、相关业务常识、心理学常识、调查的技巧。一般请专业的市场调查公司对神秘顾客进行相关培训。

(1)服务质量知识包括行业服务质量评估标准和礼仪规范。

(2)相关业务知识。主要是对所调查行业的基本业务知识,具体包括商品或服务名称的含义、功能、基本内容、性能、价格。

```
┌─────────┬──────────────────────┐
│ 3~6周   │    ┌─────────────┐   │
│         │    │  选取神秘顾客 │   │
│         │    └──────┬──────┘   │
├─────────┤           ↓          │
│ 3~5周   │    ┌─────────────┐   │
│         │    │  培训神秘顾客 │   │
│         │    └──────┬──────┘   │
├─────────┤           ↓          │
│ 3周     │    ┌─────────────┐   │
│         │    │    实施      │   │
│         │    └──────┬──────┘   │
│         │           ↓          │
│         │    ┌─────────────┐   │
│         │    │    反馈      │   │
└─────────┴────┴─────────────┘───┘
```

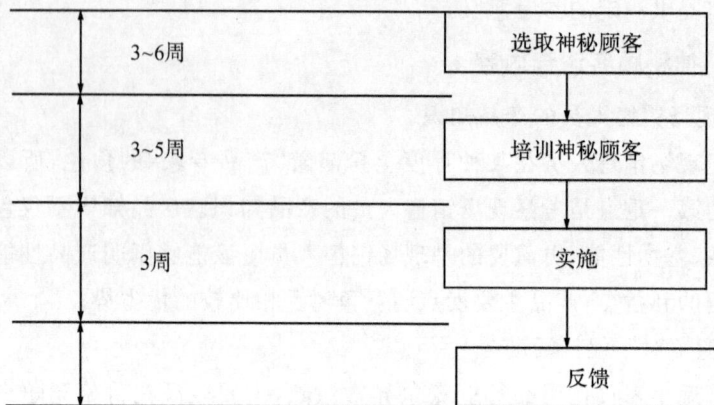

图 4-12　神秘顾客调查法的过程

（3）行为、心理常识。具有行为学、心理学基础知识的"神秘顾客"在调查过程中，表现更自然、不易暴露，更容易了解服务人员的心理，易于发现服务管理中存在的问题。

（4）调查技巧。由于服务质量是由有形实物质量、有形的服务设备设施的质量、有形的服务环境的质量和无形的服务劳动的质量构成的统一体，每一部分都是服务质量不可分割的组成部分。因此，神秘顾客进行调查时就要遵循"眼看、耳听、用心感受"八字方针，使硬件服务和软件服务均得到综合考察。"眼看"就是根据考核的服务质量指标，细心观察服务设施是否齐全、营业人员的服务形象等内容；"耳听"就是倾听营业人员服务过程中服务用语、业务介绍；"用心感受"就是要感受营业环境和设施，营业人员的服务态度、意识。

3. 实施。神秘顾客实施过程中要注意以下问题。

（1）注意保证身份的神秘性，严格按要求完成任务。

（2）按照所规定的日期和时间，将工作做到细致、责任到人。

（3）工作期间注意积累经验，不断学习所考核的知识。

（4）在工作期间，随时和督导保持联系，方便工作安排。

（5）强调本行业保密的工作要求，不得随意泄漏本公司的任何资料内容，不得在公共场所谈论与工作有关的任何话题或将有关资料传阅他人。所发放的资料、文件，接收、寄送都必须签字，以便备查；剩余空白或者作废资料都必须交于公司督导。

（6）问卷严禁私自复印或给他人传阅，一经发现立即终止工作，并承担法律责任。

4. 意见反馈。神秘顾客将调查结果反馈给企业，为企业制定营销战略提供决策依据。

任务四　提交竞品调查结果

竞品分析就是将竞争对手的产品与自己的产品进行比较分析，找出他们之间的相似性与差异性的一种分析方法。通过对暗访和二手数据收集的竞品数据进行分析，可以及时为企业的营销策略制定提供竞品信息。据调查显示，美国年营业收入在 100 亿美元以上的特大型企业中，有 82％建立了竞争情报系统；年营业收入在 10 亿美元以上的大型企业中，有 60％建立了竞争情报系统。在美国《财富》杂志评选的全球 500 强企业中，有 90％以上已经拥有了较完善的竞争情报系统。竞争情报对企业营利的贡献率较大，其中在微软为 17％，IMB 为 9％，P&G 为 8％，通用电气 7％，惠普 7％，可口可乐 5％。这是一组相当可观的数字，表明了竞品分析的重要性。竞品分析报告是整个市场调查活动的最终成果体现，是对前面所有工作的概括总结。

【能力训练】

一份完整的竞品调查分析报告离不开一系列的调查与分析工作。为了有效地完成竞品调查分析报告撰写，需要通过准备相关材料、确定竞品调查报告框架、编写竞品调查报告和审定提交报告 4 个步骤来完成。

1. 准备相关材料——明确分析目的，选择竞品。竞品分析报告是属于策略性文档，因此，在撰写竞品调查分析报告前，研究人员必须要明确此次竞品调查的目的，不管是为了对战略有个整体的把握还是为了瞄准某一具体产品设计问题（为战略或设计提供依据），都需要明确他们的使命。（1）客户研究：在生产产品之前进行竞品分析，研究人员可以将竞品分析作为产品设计的参考，它将会对这些具体的问题做详细的说明。（2）产品测试阶段：在产品测试阶段进行竞品分析，主要是针对某一具体功能、问题做深入的对比。该竞品分析应该将产品对比测试的结果作为依据来进行。（3）营销 4P 分析：在产品市场销售过程进行竞品分析,可能更多偏向的是对产品的 4P 进行分析,了解竞争对手的产品、价格、渠道、促销相关方面的政策和策略,以采取相应的营销策略。

在明确竞品分析目的后,就面临选择竞品的问题。竞品选择的准确与否直接决定这次竞品分析报告的质量。在选择竞品过程中,首先应该清楚公司产品的定位以及核心竞争力,主要顾客以及对产品的期望、使用习惯等问题。只有知道了这些问题,清楚自己的产品,才会知道自己的竞品有哪些,才能认真研究竞品,了解整个行业的特性以及客户的需求。

针对日化用品行业的竞品选择,可以分为三个层次。一是通过公司与公司的产品线来比较,这个工作量很大。如在牙膏行业,根据市场细分的维度来进行产品比较是一项宏观分析,对企业的借鉴意义不大。二是在某一个市场区域内的竞品选择,即选择该区域内具有典型代表的产品进行分析,即产品的功能、包装、口味、卖点、适销人群、主力购买人群、畅销的原因、价格等多种因素。三是选择厂家特定的产品进行分析,可以是市场上最畅销的,也可以是引领潮流的,也可以是新概念的产品。

2. 确定报告框架——确定分析维度和评判标准。一份完整的调查报告应该包括介绍部分、主体部分和附录部分。其中介绍部分是向读者说明报告主要内容的部分,对于某些公司高层领导,就可以通过介绍部分了解到调查的概况,包括报告封面、目录及摘要。主体部分是整份市场调查报告的核心,一般包括引言、调查方案、竞品选择、分析维度和方法、分析比较、局限性及必要说明、结论和建议等几个部分。附录部分是指调查报告正文包含不了或没有提及,但是与正文有关必须附加说明的部分,一般对正文起到补充作用。

竞品分析报告的主体框架,主要是要确定分析维度和评判标准,把产品结构和需要分析的东西都列出来,编组做表,进行细分,然后再逐项比较。这些分析维度,可以从竞争对手或市场相关产品中,圈定一些需要考察的角度。一般从以下三个方面来进行考虑:(1)描述性分析是说明企业产品和竞品有哪些差距;(2)定性分析是说明企业产品和竞品的差距在哪里;(3)定量分析是为了说明企业产品和竞品的差距有多大。差距可以通过功能得分、权重值两个方面来进行评估,得出自己产品的某项功能和竞品相比得到多少分,这样就可以比较清晰地知道企业产品和竞品之间的差距有多大。

3. 编写调查报告——分析评价各维度下竞品的特性。在明确竞品分析维度和评判标准后,研究人员需要对各维度下的竞品特性进行分析评价。竞品分析内容包括客观和主观两个方面:客观分析就是从竞品中圈定一些需要考察的角度,列出真实的情况,不需要加入任何个人的判断;主观分析是指可以列出竞品或者自己产品的优势和劣势,这个过程带有一定的主观性,也是一份优秀的竞品分析报告所体现的核心部分。

对于竞品评判标准的组织形式,一般有横向和纵向两种组织报告的形式。横向是指可以直接按评判标准组织报告,针对某个具体的标准给出不同竞品各自的表现。这就可以很直观地认识到具体某个问题上哪个产品做得最好,企业产品与竞品的差距有多大,但是这种方法的负面效果就是只能得到片面的结果,分析脱离了公司文化以及消费者的实际需求,因为竞品的产品文化可能是不同的,不能单纯从局部去比较,只是把表面化的东西列出来,可能会忽略很多产品本身内在的关联或限制等因素。某些竞品虽然形式类似,但是定位可能会有所不同,单纯比较可能会有一定的误差。所以在竞品分析之后,接下就要对结果进行进一步的分析,以判断哪些可以取舍。纵向是指可以按竞品组织报告,每个竞品可以单独创建一部分,总结成一个文档。这就为企业提供了一个完整的竞品形象,但缺点也是显而易见的,不能提供直观的对比分析。

4. 审定和提交报告。在竞品调查报告初稿完成后,研究人员要针对报告结构、内容、用词等方面进行多次审核和修改,征询多方面的意见。在写作过程中应注意避免一些问题:切忌过分自信,对比结果分析夸张;过于保守,结论显得苍白无力;报喜不报忧,不太客观;只见树木,不见森林,对比维度过于琐碎等。最终报告要做到观点明确,逻辑合理,表达准确,再予以定稿并提交。一般竞品分析报告都是以书面方式提交(包括电子稿和打印稿),并辅以口头报告。书面报告要求页面设计及文章编排大方、美观,能引起读者的兴趣及有助于阅读,口头报告可以帮助理解书面调查报告的内容并认同书面调查报告,对有关人员迅速掌握和理解报告内容具有重要的意义。为了使口头报告更加生动,富有吸引力,提高报告效果,一般需要准备一份竞品分析报告口头汇报 PPT。

【项目成果范例】

A 品牌牙膏浙江竞争分析报告

一、引　言

随着现代经济的飞速发展,居民收入及人们生活水平的提高,人们对各种生活用品的要求也开始改变。牙膏是人们生活中的必备品之一,我国的牙膏消费在全球占有广大市场,需求量非常大,消费者也很广泛。A 集团是专业从事洗涤和个人护理用品的生产企业,自 1994 年以来,各项经济指标连年稳居全国行业榜首,肥皂、洗衣粉、洗洁精三大产品在全国同行业销量第一,是全国洗涤行业的"龙头"企业。2004 年末,该企业采取差异化策略,瞄准了透明、营养和时尚这三个牙膏市场上的概念空档,携高密度的广告和强有力的促销手段高调推广 A 品牌牙膏,从此,该品牌牙膏在国内这个激烈的牙膏竞争市场中争得了一杯羹。为了更加清楚地了解该企业竞争对手的相关营销战略,我们进行了该品牌牙膏浙江竞争市场调查,希望可以通过调查为该品牌牙膏的营销战略提供一定的借鉴意义。

二、调查概况

本次调查的数据主要来源于 A. C. 尼尔森(Nielsen),除有特殊说明外,其余数据的参考时期均为 2005 年第一季度。收视分析数据主要来自杭州、宁波和温州地区,广告量分析数据主要是来自浙江省,数据类型主要是采用电视、报纸和杂志数据,报告中涉及价格均为刊例价(刊例价是指每家媒体官方对外报出的价格)。通过二手资料调查确定 A 品牌牙膏浙江市场的直接竞争对手是佳洁士和高露洁,一级竞争对手为黑人,二级竞争对手为中华、黑妹和奥奇丽。本次调查重点对直接竞争对手佳洁士和高露洁进行分析。

三、广告花费分析

广告花费研究是基于对广告市场的连续性监测,追踪广告市场的最新趋势,洞察行业广告投放的最新变化,跟踪广告效果,评估广告投资与市场回报。广告花费分析主要根据电视、报纸、杂志等媒体的数据,从广告花费占有、广告花费趋势、媒体组合、区域策略和版本分配几个方面来进行分析。

（一）广告花费投入

由图 4-13 统计结果显示,2005 年第一季度,牙膏市场前四位品牌的广告花费已经占到总品类的 84%,其中 A 占 25%,高露洁占 24%,佳洁士占 19%,奥奇丽占 16%。相对市场占有率来讲,A 品牌的广告投入是非常大的,而高露洁和佳洁士占有市场绝对份额,相对广告花费较低。

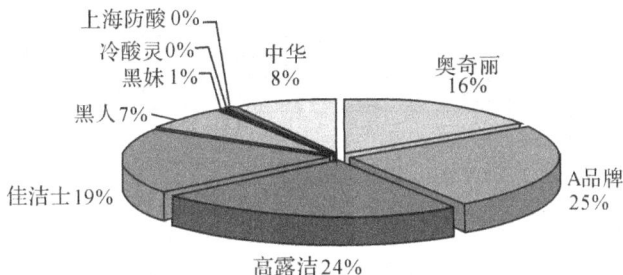

上海防酸 0%
冷酸灵 0%
黑妹 1%
中华 8%
奥奇丽 16%
黑人 7%
佳洁士 19%
A品牌 25%
高露洁 24%

图 4-13　各品牌广告花费比例(2005 年第一季度)

（二）广告花费趋势

通过对 2004 年同期相比发现(图 4-14),奥奇丽、高露洁、中华、黑人等品牌在广告投入上都有较大程度地增长。尤其是黑人牙膏的广告投入增长 4.2倍,高露洁增长 2.8 倍。黑妹牙膏的广告投入相比 2004 年减少。而 A 品牌作为新产品进军浙江市场,投放量遥遥领先。

（三）广告花费构成

从图 4-15 得知,几乎所有品牌都只选择电视媒体,这说明电视相比较报纸和杂志,更适合牙膏等日用品的广告表现。

（四）广告花费区域占比

从图 4-16 和图 4-17 可以看出,佳洁士 2005 年减少了省台的投放,加重了杭州的投放,高露洁也加重了杭州的投放,而 A 品牌 2005 年减少了省台和杭州的投放,加重了温州地区和宁波地区的投放。从中可以看出,市场占有率高的佳洁士和高露洁都加重对省会城市杭州的投放力度,而 A 品牌则加重对经济发达的浙江温州和宁波地区的广告投放。

（五）广告花费(版本区隔)

从图 4-18 可以发现,对于广告投放版本,30 秒版本为主流版本。佳洁士、中华全部选择了 30 秒长版本投放,奥奇丽、高露洁、黑人选择了 30 秒+15 秒

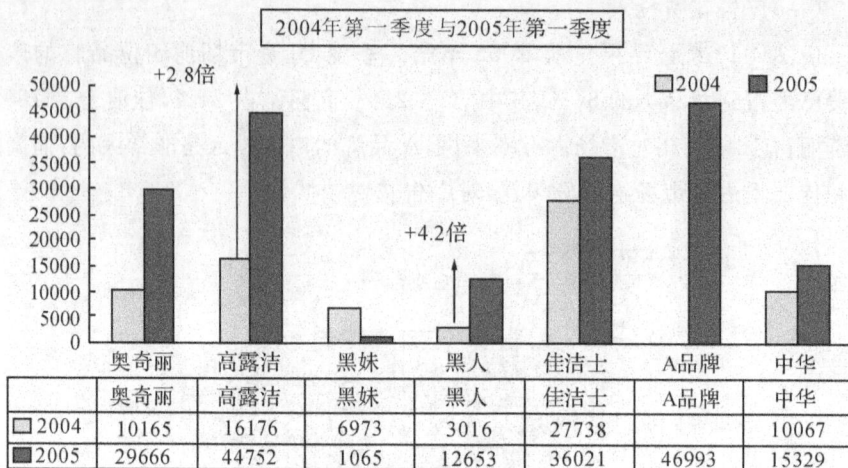

図 4-14　广告花费趋势

	奥奇丽	高露洁	黑妹	黑人	佳洁士	A品牌	中华
2004	10165	16176	6973	3016	27738		10067
2005	29666	44752	1065	12653	36021	46993	15329

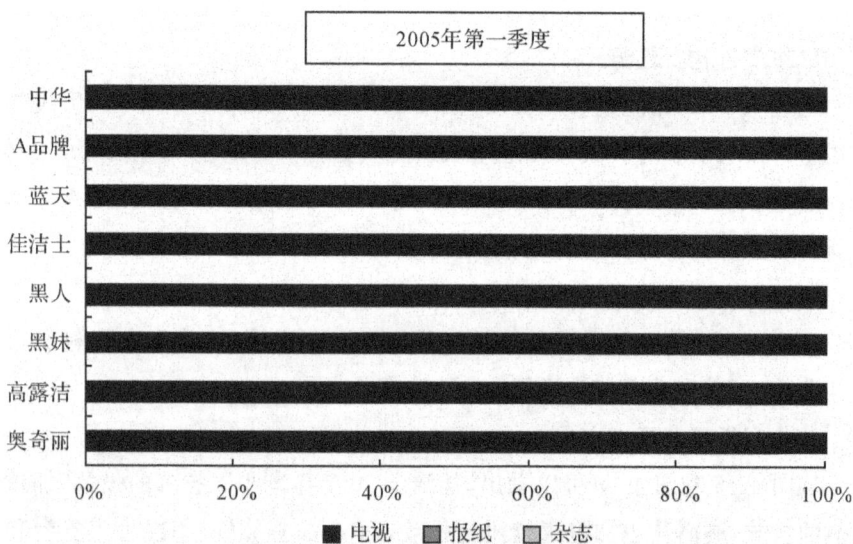

図 4-15　广告花费媒体构成

投放，A 品牌选择了 60 秒＋30 秒＋15 秒＋5 秒投放，因此，广告投放版本的比例为 30 秒＞15 秒＞5 秒＞60 秒。

四、购买模式分析

媒体购买是对媒体广告单位使用时间和付费成本的一种预约和交换。规

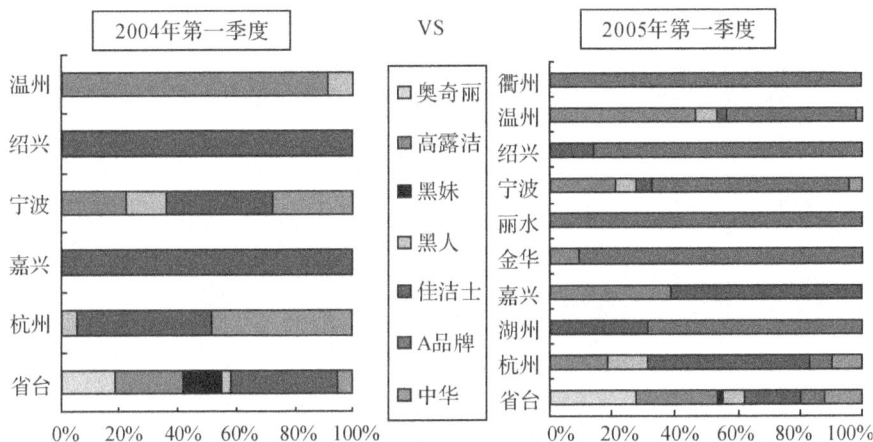

图 4-16　竞品广告花费区域占比

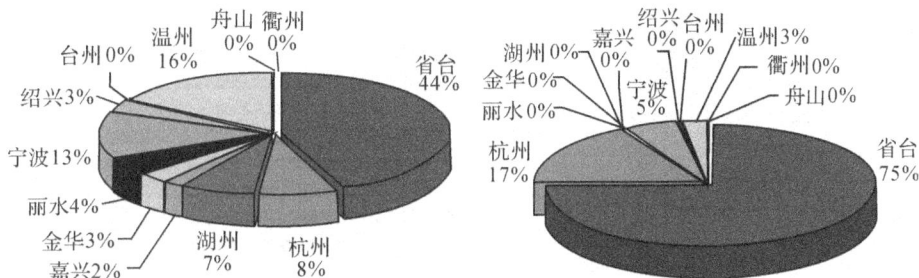

图 4-17　A 品牌广告花费区域占比（2004、2005）

范的广告媒体购买，一般是广告主委托广告代理公司代为向媒体订购广告单位，并负责广告刊播。在电波媒体中，广告单位是以时间计算的。在报纸杂志广告中，广告单位是以空间计算的，其他媒体广告单位的计算也大致如此。媒体时间空间长短大小的不同，决定了广告收费价格的差异。除此之外，由于不同媒体在节目安排、报社时间、版面内容、广告位置等多方面的差异，也对广告价格提出了不同的要求。

（一）品类花费（电视）

由图 4-19 可以看出，广告品类花费由省台转向了市台，2005 年第一季度相比较 2004 年第一季度，省级媒体投放下降 31%，主要由黑人、高露洁广告量转向市台引起。

次数

2005年第一季度

纳爱斯投放60秒广告215次

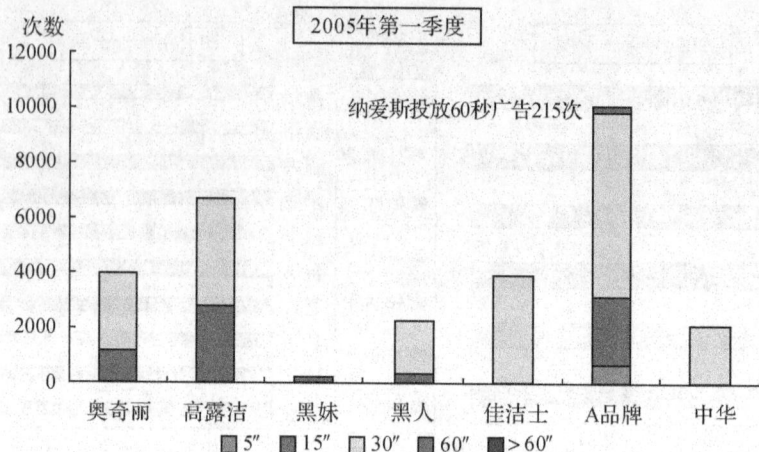

图 4-18　品牌广告花费比例

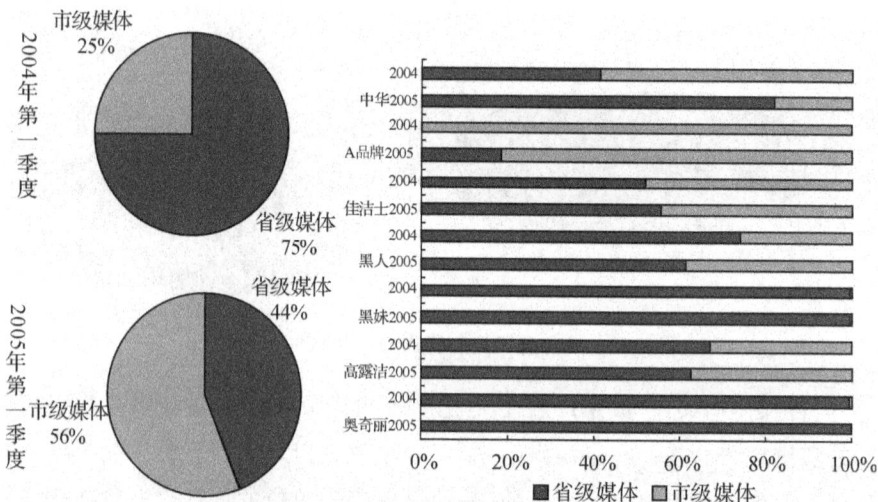

图 4-19　品类花费比例

(二)节目类型(TV)

从图 4-20 发现,电视剧仍是品类投放重点,但新闻的投放比重开始有所上升,而且新闻产出的广告效果比较理想。

五、直接竞争对手分析

直接竞争对手是指生产经营同品类、同品种产品或服务,与本企业角逐共同目标市场,与企业构成直接竞争的关系的企业。直接竞争对手主要来自于

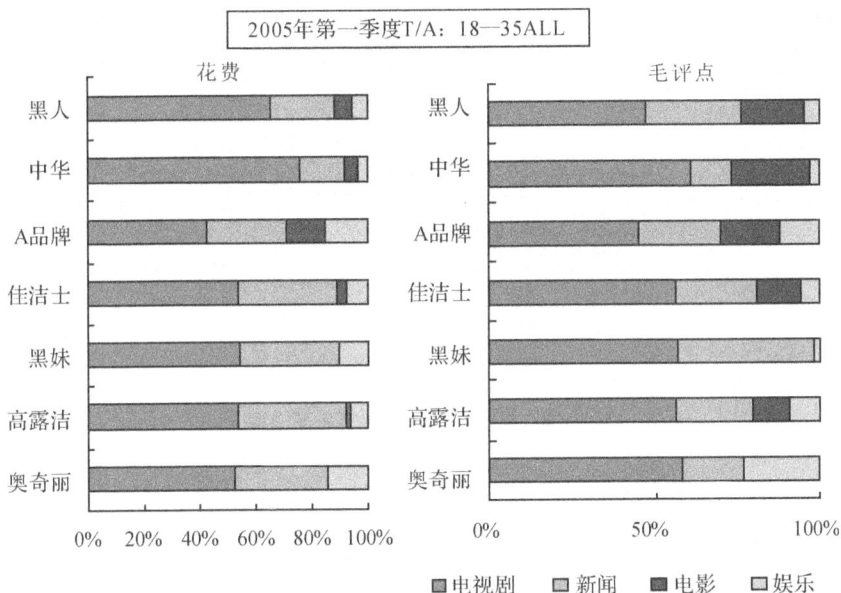

图 4-20　节目比例

同行企业,表现为全方位的正面竞争势态,对手的强弱不仅直接影响到市场的需求状况,并且直接影响到本企业的市场占有率。在本次调查中,A 品牌的直接竞争对手定位为佳洁士和高露洁。现对这两个直接竞争对手进行详细分析。

(一)佳洁士茶爽牙膏

1. 季节走势。从图 4-21 季节销售趋势来看,佳洁士品牌整体销售呈现较大波动,尤其是 8 月、11 月的销售量较高。佳洁士茶爽牙膏基本符合该品牌产品的销售趋势,但 2004 年的 1—4 月、9—10 月的销售量较低,2005 年 1—3 月的销售量比 2004 年同期明显增加。

2. 投入区域分布。根据图 4-22 结果调查显示,佳洁士茶爽牙膏在 2005 年 1—3 月对 6 个城市广告总投入费用为 1279 万元,2004 年同期仅对 2 个城市进行投入,共计费用为 198.8 万元。2005 年较 2004 年增加 1080 万元(刊例价)。

调查结果显示(图 4-23),2004 年 1—3 月份,佳洁士在省台、杭州、宁波等区域广告投入比例分别为 71%、25%、4%。2005 年 1—3 月份,佳洁士在省台、杭州、湖州、嘉兴等区域广告投入比例分别为 59%、9%、3%、2%。这表明

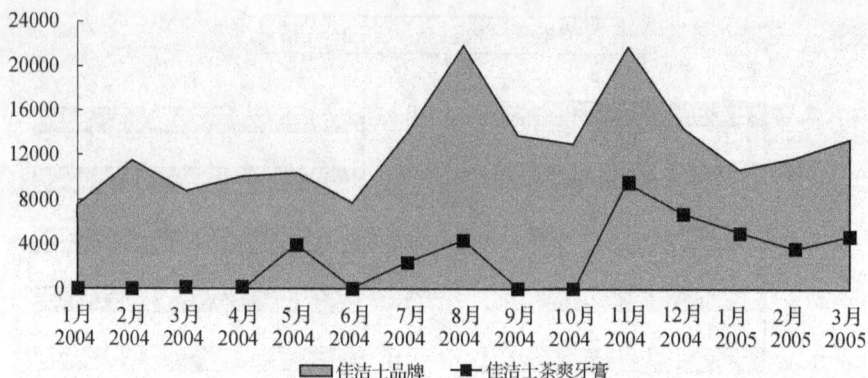

图 4-21　佳洁士茶爽牙膏销售季节走势

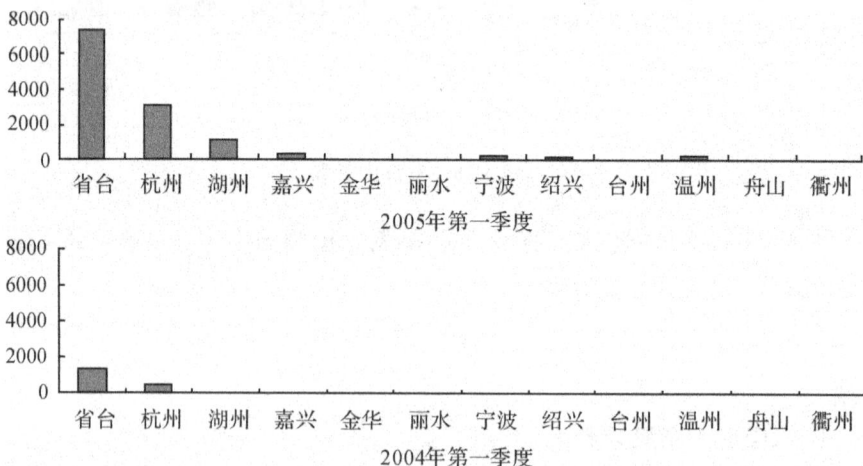

图 4-22　投入区域分布

广告投入区域范围进一步扩大,省台的比重下降,经济发达地区的比重在上升。

3. 媒体使用。2005 年第一季度,佳洁士茶爽牙膏在广告投放媒体选择主要集中在省级电台和市级电台,在报纸和杂志上投放广告的比例非常低。其中省台占 58.7%,市级台占 41.3%(见图 4-24)。

4. 版本使用。2005 年第一季度,佳洁士茶爽牙膏在版本长度上都选择了 30 秒。在时段选择上,黄金时段上占 69%,非黄金时段占 31%(图 4-25)。

5. 节目类型的选择。"3S"模型是指将媒体投资比重(SOS)和媒体占有比

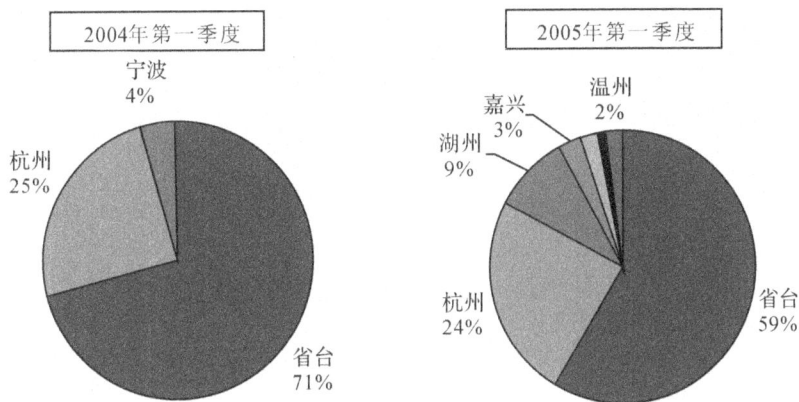

图 4-23　各地区投入比例

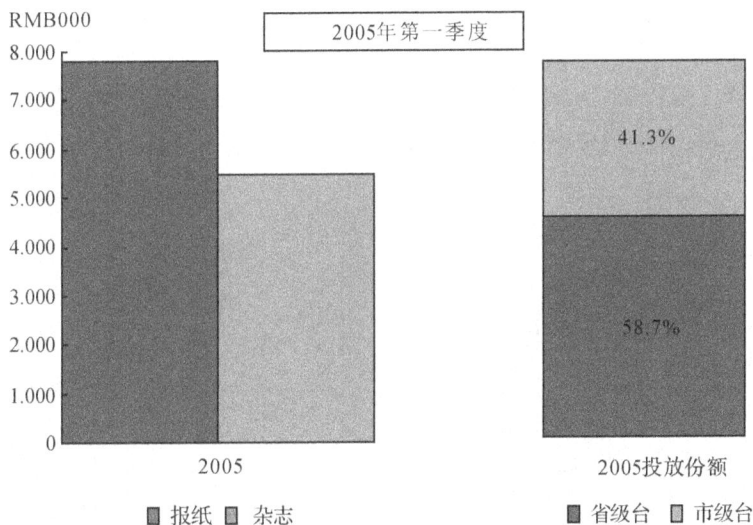

图 4-24　媒体使用类型

重(SOV)利用 SWOT 分析方法结合在一起,从广告投入与毛评点产出的角度对媒介投放效果进行综合评价。媒体投资比重(SOS)是指某品牌广告的媒体投资额占该类商品广告的媒体投资总额的比重。媒体占有比重(SOV)是指某品牌商品广告的总收视点占该类商品广告的总收视点的比率。SOS 用于评估广告投资情况,SOV 用于量化广告投放传播的效果,这两个指标可以提供广告投放策略制定的重要参考。从 SOS 指标来看,电视剧、新闻、娱乐和电影期

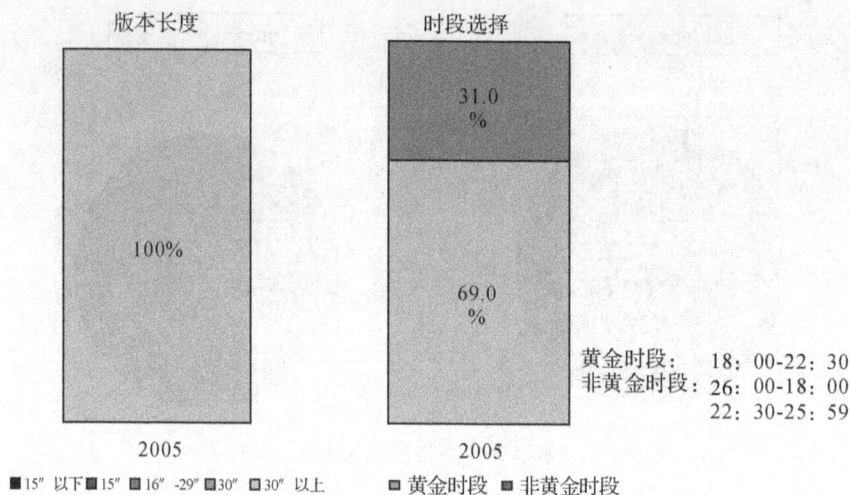

版本长度　　时段选择

31.0%

100%

69.0%

黄金时段：18：00-22：30
非黄金时段：26：00-18：00
　　　　　　22：30-25：59

2005　　　　2005

■15″以下 ■15″ ■16″-29″ ■30″ ■30″以上　　■黄金时段 ■非黄金时段

图 4-25　版本使用类型

间的投资比重较高；从 SOV 指标来看，电视剧、新闻、电影和娱乐期间的收视率较高。因此，选择在电视剧和新闻期间的广告投资和传播比较理想。

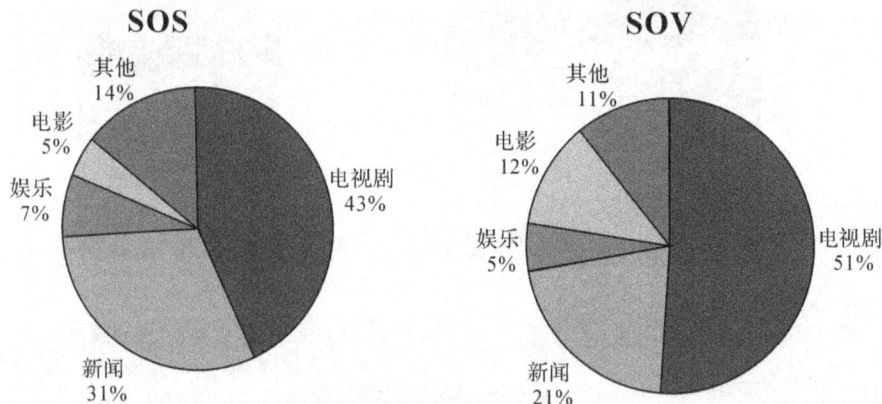

SOS

其他 14%
电影 5%
娱乐 7%
电视剧 43%
新闻 31%

SOV

其他 11%
电影 12%
娱乐 5%
电视剧 51%
新闻 21%

图 4-26　节目类型选择

6. 杭州买点情况。毛评点（gorssratingpoints，GRP），又称总收视率或总收听率，即印象（受众接触媒介的机会）百分比之和。它也是媒体决策的一个重要部分，被用来衡量某个目标市场上一定的媒体努力所产生的总影响力。媒体努力既可能是只在某一个媒体上播出一个商务广告，也可能是整个活动项目期间在多个媒体组合上播出若干个商务广告。GRP 的计算公式为：毛评点＝到达率×收视率。该指标可以用来描述某个媒体播出计划中，一定时间内广告的总影响力。从图 4-27 可以看出，2005 年第一季度，佳洁士牙膏在杭州地区电视台投放广告的情况，其中杭州新闻综合和浙江影视文化台的 GRP 指数最高，分别为 140.8 和 101.9。

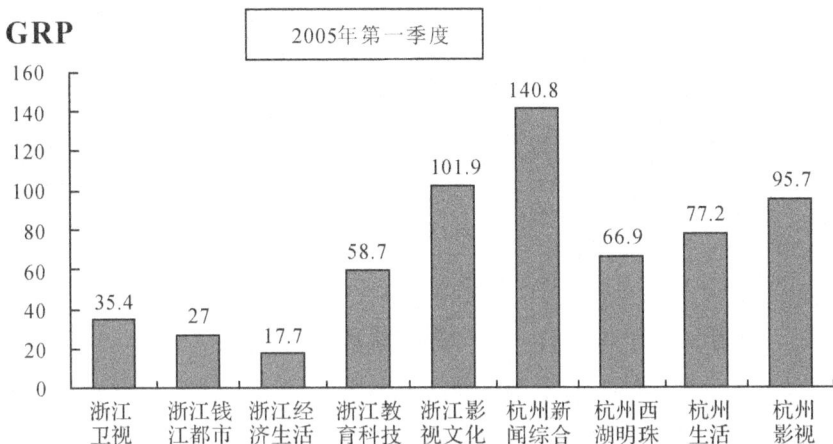

图 4-27　杭州地区各电视台的 GRP

7. 杭州综合频道广告效果。广告效果是广告活动或广告作品对消费者所产生的影响，通常包括传播效果、销售效果、心理效果和社会效果。广告效果的评估是调查消费者对于各种媒体，如报纸、杂志、电台、电视、户外广告等接触情形。从佳洁士茶爽牙膏在杭州综合频道广告效果统计结果看，电视剧的广告效果最佳。

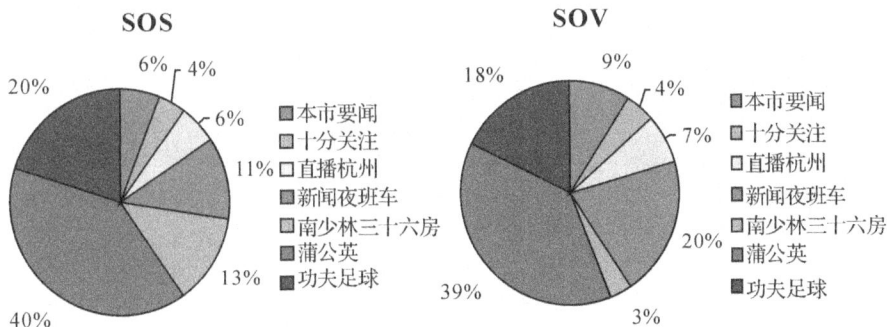

图 4-28　杭州综合频道广告效果

8. 小结。

(1)频道选择。省台的投放份额占比重较大,在杭州地区买点主要由杭州综合频道贡献,宁波地区主要由浙江影视文化和浙江钱江都市频道提供,温州地区主要由浙江影视文化频道提供。

(2)时段选择。主要选择在黄金时段投放,节目产出 GRP 新闻和电视剧产出还是比较理想。

(3)版本选择。佳洁士茶爽牙膏100%采用了30秒的广告版本投放。

(4)季节性。2004 年 4 月、5 月、8 月、11 月为投放高峰。

(5)区域性。选择了浙江 6 个城市投放,但重点放在杭州,其次是湖州,省台是投放的重点。

(6)节目类型的选择。佳洁士茶爽牙膏在电视剧投入较大,产出较理想。

(二)直接竞争对手分析——高露洁蜂胶水晶牙膏

1. 季节走势。从图 4-29 季节销售趋势来看,高露洁品牌整体销售呈现较大波动,尤其是 2004 年 4 月、2005 年 4 月的销售量较高,但 2004 年 5 月跌入低谷。高露洁蜂胶水晶牙膏的销售走势与该品牌产品的销售趋势不相一致。2004 年的 1—10 份的销售量一直处于低谷,从 11 月份开始销售量明显增加。

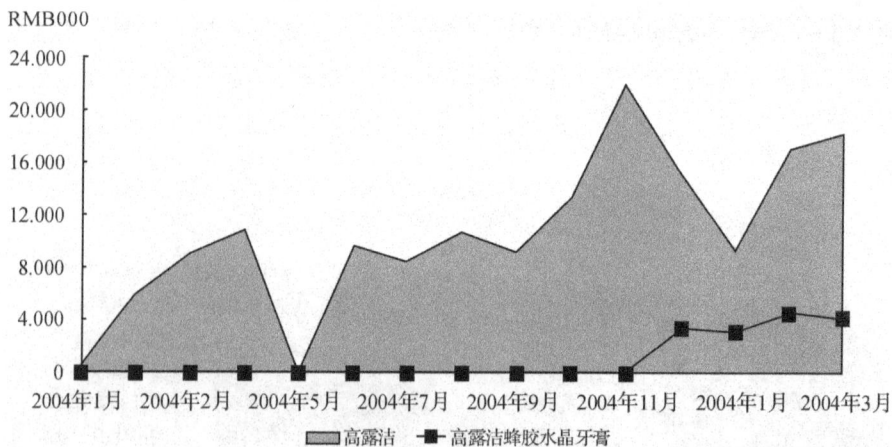

RMB000

图 4-29　季节走势

2. 投入区域分布。图 4-30、图 4-31 调查显示,高露洁蜂胶水晶牙膏在 2005 年 1—3 月对杭州、温州等 5 个城市广告总投入费用为 1449.7 万元。投入费用主要集中省台，占79％；其次是各地区电台，其中温州、宁波、金华、嘉兴和杭州分别占10％、3％、1％、2％和5％。

RMB'000   2005年第一季度费用1449.7万元

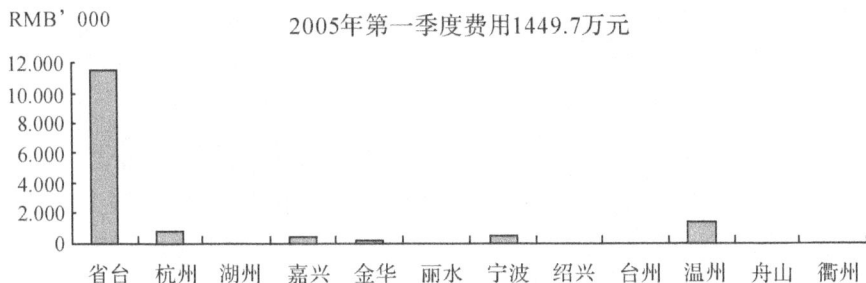

图 4-30　投入区域分布

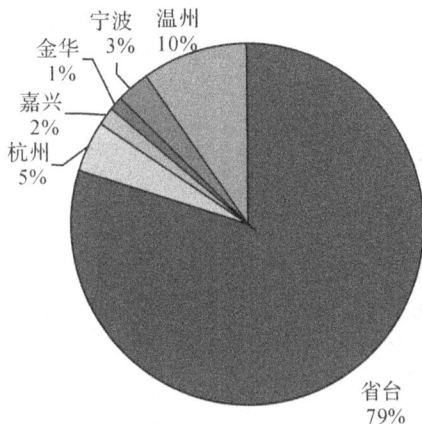

图 4-31　投入区域分布

3. 媒体使用。2005年第一季度，高露洁蜂胶水晶牙膏在广告投放媒体选择也主要集中在省级电视台和市级电视台，在报纸和杂志上投放广告的比例非常低。其中省台占80％，市级台占20％（见图4-32）。

4. 版本使用。2005年第一季度，高露洁蜂胶水晶牙膏在版本长度上选择了15秒和30秒，分别占79％和21％。在时段选择上，黄金时段上占54.4％，非黄金时段占45.6％（图4-33）。

5. 节目类型的选择。从图4-34高露洁蜂胶水晶牙膏的SOS指标来看，电视剧、新闻、娱乐和电影期间的投资比重较高；从SOV指标来看，电视剧、新

RMB' 000

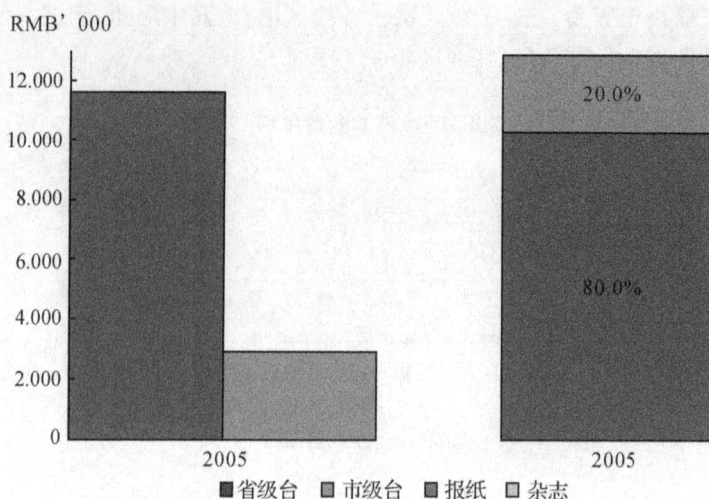

图 4-32   媒体使用类型

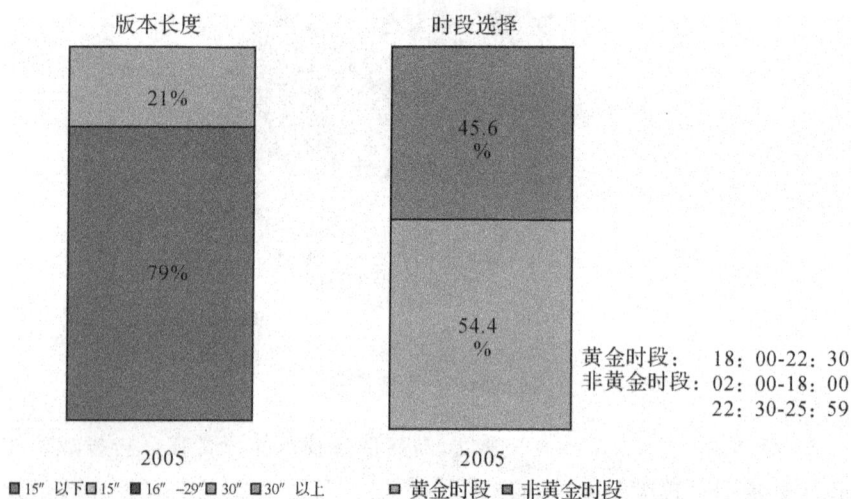

版本长度   时段选择

黄金时段: 18:00-22:30
非黄金时段: 02:00-18:00
            22:30-25:59

图 4-33   版本使用

闻、电影和娱乐期间的收视率较高。因此,选择在电视剧和新闻期间的广告投资和传播比较理想。

6. 杭州买点情况。从图 4-35 可以看出,2005 年 1—3 月份,高露洁蜂胶水晶牙膏在杭州地区电视台投放广告的情况,其中浙江影视文化台和浙江经济生活台的 GRP 指数最高,分别为 439 和 154。

SOS

娱乐 9%
其他 9%
电影 3%
电视剧 60%
新闻 19%

SOV

电影 9%
其他 9%
娱乐 13%
电视剧 50%
新闻 19%

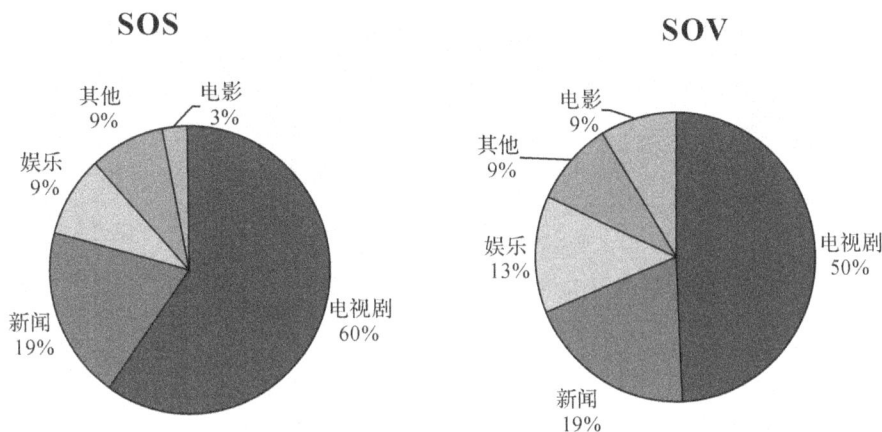

图 4-34　节目类型选择

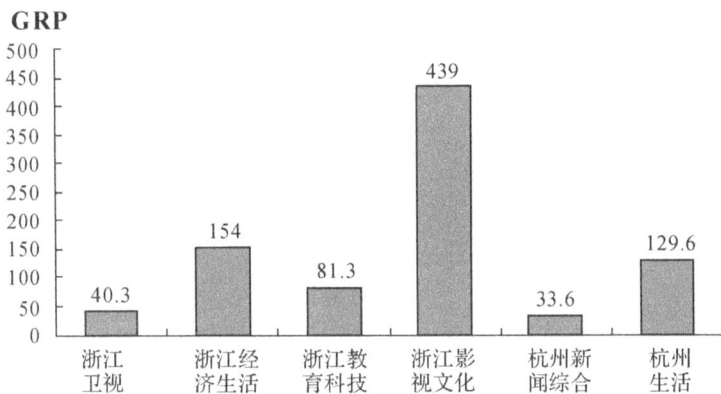

GRP

浙江卫视 40.3
浙江经济生活 154
浙江教育科技 81.3
浙江影视文化 439
杭州新闻综合 33.6
杭州生活 129.6

图 4-35　杭州地区各电视台的 GRP

7. 浙江影视文化频道广告效果。从高露洁蜂胶水晶牙膏在浙江影视文化频道广告效果统计结果显示(图 4-36),电视剧的广告效果最佳。

8. 小结。(1)频道选择。高露洁蜂胶水晶牙膏侧重于选择了省级频道做为投放载体,杭州 GRP 主要由浙江影视文化贡献,其中投放的娱乐节目(娱乐天天),电视剧(军人机密和龙年档案)取得不错的收视表现,也是主要 GRP 的来源。

(2)时段选择。黄金段稍高于非黄金段。

(3)版本选择。主要考虑了 15 秒版本投放,另有少量 30 秒版本。

(4)季节性。在 2004 年 12 月开始投放,截至目前,由于周期较短,还不能

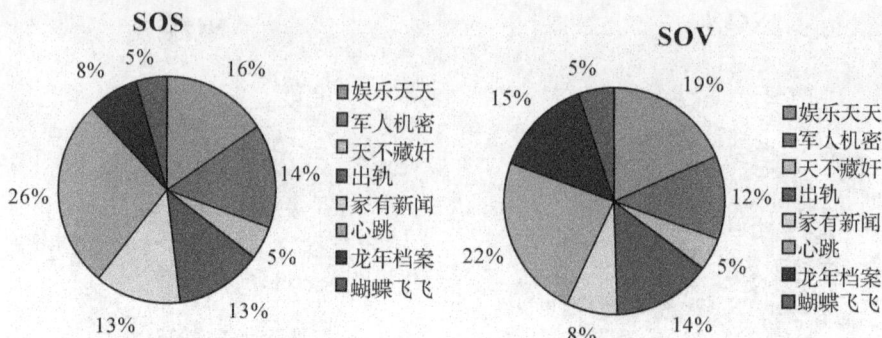

图 4-36　浙江影视文化频道广告效果

看出投放的季节性。

（5）区域性。除选择在省台做为主要投放，另外投放了 5 个城市，杭州、宁波、温州、金华、嘉兴，主要重点在杭州和温州。

五、A 品牌买后分析

（一）杭州地区买点情况

从图 4-37 可以看出，A 品牌的买点在杭州地区超过同类竞争品牌。其中A 品牌、高露洁蜂胶水晶牙膏、佳洁士茶爽、黑人牙膏的 GRP 分别为 2347.6、1133.5、757、1035.2。

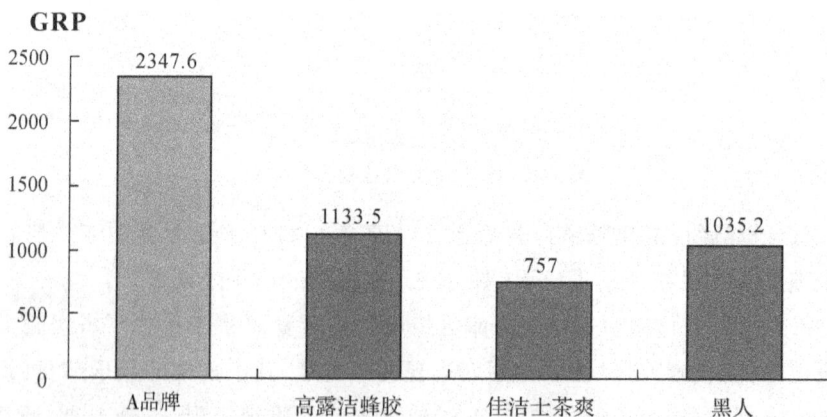

图 4-37　杭州地区买点情况

（二）杭州买点详情

从图 4-38 显示，浙江经济、中央综合、中央电视剧、中央电影、杭州综合、中央综艺、西湖明珠、中央经济、中央新闻等 GRP 的指数分别为 704.9、485.7、440、229.1、192.8、145.1、98.1、51.4 和 0.5。因此，A 品牌杭州地区 GRP 贡献最大的是浙江经济生活频道。

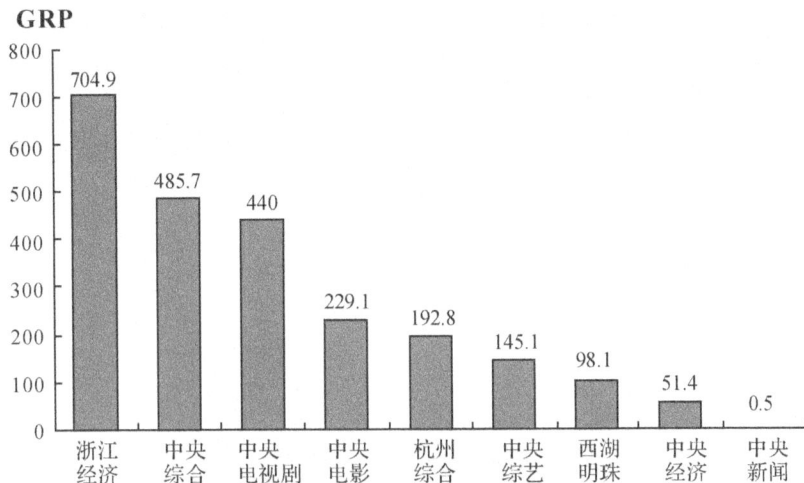

图 4-38 杭州买点情况

(三)杭州广告效果

收视点成本(Costperratingpoint,CPRP)是指每得到一个收视率百分点所需要花费的成本。其公式：CPRP＝Cost/GRP。从图 4-39 和图 4-40 的统计显示，A 品牌在杭州新闻综合频道、杭州西湖明珠频道投放相当，但 GRP 产出杭州新闻综合频道明显高于杭州西湖明珠频道。杭州新闻综合频道的点成本低于杭州西湖明珠频道近 2 倍，可见杭州新闻综合频道套播是广告投资的好环境。

(四)宁波地区买点情况

从图 4-41 可以看出，A 品牌的买点在宁波地区也超过同类竞争品牌。其中 A 品牌、高露洁蜂胶水晶牙膏、佳洁士茶爽牙膏、黑人牙膏的 GRP 分别为 7202.3、2037.4、959.9、1278.7。

(五)宁波买点详情

从图 4-42 显示，浙江经济、中央电视剧、中央综合、宁波影视、宁波新闻综合、中央电影、中央综艺、中央经济、宁波都市生活、中央国际等 GRP 的指数分别为 1349、1225.3、1067.4、902.7、798.1、676.8、601.8、397.7、166、15。因此，

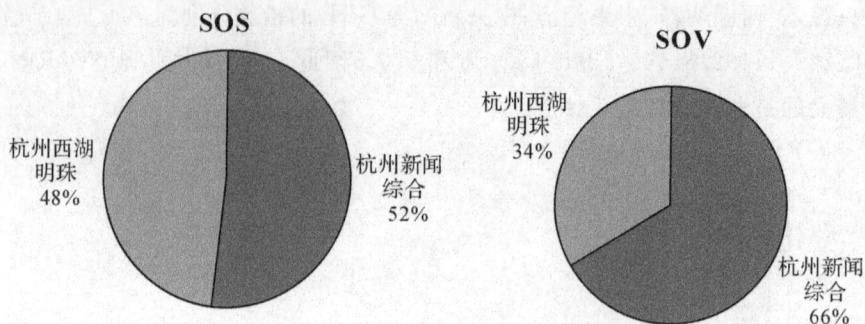

图 4-39　杭州广告效果评价

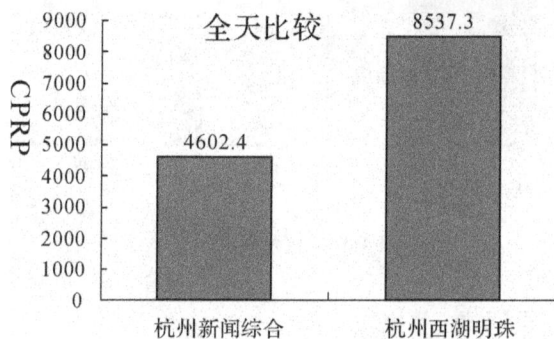

图 4-40　杭州广告效果评价

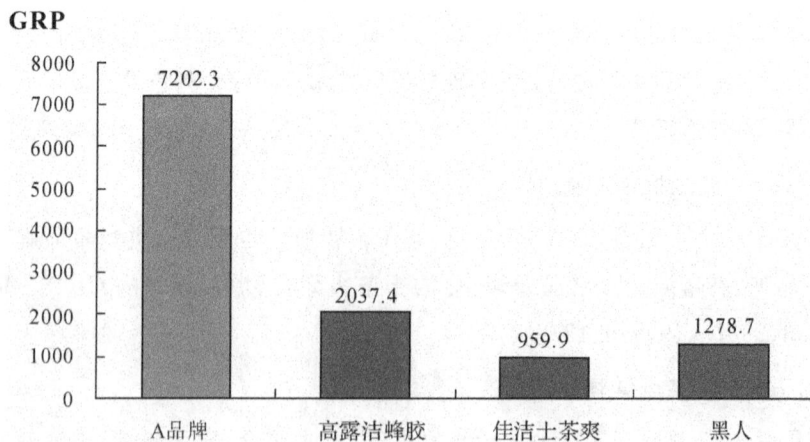

图 4-41　宁波地区买点情况

A 品牌宁波地区 GRP 贡献最大的是浙江经济频道。

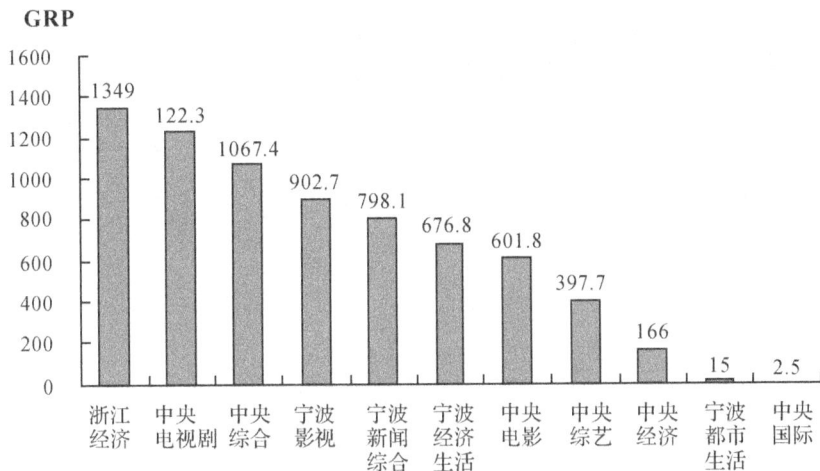

GRP

图 4-42　宁波地区买点详情

(六)温州地区买点情况

从图 4-43 可以看出,A 品牌的买点在温州地区也超过同类竞争品牌。其中 A 品牌、高露洁蜂胶水晶牙膏、佳洁士茶爽牙膏、黑人牙膏的 GRP 分别为 7257.9、2085、701.1、1405.2。

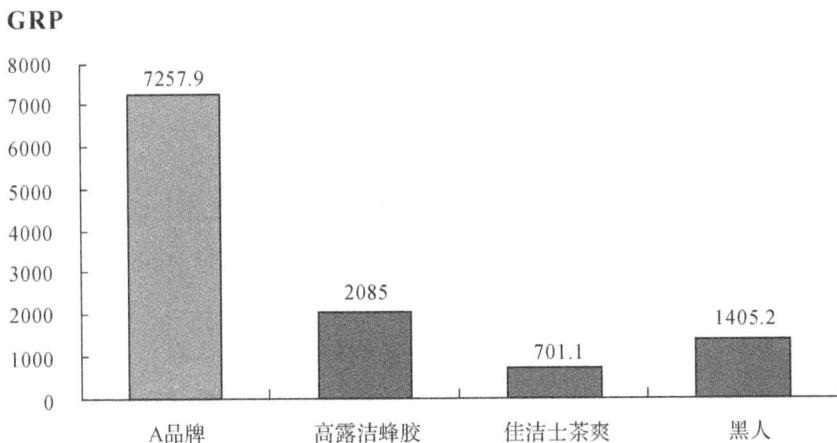

GRP

图 4-43　温州地区买点情况

(七)温州买点详情

从图 4-44 显示,温州新闻综合、中央综合、温州影视、中央电视剧、浙江经济、温州都市、中央综艺、中央电影、中央经济等 GRP 的指数分别为 2215.5、1135.2、1018.6、839.4、670.1、499、410、386.1、84。因此,A 品牌温州地区 GRP 贡献最大的是浙江经济频道。

GRP

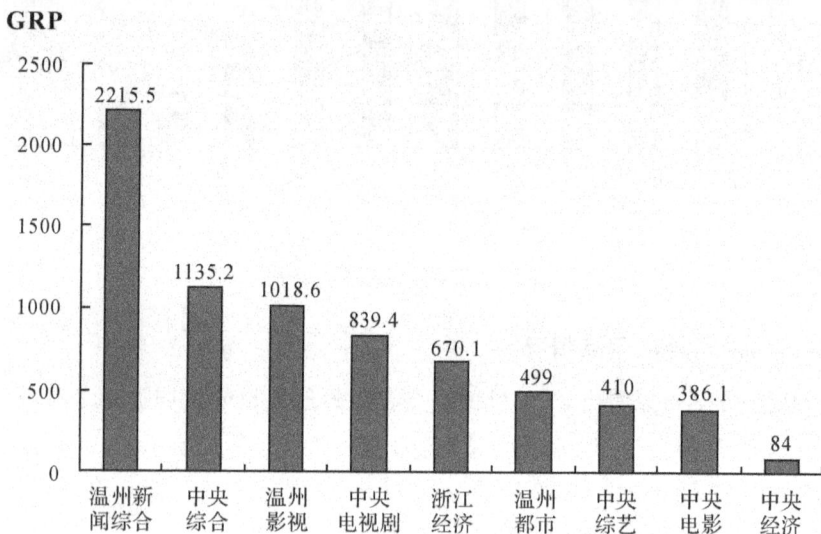

图 4-44　温州地区买点详情

(八)小结

1. 杭州地区:A 品牌买点超过同类竞争品牌,是排名第二高露洁蜂胶买点的近 2 倍;A 品牌在杭州的买点主要由中央综合频道贡献,在投资杭州综合频道和杭州西湖频道的选择中,杭州综合频道优势明显,同时 CPRP 远远低于杭州西湖明珠频道,是广告投资的好环境。

2. 宁波地区:A 品牌买点超过同类竞争品牌,是排名第二的高露洁蜂胶买点的近 3 倍,央视对当地的 GRP 贡献较大,其次是浙江经济频道和宁波本地频道。

3. 温州地区:A 品牌买点超过同类竞争品牌,是排名第二的高露洁蜂胶买点的近 4 倍,A 品牌在温州买点主要由温州新闻综合频道提供。

【知识拓展】

一、竞品分析的表现方法

竞品分析有很多不同的表现方法,用什么表现方法决定了企业如何来收集这些数据、收集什么样的数据。要全面地、有针对性地、系统地找出自己产品与竞品的区别,表格是一种很好的表现形式,能让研究人员所想的东西系统化,让竞品分析这种偏定性的工作以表格的方式尽可能量化,把问题细分对比并列出来,对于决策者也会更有说服力。因此,竞品分析的表现方法一般有是否评估法、评分法、描述法、象限图法等。

(一)是否评估法

在确定企业产品以及竞品后,罗列出评测标准,然后用是否具有某种功能或者是否具有某个特性而打√或者打×。一般选择的特性是本企业产品拥有的,而竞品一般是没有的,所以结果本企业产品基本都是√,竞品大都是×,以此表现企业产品功能卓越。该方法可以非常直观地了解本企业产品拥有或者缺少哪些功能,对于功能特征的比较最见效。尤其在一些汽车或者电子类产品的网站上,经常可以看到这样的对比表格,主要是针对功能点的比较(有或没有)。但是这种方法不能直接比较对应标准的各个竞品之间细微的差异。

表 4-11　是否评估法

投放广告媒体 ＼ 对比产品	起亚 K2	荣威 350	福瑞迪	悦动
网络	√	√	√	√
电台	×	√	×	×
电视台	√	×	√	×
报纸	√	×	×	√

(二)评分法

使用评分法时,必须定义出每一特性的评判标准。根据重要性对每个对比维度赋予一定的权数(表 4-12),然后给每个产品(包括自己的产品和竞品)

打分(表4-13),可以采用5分制或10分制,这样就可以量化产品的特性。这种方法经常用来比较产品的核心竞争力之类的全局特性,主要是给公司的高层领导看的,因为他们可能不需要细节,而是需要结果。用这种最直观的方式表达出来产品的改进规划和超越竞争者的优势及困难,非常清楚明了,也更加有说服力。但是这种方法的困难就是如何把握每个竞品的得分,因为得分带有一定的主观性。

表4-12 空调各评价标准的权数

评价标准	重要程度得分
价格	0.3
节能效果	0.25
静音效果	0.1
送货安装的及时性	0.1
外观造型	0.05
售后服务	0.2
合计	1

表4-13 6个品牌空调的得分

评价标准	消费者的评价					
	奥克斯	格力	美的	海尔	科龙	伊莱克斯
价格	5	3	3	4	2	1
节能效果	3	4	5	4	3	4
静音效果	5	5	5	2	5	5
送货安装的及时性	1	3	1	3	1	5
外观造型	3	3	4	3	5	3
售后服务	3	3	3	5	3	3

注:①1=很差,5=很好。

②表中所给出的评价值是为了说明问题而虚构的数据,并不代表这六个品牌的真实绩效。

(三)描述法

这是一种最常用的竞品分析的表现方法。通过对描述部分指派关键词,增加表意图形,能详细描述各类产品在评测标准下的表现。文字描述信息量大,比较直观,可以使研究人员对各产品间的比较更加清楚。

表 4-14　各个牙膏品牌卖点分析

牙膏品牌	卖点
纳爱斯	纳爱斯瞄准透明、营养和时尚这三个牙膏市场上的概念空档,采用透明的管体,使消费者在购买时便可以一目了然,透明、看得见的品质,尝到的维 C 和维 E。同时,花哨的包装设计、卡通的广告表现和透明管体中五颜六色的膏体,暗示是为青少年提供的产品。
高露洁 & 佳洁士	高露洁和佳洁士的卖点主要在"防蛀、美白"上,在产品广告中不断强调"氟"或者"高档硅"等化学物质,进而强调其防蛀美白的功效。此外还通常会辅以牙科专家或德高望重的老人的语言来强调其功效的优秀。
黑人	黑人牙膏能激发消费者对口腔护理的需求,并满足这种需求,不仅仅提升消费者的外表(牙齿和牙龈的健康)还提升其内在(清新口气带来的超强自信)。
云南白药	打出了"解决并预防牙龈出血、口腔溃疡"的卖点,与其他以盐、氟等成分为卖点的牙膏拉开距离和档次。同时奉行"高价值、高价格、高端形象"的三高理念,以做药的标准来做日用品。
LG 竹盐	采用温和的、文化渗透式的市场策略,向消费者介绍朝鲜历史悠久的"竹盐"的功效,传递一种用植物而非含氟牙膏防蛀的理念。

(四)象限图法

2×2 象限图是使用宽泛的评测标准的一种示意图。四象限分析法,也叫矩阵分析法,是指将事物(如产品、服务等)的两个重要属性(指标)作为分析的依据,进行分类关联分析,找出解决问题的一种分析方法。如从市场执行能力和产品创新能力两个维度对 2007—2009 年中国搜索引擎运营商实力评价(图 4-45)。

象限图法和是否评估法对比感最强烈,功能多少一目了然。描述法在比较功能细节差异,无法直接图示的时候更加有用。评分法和描述法的作用类似。其实无论用哪种方式,企业都要对竞品进行分析,得出一个比较结论,因此竞品分析需要针对企业的项目给出相应的建议,如果有问题也要进行分析给出解决的方案来。

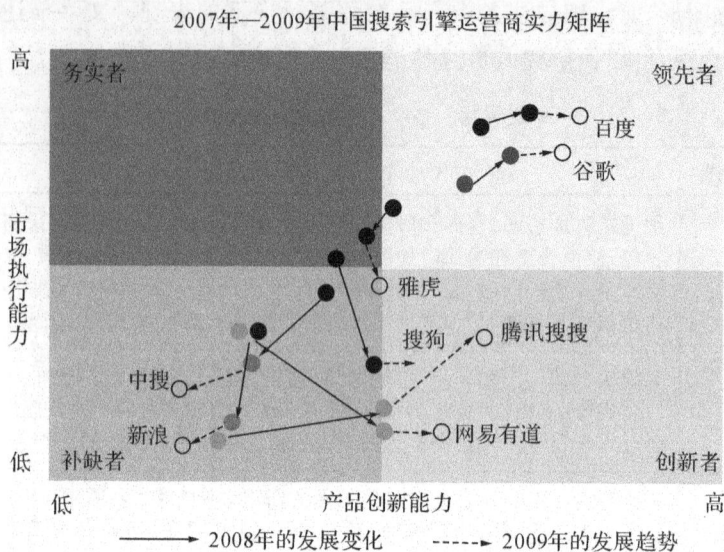

图 4-45　象限图法

二、竞品分析的常用分析方法

(一)SWOT 分析法

SWOT 分析是将对企业内外部条件等各方面内容进行综合和概括,进而分析组织的优劣势、面临的机会和威胁的一种方法,是竞品分析的一种重要分析方法。通过对企业产品和竞品的对比,对产品的优势与劣势有客观的认识,对产品的现状与前景进行综合分析,同时必须考虑全面性、简洁化,避免复杂化与过度分析。

内部环境＼外部环境	优势 Strength	劣势 Weakness
机会 Opportunity	SO 战略 发挥优势,利用机会	WO 战略 克服劣势,利用机会
威胁 Threat	ST 战略 利用优势,回避威胁	WT 战略 减少劣势,回避威胁

图 4-46　SWOT 分析图

（二）客户满意度模型

客户满意度模型（KANO 模型）定义了三个层次的顾客需求：基本型需求、期望型需求和兴奋型需求。这三种需求根据绩效指标分类就是基本因素、绩效因素和激励因素。

1. 基本型需求。用户认为产品"必须有"的属性或功能。当其特性不充足（不满足用户需求）时，用户很不满意；当其特性充足（满足用户需求）时，无所谓满意不满意，用户充其量是满意。

2. 期望型需求。要求提供的产品或服务比较优秀，但并不是"必须"的产品属性或服务行为。有些期望型需求连用户都不太清楚，但是确实是他们希望得到的。在市场调查中，用户谈论的通常是期望型需求。期望型需求在产品中实现的越多，用户就越满意；当没有满足这些需求时，用户就不满意。

3. 兴奋型需求。要求提供给用户一些完全出乎意料的产品属性不充足时或服务行为，使用户产生惊喜。当其无关紧要的特性，则用户无所谓，当产品提供了这类需求中的服务时，用户就会对产品非常满意，从而提高用户的忠诚度。

（三）波士顿矩阵

波士顿矩阵（BCGMatrix），又称市场增长率—相对市场份额矩阵、波士顿咨询集团法、四象限分析法、产品系列结构管理法等，是由美国著名的管理学家、波士顿咨询公司创始人布鲁斯·亨德森于 1970 年首创的一种用来分析和规划企业产品组合的方法（如图 4-47）。这种方法的核心在于，要解决如何使企业的产品品种及其结构适合市场需求的变化，如何将企业有限的资源有效地分配到合理的产品结构中去以保证企业收益，是企业在激烈竞争中能否取胜的关键。

1. 问题型产品。处在这个领域中的是一些投机性产品，带有较大的风险。这些产品可能利润率很高，但占有的市场份额很小。这往往是一个公司的新业务。

2. 明星型产品。这个领域中的产品处于快速增长的市场中并且占有支配地位的市场份额，但也许会或也许不会产生正现金流量，也可理解为爆增式用户量和装机量。

3. 现金牛型产品。处在这个领域中的产品产生大量的现金，但未来的增

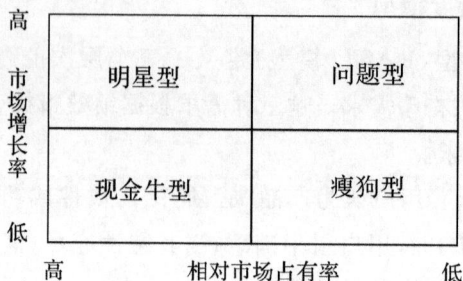

图 4-47   波士顿矩阵法

长前景是有限的。这是成熟市场中的领导者,它是企业现金的来源。

4.瘦狗型业务。这个剩下的领域中的产品既不能产生大量的现金,也不需要投入大量现金,这些产品没有希望改进其绩效。一般情况下,这类业务常常是微利甚至是亏损的。

(四)信息对比法

通过对竞争对手与本企业的相关信息对比,主要包括产品基本信息、公司背景、用户定位、用户需求、产品详情、产品功能等方面信息进行对比,获得相关竞品信息。

三、竞品分析报告写作基本要点

(一)竞品分析的目的

说明竞品分析的主要目的,项目组成员只有了解竞品分析的动机后,才会体验到这份报告的重要性,才会重视这些数据。因此,一开始就要从动机入手。

(二)竞品分析的时间

项目早期的竞品分析,很可能在什么问题和特性是最需要了解的这个问题上还不够完善。因为只有在做过消费者研究以后,研究人员才能知道什么特性、什么问题是最需要解决的。这个时期的竞品分析是理解问题的一种工具但不是重头戏。研究人员可以通过它了解行业的发展现状。而项目后期的竞品分析,主要体现在具体某一个问题上的指导,为企业提供参照基准。简单来说,项目前期的竞品分析更加偏重于战略层的考虑,用来帮助研究人员发现问题,项目后期的竞品分析其实是对具体的问题找思路了。在实际工作中,研究人员用得最多的还是项目后期的竞品分析。

(三)竞品分析报告的受众

了解竞品分析调查报告的受众。不同的受众,对于竞品分析的侧重点也是不一样的。比如,产品策划经理希望能够了解竞品的产品特点,而广告策划经理希望了解竞品的广告策略。竞品调查报告基本要求:按资料显示出的趋势及重要内容,得出调研结论和提出具有前瞻性的建议;将结论按重要程度排列;内容力求简明切题,避免不必要的内容;仔细核对有关数字及统计资料,务必准确。竞品分析报告要让读者了解研究人员的评测标准,让他们明白选择这些竞品的原因,同时向他们展现最终分析后得到的结论。整个报告要求具有一定的专业性,但是又能吸引读者。

(四)竞品分析的度

当前企业所倡导的量化竞品分析,实质上是指全面、深入、细致的竞品分析,能更加深入的了解竞品,进而很好地进行市场营销策划。其实竞品分析可以做得更细,但是细致的竞品分析是一项较花时间的工作,所以研究人员必须根据竞品分析的动机、需求,明确自己的目标,判定竞品分析文档的详尽程度。因为在竞品分析上面可花费的时间是无止境的、越详细越消耗时间,合理即可,要根据不同的项目大小,选择适当的竞品分析程度。

参 考 文 献

[1] [美]乔金森.参与观察法[M].龙筱红,等,译.重庆:重庆大学出版,2009.

[2] 尤恩·苏尔李,等.数据分析方法五种[M],吴晓刚,译.上海:格致出版社,2011.

[3] 弗洛德·J.福勒.调查问卷的设计与评估[M].蒋逸民,等,译.重庆:重庆大学出版,2010.

[4] 诺曼·K.邓津,等.定性研究:经验资料收集与分析的方法(第3卷)[M].风笑天,译.重庆:重庆大学出版社,2007.

[5] 威廉·D.贝果,等.因果关系模型[M].吴晓刚,译.上海:格致出版社,2011.

[6] 罗纳德·D.约克奇,等.SPSS其实很简单[M].刘超,等,译.北京:中国人民大学出版社,2010.

[7] 诺曼·布拉德伯恩等.问卷设计手册:市场研究、民意调查、社会调查、健康调查指南[M].赵锋,等,译.重庆:重庆大学出版社,2011.

[8] 阿尔文·C.伯恩斯等.营销调研(第6版)[M].于洪彦,等,译.北京:中国人民大学出版社,2011.

[9] 酒井隆.图解市场调查指南[M].郑文艺,等,译.广州:中山大学出版社,2008.

[10] 程淑丽.市场营销管理职位工作手册[M].北京:人民邮电出版社,2009.

[11] 杨吉华.销售部作业指导手册[M].广州:广东经济出版社,2010.

[12] 刘永炬.销售部[M].北京:机械工业出版社,2011.

[13] 牛霖等.市场部作业指导手册[M].广州:广东经济出版社,2010.

[14] 刘永炬.市场部[M].北京:机械工业出版社,2011.

［15］张少科.暗访调查实务［M］.北京:中国传媒大学出版社,2006.

［16］［美］达文波特等.数据分析竞争法——企业赢之道［M］.康蓉,等,译.北京:商务印书馆,2009.

［17］黄引敏,等.商业情报站——企业竞争情报搜集与应用［M］.广州:羊城晚报出版社,2011.

［18］延静.调查技能与分析［M］.北京:清华大学出版社,2006.

［19］胡祖光.市场调研与预测［M］.北京:中国发展出版社,2006.

［20］赵轶.市场调查与分析［M］.北京:北京交通大学出版社,2008.

［21］郑聪玲.市场调查与分析实训［M］.大连:东北财经大学出版社,2008.

［22］中国商业技师协会.http://www.cmarn.org/

［23］问卷之星,http://www.sojump.com/

［24］第一调查网,http://www.1diaocha.com/

［25］中国时尚品牌网,http://www.chinasspp.com/

［26］中国民意调查网,http://www.00100.cc/

［27］中国市场调查研究中心,http://www.cmrc.cn/

［28］中国市场调查网,http://www.cnscdc.com/

［29］中华调研网,http://www.cmrr.com.cn/